LES PROFESSIONS

ET

LA SOCIÉTÉ

EN ANGLETERRE

PAR

Max LECLERC

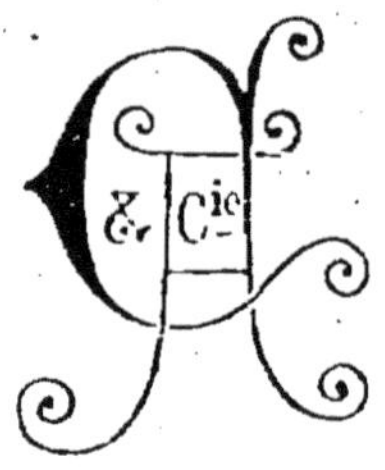

PARIS

ARMAND COLIN ET Cⁱᵉ, ÉDITEURS

Libraires de la Société des Gens de lettres

5, RUE DE MÉZIÈRES, 5

LES PROFESSIONS

ET

LA SOCIÉTÉ

EN ANGLETERRE

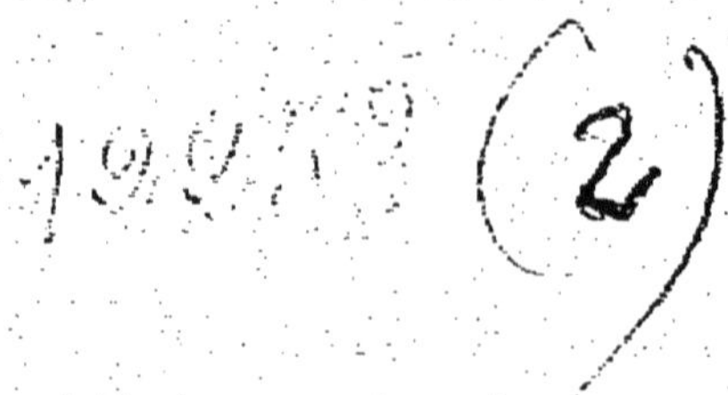

LES PROFESSIONS

ET

LA SOCIÉTÉ

EN ANGLETERRE

PAR

Max LECLERC

PARIS

ARMAND COLIN ET Cie, ÉDITEURS

Libraires de la Société des Gens de lettres

5, RUE DE MÉZIÈRES, 5

1894

LES PROFESSIONS

ET

LA SOCIÉTÉ EN ANGLETERRE

AVANT-PROPOS

Je voudrais achever ici l'étude de l'éducation en Angleterre. Dans un premier volume [1], j'ai tâché d'en dénombrer les instruments, d'en exposer les méthodes, d'en dégager l'esprit. Je voudrais aujourd'hui en montrer les résultats, tant pour l'individu pris isolément que pour la société dans son ensemble.

Pour l'individu d'abord, quels sont les fruits d'une pareille éducation? Nous avons observé l'enfant dans la famille, aux écoles, à l'université; nous l'avons suivi jusqu'au seuil de la vie pratique : il va choisir une profession. Quelles sont

[1] *L'éducation des classes moyennes et dirigeantes en Angleterre.* Paris, Armand. Colin et Cie, 1894.

les carrières que les écoles et les universités lui ouvrent? et dans quelle mesure l'ont-elles préparé à ces divers métiers? Nous étudierons les différentes professions, et nous verrons pour chacune d'elles quelle part les mœurs ou les règlements attribuent à l'éducation générale, et quelle part est réservée à l'apprentissage technique. Dans tout métier en effet, et dans tout pays, ces deux éléments entrent en ligne de compte; mais, suivant les temps et les pays, le coefficient de chacun varie singulièrement. Le Français porte en tout son culte de l'instruction générale. Pour lui, un bachelier devient, par son diplôme, également apte à toutes les fonctions. L'École polytechnique fournit indifféremment des ingénieurs de toutes sortes, des soldats, des marins, des financiers, des politiques, sans parler des commerçants, industriels et grands agriculteurs. L'opinion publique et les chefs de chaque profession semblent d'accord pour estimer un homme non d'après sa valeur réelle, mais suivant ses diplômes.

D'avance on peut prévoir que l'Anglais n'aura point ce respect de la culture désintéressée ou de l'estampille officielle; il préférera toujours l'expérience technique et l'apprentissage spécial. Au sortir de l'école ou de l'université il n'admettra point, comme de plain-pied, le jeune homme aux diverses carrières. Il lui imposera quelques années de stage. Il lui fera gravir parfois les nombreux échelons d'une éducation pratique. Il exigera toujours que l'homme de science devienne aussi, et surtout, un homme de métier. Ce sont ces différents stages qu'il nous faut maintenant considérer : l'éducation d'un Anglais n'est vraiment complète qu'après cette spécialisation.

Autre différence et non moins grande si l'on compare le rôle social de l'éducation dans les deux pays. La culture, le développement et, en fin de compte, le bonheur de l'individu sont les seuls buts de l'éducation française. Les maîtres de notre jeunesse paraissent moins préoccupés de former des hommes utiles que des esprits ornés, ouverts à tout, des dilettantes souvent, presque toujours des hommes de luxe que la société doit nourrir à l'ombre après la course du baccalauréat. Je tâcherai, dans la seconde partie du présent volume, de montrer quel fut le rôle social de l'éducation dans le développement interne comme dans l'expansion extérieure de l'Angleterre.

*
* *

Je me suis proposé, en effet, dès l'abord, de résoudre la question suivante : étant donné un fait d'expérience courante, la puissance et la vitalité du peuple anglais, déterminer la part qu'y a eue l'éducation. Et dans l'éducation je comprenais tous les agents qui contribuent à modifier les qualités physiques, morales ou intellectuelles de l'individu : non seulement l'école, mais avant elle la famille, et après elle la vie.

Voulant mettre en lumière les causes du succès anglais, l'on concevra que je les aie cherchées de préférence dans les conditions favorables, et que, glissant sur les côtés faibles, j'aie insisté sur les points forts. En France, le mot d'anglophilie est presque une condamnation. Mais si, en effet, j'ai éprouvé une large sympathie pour mon sujet, ce n'était point là vraisemblablement une mauvaise disposition pour le bien pénétrer. Étant du reste averti des défauts du caractère anglais, je n'ai pas voulu exalter une nation aux dépens d'une autre, mais redémontrer quelques vérités universelles qui me semblaient oubliées.

J'ai fait ressortir avec insistance les qualités qui ont fait le succès du peuple anglais, parce qu'elles nous manquent et que c'est pour les avoir acquises que l'Angleterre est devenue grande, et pour les avoir conservées qu'elle grandit toujours. Ayant un peu couru le monde, sans découvrir de symptômes de notre vitalité; ayant regardé de près nos affaires intérieures sans apercevoir ces signes qui dénotent l'accroissement normal des forces morales et physiques; ayant vu, au contraire, ces symptômes en Angleterre et dans tous les pays où s'épanouit la race anglaise, j'ai été frappé du contraste, j'ai cherché les causes de ces différences, et les ayant cru trouver je les ai voulu dire. En 1834, Michelet, voyageant en Angleterre, tout chaud encore des luttes révolutionnaires et de l'épopée napoléonienne, ne put cependant retenir un cri d'admiration : « Tant d'élan dans l'action, de ténacité, de grandeur dans la volonté, cela est fait pour toucher celui qui est depuis sa naissance un travailleur acharné. Je suis arrivé en Angleterre dans un état d'esprit plutôt hostile... Et me voilà tout prêt à me réconcilier... [1] » Se récon-

1. Michelet, *Sur les chemins de l'Europe.* Paris, 1893, p. 47.

cilier, c'est se comprendre. Au lieu de haïr aveuglément le peuple anglais, comprenons-le et tâchons d'être ses rivaux en vigueur physique et en énergie morale.

La confiance patriotique de nos publicistes, l'optimisme officiel de nos fonctionnaires et de nos ministres masquent chez les plus clair-voyants une inquiétude profonde. Ils sentent que les caractères nous manquent. Nous avons de l'esprit d'entreprise, mais c'est un amour de tête : nous faisons des guerres coloniales, mais point de colonisation; nous avons des explorateurs héroïques, mais peu de colons patients. A l'intérieur, un grand fait domine tout, c'est la banqueroute avouée de l'instruction géné-ralisée sans l'éducation : « Cette parole que *ni l'école, ni le collège n'est un milieu moral, encore moins les facultés*, est absolument vraie... Et si nous nous apercevons aujourd'hui que la jeunesse a d'inquiétantes et bizarres allures, avons-nous le droit de dire qu'elle nous échappe? Nous ne l'avons jamais tenue, et n'avons jamais essayé de la tenir [1]. » L'Angleterre a comme

1. Ernest Lavisse, *Journal des Débats* du 12 octobre 1894 (édit. rose).

nous, avant nous, sécularisé et généralisé l'instruction : mais, tandis que chez nous la démoralisation et la criminalité augmentaient [1], chez elle la population des prisons diminuait de plus de moitié et le nombre annuel des jeunes gens poursuivis de près de deux tiers [2]. Pourquoi cet absolu contraste? Parce que les mêmes mesures ont été appliquées selon le pays dans un esprit très différent. En Angleterre, on a répandu, avec l'instruction, l'éducation morale. En France, au contraire, on a cultivé l'intelligence des enfants, mais on a négligé de leur apprendre à se conduire. Tous les soins ont été donnés à l'esprit; l'influence morale a été nulle ou presque nulle. Je

---

1. En 1881, année qui précède celle de la loi sur l'enseignement obligatoire (loi du 28 mars 1882), le nombre des prévenus jugés par les tribunaux correctionnels était de 210 057; il s'éleva en 1890 à 229 143. (*Annuaire statistique de la France*, 1891.)

« Si l'on envisage la récidive après une condamnation à un an au moins d'emprisonnement, on est frappé de sa marche constamment ascendante, qui n'a pas été moindre de 13 pour 100 en cinq années. » (*Journal officiel*, 1893, p. 5371. Rapport sur l'administration de la justice criminelle en 1890.)

2. « De 1870, année de la loi Forster, à 1894, la population des écoles est passée de 1 million et demi à 5 millions d'enfants; et, dans la même période, la moyenne de la population des prisons est tombée de 12 000 à 5 000, le nombre annuel des condamnés aux travaux forcés de 3 000 à 800, et la moyenne des jeunes gens poursuivis devant les tribunaux de 14 000 à 5 000. » (Chiffres cités par sir John Lubbock au congrès international de Sociologie tenu à Paris, le 1er octobre 1894.)

n'oublie pas que dans les programmes et dans les classes on a fait une place à l' « enseignement moral et civique », comme si le sens du devoir pouvait être entretenu ou communiqué par des mots imprimés dans un manuel. En fait, nous avons perdu l'action morale qui seule est efficace pour faire d'un instructeur un éducateur, parce que nous avons perdu la foi dans les forces morales. Nous avons cru qu'il suffisait de comprendre : il faut sentir; qu'il suffisait de savoir : il faut agir.

*
* *

Taine a voulu démontrer que, dans l'évolution d'un peuple, la race et le milieu sont « les plus efficaces entre les causes observables » : « elles semblent tout comprendre puisqu'elles comprennent toutes les puissances qui façonnent la matière humaine, et par lesquelles le dehors agit sur le dedans [1] ». Nous croyons, au contraire, qu'il faut faire une grande place, la plus grande, aux causes morales. C'est la conclusion que l'on tirera, pensons-nous, des pages qui suivent.

1. Taine, *Histoire de la littérature anglaise*, t. I, introd., p. XXIX.

Toute l'histoire du peuple anglais se résume dans deux qualités qui paraissent s'exclure et qu'il a unies en lui : esprit de discipline et esprit d'indépendance. Il a cultivé sa conscience, et il a eu foi dans la liberté humaine. « Il a cru, disait Matthew Arnold, fermement et ardemment à cette grande loi que des causes morales régissent la grandeur et la décadence des hommes et des nations. »

*
* *

En publiant la fin de ce travail sur *l'Éducation et la Société en Angleterre*, c'est pour moi un devoir agréable que d'exprimer ici ma profonde gratitude à l'École des sciences politiques qui m'a fourni les moyens d'entreprendre mon enquête, et à son directeur, mon cher et vénéré maître M. Émile Boutmy, à qui je dois plus que je ne saurais dire. Je veux remercier aussi toutes les personnes qui en France et en Angleterre m'ont si obligeamment aidé de leur savoir et de leur expérience.

Paris, octobre 1894.

PREMIÈRE PARTIE

LES PROFESSIONS ET LES HOMMES

PREMIÈRE PARTIE

LES PROFESSIONS ET LES HOMMES

CHAPITRE I

Les commerçants. — Les industriels. Les ingénieurs.

I. — LES COMMERÇANTS

Nous parlerons d'abord des commerçants et des industriels parce que l'Angleterre est avant tout puissance industrielle et commerciale. Le commerce et l'industrie sont les occupations nationales par excellence, respectées, glorifiées; l'usine et le comptoir sont les colonnes de l'empire. Le succès dans les affaires ouvre les portes de la Chambre des lords aussi sûrement que les services distingués dans la diplomatie, au barreau ou dans l'armée : témoin les Armstrong, Brassey, Guinness, Rothschild et vingt autres encore. On ne fait pas en Angleterre deux parts, l'une pour les professions qui doivent fatalement attirer l'élite de chaque génération, l'autre pour les affaires, qui sont le lot des médiocres. A quelque classe sociale qu'il appartienne, le jeune Anglais n'entendra jamais dire dans sa famille ni à l'école que le commerce ou l'industrie entraine une sorte de déchéance. Si le commerce anglais est vivace, audacieux et puissant, c'est que, outre la masse douée de moyens ordinaires, il attire à lui les intelligences au-dessus de la moyenne et les caractères d'une trempe rare. Rien de semblable en France où, grâce à une conspiration de l'État et de l'opinion, les écoles du gouvernement, les fonctions publiques et les carrières dites libérales opèrent un drainage artificiel de toutes les forces vives de la nation, et ne laisseraient, s'il était possible, au commerce et à l'industrie que les débris et le rebut.

Le jeune Anglais peut donc, en toute liberté, se tourner de bonne heure vers le commerce, et il le doit. Car il est utile de se décider tôt : on attache la plus grande importance à l'apprentissage, qui est long. A Liverpool, la cité mercantile par excellence, le stage ou apprentissage commercial dure cinq ans, avec un salaire total de 100 livres pendant les cinq années, 500 francs, en moyenne, par an. Nul n'est exempt de cette épreuve, et ce n'est qu'au bout de cette longue période que le jeune homme commence à gagner sa vie. Aussi tout *boy* qui veut faire son chemin dans les affaires est pressé de quitter l'école, dès quinze ans, fût-il fils de patron. Tout ce que l'on exige du *clerk* (employé) au plus bas échelon, c'est une bonne écriture, quelque orthographe et du calcul.

A Liverpool, on demande en plus quelques notions de français. Aussi le jeune *clerk*, qui s'engage dans la vie avec ce léger bagage et qui a l'ambition de sortir du rang, devra non seulement apprendre le métier, mais compléter lui-même son éducation écourtée.

A Manchester, mêmes idées qu'à Liverpool, et mêmes pratiques : c'est une opinion profondément enracinée dans le cerveau de tout négociant que l'apprentissage doit commencer, au plus tard, à quinze ans. Tout le temps passé à l'école après cet âge est du temps perdu : les cinq années d'apprentissage n'en seront pas raccourcies d'une semaine.

Cet apprentissage commercial est une besogne ingrate, propre à déprimer les sujets mous et sans ressort; mais pour les caractères doués de quelque initiative, — et le cas est fréquent parmi les boys anglais, — cette rude épreuve stimule le goût de l'effort. Le *clerk* sait que, avec de l'énergie, de la persévérance et une dose moyenne d'intelligence, il peut à son tour devenir patron : la plupart des chefs de maison qu'il voit autour de lui sont fils de leurs œuvres, étant partis de rien. Aucune ambition ne lui est interdite. Sa journée finie, il reprend son éducation en sous-œuvre : il suit des cours de géographie, de comptabilité, de langues étrangères. Peu à peu, la curiosité de l'esprit s'éveille, et quelques-uns en viennent à apprendre pour le plaisir d'apprendre. Quand on rencontre, parmi les marchands anglais, un homme cultivé, c'est presque toujours un autodidacte.

Prenez, par exemple, la simple histoire d'un homme qui s'est élevé jusqu'à la tête d'une grande maison d'édition de Londres. Fils de paysan, il apprend à lire et à écrire dans une école à deux sous par semaine. Vers douze ou treize ans, il faut qu'il commence à gagner sa vie; il entre, comme apprenti, chez un forgeron. Il aime déjà follement la lecture; il achète quelques livres avec ses premières économies. Ses parents l'encouragent et l'aident autant qu'ils peuvent, mais ils ne peuvent guère. Il étudie le soir à la maison, et à la forge pendant que le foyer chauffe. Mais le patron et les camarades voient d'un mauvais œil ce propre à rien qui a toujours le nez dans les livres. Le pauvre petit essuie maintes rebuffades pour l'amour de l'étude. Au bout de deux ans, il pense qu'il a mieux à faire que de tirer le soufflet de la forge ou de tenir les pieds des chevaux. Il se fait admettre dans les bureaux d'une compagnie de chemins de fer : il continue de consacrer ses soirées à l'étude, il apprend la sténographie. Ce nouveau gagne-pain lui ouvre les portes d'un journal. Puis il trouve enfin sa voie : il entre, comme petit employé, chez un éditeur. Il apprend le métier, s'élève peu à peu, et finit par devenir patron. L'apprenti forgeron est devenu un homme de goût et d'une culture étendue.

A Birmingham, le directeur de King Edward's School me disait un jour : « J'ai reçu, ce matin, la visite du père d'un de mes élèves, un des plus grands commerçants de la ville. Vous ne vous douteriez jamais, à entendre sa conversation, qu'il a quitté l'école à douze ans et qu'il n'y est jamais retourné depuis. Ce n'est pas un ignorant, je vous assure, ni un philistin. Mais il a suivi des cours du soir, il a beaucoup lu, beaucoup étudié de lui-même. »

C'est le cas de M. B..., président d'une des principales corporations de Birmingham : cet homme oublie volontiers, à ses heures de loisir, les choses de son métier, et sa conversation est nourrie de Carlyle et de Ruskin, — car l'Anglais est souvent avec passion l'homme d'un seul livre. A treize ans, il quittait l'école pour apprendre le métier de joaillier. C'était le temps où le révérend Dawson, dont la statue s'élève aujourd'hui devant le Council House, enflammait Birmingham par ses prédications. Dawson, véritable apôtre, prêchait aux riches la sympathie pour les humbles, et aux pauvres la noble activité qui relève. Il fut, en quelque manière, le créateur de ce puissant esprit public qui, en un demi-siècle, a transformé Birmingham et fait sortir d'un amas informe de huttes malsaines la belle et saine cité d'aujourd'hui. Dawson fut le confident du jeune B... et son soutien. A quinze ans, B... part pour Londres, afin d'y découvrir toutes les finesses du métier. Le hasard fait qu'il loge porte à porte avec un pauvre diable de savant, jeune aussi, un élève de Faraday, mort depuis, ignoré ou incompris, après avoir peiné pendant dix-huit ans sur une machine à calculer. B... met à profit le voisinage, et passe ses soirées à étudier dans les livres du savant. A dix-sept ans, il retourne à Birmingham, plus lourd de science, mais tout aussi léger d'argent, et il s'établit pour son compte avec un capital de 30 shillings. Aujourd'hui il occupe 80 ouvriers; il est à la tête de sa profession; pourtant il est d'avis que son fils doit apprendre le métier de bonne heure et dans les plus petits détails.

Ce n'est pas que les grands commerçants dédaignent une éducation libérale, et qu'ils n'envoient jamais leurs fils dans les grandes écoles, ni aux universités. Au contraire, des fils de riches marchands, dans les *public schools*, à Oxford, à Cambridge, reçoivent une culture aussi achevée que s'ils se destinaient aux professions libérales. Mais les familles commerçantes ne s'accordent un pareil luxe qu'à la deuxième ou à la troisième génération, quand la maison est solidement assise et la carrière toute grande ouverte.

Un commerçant n'associera un *university-man* ou un *public school boy* à ses affaires que si c'est son fils. Chez tout autre, de tels antécédents seraient plutôt une mauvaise note. Les marchands anglais ont une profonde défiance à l'égard des *public schools*. Ils donnent, sans hésiter, la préférence au garçon qui leur arrive, à quatorze ans, mal dégrossi, mais que l'on peut former encore[1]. L'éditeur de Londres dont je retraçais plus haut la carrière a un fils; il aurait pu faire pour lui les frais d'une école comme Harrow ou Charterhouse; il a préféré l'envoyer jusqu'à onze ans à l'école primaire, jusqu'à quinze ans à Cowper Street School qui n'est en somme qu'une école primaire supérieure; puis en pension deux ans chez un éditeur de Leipzig, pour apprendre l'allemand et le métier.

« Mon fils a reçu ainsi, me disait ce père de fa-

____

1. Voir, à ce sujet, une très curieuse lettre publiée par le *Times* (30 septembre 1889), et signée : *an ol Eton parent.*

mille, une instruction simple, solide et pratique; à aucun prix je n'aurais voulu l'envoyer à Eton ou à Harrow, où il aurait pris de trop « grandes idées ». Quant à la rudesse des manières, inséparable des fréquentations d'école, je l'ai corrigée par les exemples que je lui plaçais sous les yeux à la maison. »

II. — LES INDUSTRIELS. — LES INGÉNIEURS

L'industrie, de même que le commerce, recrute
ses chefs par des moyens purement empiriques. De
longues et pénibles épreuves opèrent la sélection dans
les emplois inférieurs; ce sont les services rendus
qui portent au premier rang les plus forts, les plus
habiles et les plus heureux. Dans la première moitié
du siècle, quand l'industrie naissante cherchait sa
voie, cette méthode s'imposait; aujourd'hui, malgré
le développement et la complication de l'outillage,
malgré la difficulté croissante des problèmes à résoudre, elle est encore universellement pratiquée.

Voici deux hommes nés au début du siècle, Whitworth et Nasmyth, qui ont puissamment contribué
aux progrès de l'industrie mécanique. Joseph Whitworth naquit, en 1803, à Stockport, d'un pauvre instituteur. A quatorze ans, il est placé en apprentissage
chez un oncle, filateur dans le Derbyshire. Il y reste
six années, pendant lesquelles il étudie les machines
dans les moindres détails; il avait été choisi, malgré
son jeune âge, comme contremaître de l'usine. Lorsqu'il n'a plus rien à apprendre chez son oncle, la
soif de s'instruire le pousse à se sauver. Il se rend

à Manchester; et il travaille pendant quatre ans encore dans les filatures, où l'on commence à employer la vapeur. A vingt-quatre ans, il part à Londres pour apprendre des meilleurs maîtres la construction des machines. Il réussit à se faire admettre dans les ateliers du célèbre constructeur Maudslay, qui le prend bientôt avec lui, dans son laboratoire. Whitworth passe ensuite par les ateliers de Holtzapfel, de Clements, étudiant toujours, comme simple ouvrier, la fabrication des outils. A force de labeur persévérant, le jour, à l'atelier, à force d'étude solitaire dans sa chambrette, le soir, il était devenu presque aussi savant et habile que ses maîtres. Clements lui avait enseigné à fabriquer les vis; et lui-même détermina la meilleure forme à donner aux outils. Ainsi préparé par une longue éducation pratique, Whitworth jugea le moment venu de tenter la fortune pour son propre compte. Il alla s'installer à Manchester, et ouvrit un atelier pour la construction des machines-outils : il était dans sa trentième année. Là, pendant près de vingt ans, il travailla sans relâche, visant à faire toujours mieux. L'œuvre à accomplir était immense : les machines, jusqu'alors, avaient été construites sans règles arrêtées et sans proportions fixes. Whitworth construisit des appareils de mesure ou calibres qui donnaient une approximation d'un millionième de pouce. Il établit un type uniforme pour toutes les vis, écrous, etc., et fixa des proportions qui, sous son nom, furent adoptées par tous les industriels de l'Angleterre et dans plusieurs autres pays. La précision de sa fabrication fit rechercher ses machines. Outre l'avantage que tous les construc-

teurs trouvèrent à adopter des types uniformes,
l'exemple de Whitworth leur imposa en quelque
sorte le souci de la précision. Cette tâche achevée,
Whitworth entreprit la métallurgie de l'acier; il
appliqua ses qualités de rigueur scientifique à la production d'un métal aussi pur, aussi cohérent, aussi
solide que possible. L'acier Whitworth fut bientôt
aussi célèbre que les types Whitworth. Amené, de
la sorte, à construire des armes de guerre, principalement des canons, il devint le premier constructeur de canons de la Grande-Bretagne. Quand sir
Joseph Whitworth mourut, en 1887, — ce fils d'instituteur avait été créé baronnet, — il laissait la plus
grande usine de construction de machines de Manchester et une fortune énorme, dont une grande
partie devait être employée, selon son vœu, à des
œuvres d'utilité publique. Mais c'est de son vivant
qu'il avait rendu à son pays les plus précieux services, en tirant du chaos l'industrie mécanique, en
la soumettant à des règles fixes, à des mesures uniformes. Cet ouvrier devenu patron a été l'initiateur
de la construction scientifique.

Nasmyth, né en 1808, onzième enfant d'un peintre
de paysages, eut une instruction plus soignée : il
suivit les cours de chimie, de physique et de mathématiques à l'université d'Édimbourg. Mais, tout en
étudiant dans les livres, il travaillait à l'atelier; à
l'université, il gagnait déjà de l'argent en vendant des
modèles de machines qu'il construisait lui-même. A
vingt ans, il entrait dans l'atelier de Maudslay. Cet
apprentissage presque exclusivement pratique le pré-
parait à fonder, lui aussi, à Manchester, un atelier

pour la fabrication des machines-outils où il inventa le marteau-pilon [1].

Ni Whitworth, ni Nasmyth, qui sont devenus, en travaillant de leurs mains, de grands ingénieurs, n'étaient en leur temps des exceptions. Comment les choses se passent aujourd'hui, une visite dans quelques grandes usines nous le montrera.

*
* *

A Nine Elms, faubourg du sud de Londres, les ateliers de construction d'une compagnie de chemins de fer, la South Western Railway Company, occupent 1 200 ouvriers, encadrés de 34 contremaîtres : on y dessine tous les modèles, on y fabrique toutes les pièces, depuis le simple boulon jusqu'aux organes les plus délicats des locomotives, on y suit attentivement tous les perfectionnements, toutes les inventions nouvelles : le directeur est un ancien ouvrier. Ce fils de ses œuvres occupe la place qu'en France on réserve à des élèves sortis de l'École Polytechnique. M. Pettigrew — c'est le nom du *manager* des ateliers de Nine Elms — est un homme robuste, à l'aspect rude, au langage simple; il n'a rien d'un gentleman, mais plutôt l'air d'un contremaître très intelligent. Toute sa personne respire la force physique, ses traits, l'énergie et la pleine possession de soi-même. Fils d'un mécanicien de la marine, il quitte l'école à seize ans, entre dans un atelier de construction mécanique,

1. Il faut noter ici que Schneider, du Creuzot, a revendiqué la priorité de cette invention.

travaille de cinq heures du matin à cinq heures et demie du soir, et suit le soir des cours au collège de Finsbury. A l'atelier il apprend successivement les métiers de forgeron, de tourneur, d'ajusteur, etc.; à l'école, il complète, tant bien que mal, son instruction théorique. Il fallait un tempérament de fer et une force de caractère peu commune pour mener de front ce double labeur. Il achève son apprentissage technique en voyageant, comme chauffeur et comme mécanicien, sur les locomotives; puis il rentre à l'atelier. Presque au sortir de cette longue série d'épreuves, il obtenait le poste élevé qu'il occupe. Il avait vingt-sept ans alors. Ses supérieurs ont jugé que, ayant résisté à une sélection impitoyable, il avait fait preuve des qualités indispensables à un chef d'industrie : l'intelligence, l'habileté technique, la vigueur physique et l'énergie morale. Ils ont vu que, à le placer de bonne heure dans un poste difficile, la compagnie s'assurait pour une longue période les services d'un homme en possession de tous ses moyens.

Toutes les grandes compagnies de chemins de fer ont procédé de même : les *managers* de leurs ateliers ont commencé par apprendre tous les métiers mécaniques en maniant les outils comme simples ouvriers. A peine M. Pettigrew peut-il m'en citer un qui a, peut-être, passé par l'université.

« Il est devenu peu à peu d'une pratique constante, dit M. Findlay, de pousser les hommes de talent depuis les rangs inférieurs du service jusqu'aux plus élevés, à travers tous les grades intermédiaires, et je connais, par expérience personnelle, bien des hommes partis des postes subalternes et devenus *general managers* des plus importants chemins de fer du royaume [1]. »

Aux ateliers de Nine Elms, dans la salle des apprentis, travaillent côte à côte, sous le même costume, sans rien qui les distingue, des fils d'ouvriers et de contremaîtres, et des fils de riches négociants, de clergymen, d'officiers généraux. Ces fils de bourgeois [2] commencent l'apprentissage : passé dix-sept ou dix-huit ans, il est trop tard; des jeunes gens de vingt et vingt et un ans, venus après des études complètes à University College School, à City of London School, ou après des études spéciales à la Central Institution, n'ont pu s'habituer au dur travail qui leur était imposé; ils ont tous abandonné la partie [3].

— L'établissement fondé par sir Joseph Whitworth,

1. *The working and management of an English railway*, by George Findlay, general manager of the London and North-Western Railway. London, 1890, p. 28. — A seize ans, au sortir de la *grammar school*, George Findlay était entré au service du fameux Tom Brassey, le grand entrepreneur de voies ferrées, qui construisait alors la ligne de Rugby à Stafford; c'est de là qu'il s'est élevé jusqu'au plus haut grade.

2. Les fils de familles aisées paient généralement une prime (*premium*) pour être admis à faire leur apprentissage dans un atelier de la grande industrie. A Nine Elms, le *premium* est de 200 livres (environ 5000 francs) par an. Cette redevance élevée semble être une sorte de droit protecteur, établi à l'entrée de la profession sous la pression des corporations ouvrières.

3. M. Pettigrew ne pense pas que le système en vigueur soit parfait. A son avis, il faudrait que, au sortir de l'école, le jeune homme vînt passer une année, de seize à dix-sept ans ou de dix-sept à dix-huit, dans l'atelier, afin de se faire une idée concrète du métier et d'acquérir une habileté manuelle; puis il suivrait pendant deux ans les cours d'une école technique, comme Finsbury College ou la Central Institution; il reviendrait ensuite à l'atelier et passerait *rapidement* par toute la filière de l'apprentissage.

à Manchester, n'occupe pas moins de 2 000 ouvriers; l'installation est parfaite et la tenue irréprochable. Beaucoup de place, d'air, de lumière; des ateliers aussi propres que le pont d'un vaisseau de guerre, et des outils rangés comme pour une revue. Partout une belle ordonnance et une stricte discipline. Les ouvriers d'une pareille usine sont soigneusement choisis et entraînés; on le devine à leur allure, où perce une dignité plus relevée. Ils touchent les plus hauts salaires de Manchester. Tous ont l'air d'hommes à leur aise, amoureux du métier et fiers de l'œuvre commune.

On fabrique toujours, aux ateliers Whitworth, principalement des machines-outils et des canons. L'usine est en pleine activité, grâce aux importantes commandes de l'Amirauté[1]. Le fils du directeur, M. C..., un jeune homme de vingt-huit à trente ans, me fait les honneurs de la maison; nous causons, chemin faisant :

« Tous nos ingénieurs, me dit-il, sont des hommes du métier (*practical men*), sortis du rang. Ils sont entrés ici vers l'âge de quatorze ans, en moyenne; ils ont passé par tous les ateliers, appris toutes les finesses et tous les tours de main, franchi tous les degrés de la hiérarchie. Quant à leur instruction scientifique, ils n'ont pu la pousser qu'en suivant des cours du soir... Voilà les faits. Maintenant, je ne nie pas, ajoute-t-il, l'avantage d'une culture scientifique plus étendue; mais s'il fallait choisir, je donnerais la préférence à l'apprentissage purement pra-

1. 24 juin 1890.

tique, parce qu'il est indispensable. L'opinion universelle, en Angleterre, est qu'on ne peut rien faire sans cela. Toutes les grandes inventions sont l'œuvre de praticiens, qui n'apercevaient ni toutes les raisons théoriques, ni toutes les conséquences de leurs découvertes. Sir Joseph Whitworth eut, un jour, l'idée d'engager à son service un *senior wrangler*[1] et d'en faire un directeur des ateliers. Ce savant homme dut quitter la place au bout de six mois; toutes ses mathématiques ne lui servaient de rien. Il était dans un état d'infériorité vis-à-vis des hommes du métier, lorsqu'il fallait résoudre un problème de construction. Je reconnais que les classes du soir sont insuffisantes à Manchester; que les maîtres sont surmenés; qu'ils sont trop pressés de finir leurs cours pour rentrer chez eux; qu'en un mot, ils ne sont pas, comme il faudrait, animés du feu sacré. Les sections de mécanique (*engineering departments*) à l'école technique et à Owen's College sont médiocres. A Manchester, les moyens d'étudier scientifiquement l'art de l'ingénieur font défaut, et pourtant l'industrie mécanique y a pris un développement extraordinaire.

» La science pure tient, en France, une place trop grande dans l'éducation professionnelle de vos ingénieurs. Qu'en résulte-t-il? Ce qu'ils font n'est pas simple. Ce fait m'a frappé quand j'ai visité votre Galerie des Machines, en 1889 : vos locomotives, vos machines-outils sont assurément de merveilleux morceaux, mais inutilement compliqués. L'équilibre

<hr>

1. Le premier dans le fameux concours annuel de mathématiques (*mathematical tripos*) de Cambridge; — nous dirions : un major de promotion de l'École Polytechnique.

étant rompu par le poids trop lourd des notions théoriques, les ingénieurs français ont perdu pied et se sont trouvés entraînés hors du terrain solide de l'expérience. L'industrie, pour produire beaucoup et à bon marché, doit produire des œuvres simples. Du moins est-ce l'idée anglaise, et c'est à elle que nous attribuons la prospérité de notre industrie. »

M. C... ajoute que lui-même n'a commencé l'apprentissage technique qu'à dix-huit ans, mais uniquement parce qu'il est le fils du directeur; autrement il aurait dû manier les outils dès l'âge de quatorze ans :

« On ne *fait* pas un ingénieur, poursuit-il; l'ingénieur naît ingénieur, puis il se fait lui-même. Il lui est impossible de devenir un véritable constructeur de machines, c'est-à-dire de concevoir le plan et de le faire exécuter, s'il ne connait pas, dans les moindres détails, les difficultés et les ressources du métier. Ses calculs sur le papier, si justes qu'ils puissent être en théorie, ne lui seraient d'aucun secours sans l'expérience acquise durant l'apprentissage, qui lui permet d'en contrôler l'exactitude réelle et la portée pratique. »

Et l'on sent, à la chaleur de conviction qui l'anime, que ce fils de famille donnerait toute la science qu'il a pu acquérir à l'école pour une pénétration intime et complète du métier.

Sauf M. C..., les chefs des ateliers Whitworth, où se fabriquent les outils les plus délicats et les armes les plus perfectionnées, n'ont pas poussé plus loin en géométrie qu'Euclide et en mathématiques que l'algèbre et les logarithmes.

— A vingt minutes en chemin de fer de Manchester, se trouve Oldham, grande ville de 134 000 habitants, exclusivement composée d'usines et de maisons d'ouvriers. Parmi ces usines, celle de MM. Platt frères occupe plusieurs milliers d'ouvriers à fabriquer des métiers à tisser et des broches à filer le coton, la laine et la bourre de soie. C'est, je crois, la plus grande usine du monde où l'on construise uniquement les machines nécessaires aux industries textiles.

Chez MM. Platt, il n'y a pas eu de grève depuis quarante ans[1]. Celle de 1852 éclata parce qu'on venait d'introduire dans l'atelier de fonderie un procédé nouveau permettant de fabriquer les moules mécaniquement. Les mouleurs se crurent condamnés à mourir de faim. La grève, longue et acharnée, se termina par la défaite des ouvriers sur tous les points. Depuis lors, le travail ne leur a pas manqué et le taux des salaires a monté. Actuellement, les rapports entre patrons et ouvriers sont excellents. Lorsqu'une contestation s'élève, les ouvriers nomment une délégation qui entre en rapport avec le conseil des directeurs. On s'explique comme de vieux amis et l'on arrange le différend au mieux des intérêts de tous.

La journée se termine à 4 heures et demie ou 5 heures, sauf le samedi, où l'on ne fait que la demi-journée. Pour 52 heures de travail par semaine, un ouvrier d'habileté moyenne gane de 30 à 40 shillings (37 fr. 50 à 50 fr.); le salaire d'un bon ouvrier ne descend pas au-dessous de 40 shillings. On constate

1. 26 juin 1890.

beaucoup moins d'excès de boisson qu'autrefois; peu ou point d'ivrognes. Les ouvriers emploient une partie de leurs loisirs à la lecture; ils ont le goût de l'étude personnelle; bon nombre d'entre eux étudient les questions économiques. Cet heureux changement dans leurs habitudes est attribué à deux causes : d'abord à la réduction des heures de travail; ensuite à la création, en 1876, des filatures et tissages « coopératifs » [1], dont le capital est divisé en actions de 5 livres sterling (125 francs) à 1 livre (25 francs). Les ouvriers d'Oldham n'ont commencé à épargner que du jour où l'occasion leur a été offerte de placer de petites sommes dans des entreprises qu'ils connaissaient. L'épargne pour l'épargne ne les séduisait pas; mais, l'épargne ayant pris une forme active, ils n'ont plus résisté. L'ouvrier a pu à son tour devenir capitaliste et même patron, tout en restant ouvrier. Un certain nombre d'ouvriers et de contremaîtres de l'usine Platt sont actionnaires de filatures, et quelques-uns membres des conseils d'administration.

L'usine Platt a la réputation de fabriquer les meilleurs métiers du monde, et, bien que ses prix de vente soient de 10 et 15 p. 100 plus élevés que ceux des concurrents, elle a la plus nombreuse clientèle.

1. Ces filatures dites coopératives, par une extension peut-être abusive de ce terme, sont très nombreuses dans la région d'Oldham; elles sont connues aussi sous le nom de *Oldham Limiteds*. Lord Derby en a donné la définition suivante : « Les filatures de coton appelées coopératives sont en général, sinon toujours, des compagnies par actions à responsabilité limitée, dont le capital, divisé en petites coupures, a été souscrit principalement par les ouvriers de la région cotonnière; souvent elles sont construites et mises en train à l'aide d'emprunts. »

Dans cette armée industrielle de 2 000 hommes, qui fabrique des produits de première qualité, tous les officiers sont d'anciens soldats : tous les ingénieurs, d'abord ouvriers, ont commencé l'apprentissage vers treize ou quatorze ans et complété leur instruction par les cours du soir. L'usine se suffit entièrement à elle-même. Sans le secours d'un seul ingénieur sorti d'une école spéciale ou d'une université, on y dessine tous les modèles, on y fabrique les machines-outils, on y suit ou l'on y invente tous les perfectionnements.

Les ouvriers de la nouvelle génération ont compris la valeur de l'instruction : ils commencent l'apprentissage aussi tôt qu'autrefois, mais ils suivent en masse les cours du soir. C'est à Oldham que les missionnaires de la University Extension [1] ont trouvé leurs auditoires les plus nombreux et les plus attentifs.

Depuis cinq générations, les Ashton sont manufacturiers à Hyde, près Manchester : il y a plus de cent ans que leurs métiers, maintes fois transformés, tissent le coton. Vers 1850, leurs *cotton-mills* étaient les plus vastes du Royaume-Uni. C'est encore aujourd'hui une très grande usine, occupant 3 000 ouvriers et ouvrières. Dans une seule salle, au milieu d'un bruit assourdissant et de flocons neigeux, 600 femmes dirigent 1 200 métiers. La force motrice est produite par la vapeur de vingt chaudières. Il semble que, à la tête d'un organisme aussi vaste, on devrait trouver un ingénieur. Il n'en est rien : chaque moteur est

1. Voir le *Rôle social des universités*, par Max Leclerc. Paris, 1892.

confié à un ouvrier éprouvé, qui en est responsable. L'ensemble est entre les mains d'un homme du métier, sorti des rangs, qui connaît à fond tous les rouages pour les avoir fait tourner lui-même. Il y a huit ans que cette usine n'a pas eu de grève [1]. Avant 1882, quarante années s'étaient écoulées sans le moindre conflit entre patron et ouvriers. L'usine fabrique, en même temps, trois cents espèces de calicos pour tous les pays du monde, entre autres un tissu grossier à deux sous le mètre destiné au Maroc et à l'Afrique Centrale.

L'extraction de la houille, par la valeur totale des produits et par le nombre de bras qu'elle occupe, figure au premier rang des industries anglaises. Les capitaux engagés dans les charbonnages sont énormes; les richesses à exploiter paraissent infinies.

En France et en Allemagne, le métier d'ingénieur des mines s'apprend dans des écoles spéciales. En Angleterre, aucune préparation méthodique. En vertu du « Coal Mines Regulation Act » de 1887, tout *manager* ou *undermanager* dans une mine de houille doit avoir travaillé au fond pendant cinq ans, savoir lire, écrire et compter, et posséder quelques notions de mécanique (principalement sur les pompes) et de physique (en particulier sur les propriétés des gaz). Pour rendre ce noviciat moins exclusivement pratique, quelques-uns ont proposé une interprétation plus large de la loi, soutenant qu'il n'était pas nécessaire que les cinq années d'apprentissage fussent

---

1. 20 juin 1890.

employées tout entières à manier le pic, et faisant
valoir que, pour exploiter une mine, certaines connaissances, qui ne peuvent s'acquérir au fond, sont
indispensables. L'interprétation la plus étroite a pré-
valu [1]. Les capitalistes propriétaires de mines se sont
montrés les plus acharnés dans la résistance. Ils ont
une crainte superstitieuse de ce qu'ils appellent « la
théorie ». Quand il s'agit de choisir un *manager*, ils
donnent toujours la préférence à un ancien ouvrier,
aussi peu cultivé que possible; c'est un *practical
man*, ils ont confiance en lui. A Newcastle-on-Tyne,
un ingénieur des mines consultant, qui a une vaste
clientèle, est obligé, lorsqu'il a fait de longs calculs à
l'aide de la table de logarithmes, de les traduire en
opérations arithmétiques sur les devis et mémoires
qu'il remet à ses clients. Autrement, les propriétaires
de mines retireraient leur confiance à un homme qui
emploie des moyens aussi « théoriques ».

*
* *

La révolution industrielle — la transformation
complète de l'industrie par la généralisation de l'outillage mécanique — a fait surgir des nécessités nouvelles. L'école et l'atelier se sont rapprochés; entre
l'une et l'autre, avec la distance, ont diminué les
tendances à l'antagonisme : néanmoins, les indus-

---

1. North of England Institute of mining and mechanical
engineers. — *President's address*, 8th december 1888, p. 13.
   On toléra pendant quelque temps que deux des cinq années
d'apprentissage fussent employées à étudier dans un *College
of Science*; cette tolérance a été supprimée.

triels anglais n'admettent pas que l'école et l'atelier puissent être confondus. Après de longs combats, un compromis récent a créé l'enseignement technique, qui est professionnel, sans être exclusivement pratique comme dans l'atelier d'autrefois, et scientifique, sans être purement théorique comme dans la plupart de nos écoles d'ingénieurs.

On a vu, par les exemples cités, que l'état-major actuel de la grande industrie est sorti du rang. Même sur ces parvenus, les idées nouvelles ont prise. Ils reconnaissent que ce système est impuissant à leur fournir les cadres dont ils ont besoin aujourd'hui. Dans les chemins de fer, par exemple, on recherche maintenant un personnel d'ingénieurs plus instruits. Dans l'industrie cotonnière, on ne choisit plus comme contremaîtres que des hommes ayant fait un stage d'une certaine durée dans une école technique, ou tout au moins ayant suivi assidûment un ensemble méthodique de cours du soir. De divers côtés on a réclamé une réglementation de la profession d'ingénieur : pour prendre le titre d'ingénieur il faudrait fournir des garanties et des références. Au Cap, nul n'est admis à exercer la profession d'ingénieur s'il n'a passé un examen spécial, d'ailleurs difficile.

Tel discours, adressé aux jeunes gens par un homme arrivé, prouve cependant que, si l'on est disposé à faire une part beaucoup plus large à la culture scientifique, on n'est pas près de renoncer à l'apprentissage manuel. M. Perry, professeur de construction mécanique (*mechanical engineering*) à Finsbury College, commença par travailler à l'atelier pendant sept ans, puis il s'établit pour son compte. Appelé au Japon pour enseigner son art, il a formé la plupart des ingénieurs qui ont construit les chemins de fer et les ports du Japon moderne. Ses élèves de Finsbury sont des garçons de dix-sept ans, qui entrent en apprentissage au sortir du collège. Voici les conseils que le professeur Perry leur donne au moment de les quitter :

« Un bon ingénieur doit savoir passablement travailler de ses mains; il lui faut surtout avoir de bonne heure manié les outils, à l'atelier, avec les ouvriers, en partageant leur vie; il faut qu'il ait gagné cette expérience particulière qui ne se peut acquérir autrement : sans elle un directeur d'usine n'est guère plus utile qu'un Manuel de l'Ingénieur relié en veau... Entrez, sans tarder, dans un atelier de construction mécanique; vous devez obtenir qu'on vous prenne, pour deux ans ou deux ans et demi, sans payer de prime. Vous vous apercevrez que les patrons ont un préjugé contre les gens qui sortent du collège. Vous dissiperez peu à peu ce préjugé. Je l'ai eu moi-même quand je dirigeais une usine; car le jeune écolier libéré est souvent un terrible embarras dans un atelier. Non seulement il ne faut pas que vous payiez de prime, mais il faut que, dès le début, vous gagniez un salaire, si mince qu'il soit... Souvenez-vous que votre but est d'apprendre tout ce que les ouvriers peuvent vous enseigner. Ne fuyez pas la besogne, même rude, grossière et malpropre; ne craignez pas les heures de travail supplémentaires, quand la nécessité les impose... Si vous traitez les ouvriers avec sympathie, vous verrez que ce sont en général de très braves gens, de bons citoyens, faisant de leur mieux pour rendre le monde meilleur et s'entr'aidant au delà de ce qu'on peut imaginer. Mais si vous les méprisez parce que vos familles sont à leur aise, si vous ne prouvez pas, par toute votre attitude, que vous les traitez en hommes qui vous sont supérieurs, — et ils le sont tant que vous n'avez pas acquis leur habileté et leur connaissance du métier, — vous pouvez renoncer à tout espoir d'obtenir d'eux aucun secours et d'être jamais capables de les diriger comme contremaîtres ou comme chefs d'usine... La plupart d'entre vous ont dix-sept ans; si vous entrez à l'atelier dès maintenant, vous pourrez devenir de bons ouvriers; mais si vous attendez encore trois ans pour commencer l'apprentissage, — et, sans l'apprentissage, comment serait-il possible de faire un bon ingénieur-constructeur? — si vous attendez, vous ne pourrez plus apprendre, il sera trop tard... Je vous conseille de commencer dès maintenant. Dans deux ou trois ans, remettez-vous à l'étude, en suivant les cours de tel ou tel professeur... Vous acquerrez plus en six mois, après votre apprentissage, que vous n'apprendriez ici en trois ans; sans compter que vous serez devenus de bons ouvriers, et c'est le seul moment de votre vie où vous puissiez le devenir [1]. »

L'importance de l'apprentissage manuel se trouve ainsi restreinte, mais il subsiste. A dix-sept ans, le jeune homme, préparé à saisir vite tous les détails du métier, gravit sans grande perte de temps tous les

1. *The Engineer*, 13 juillet, 1883.

échelons; son stage terminé, il peut retourner à ses livres et achever sa préparation scientifique interrompue. Les écoles ne manquent plus, ni les savants maîtres, ni les laboratoires parfaitement installés. Il suffit de citer University College et la Central Institution à Londres, University College de Liverpool, et même l'université de Cambridge qui vient de créer un *engineering tripos*.

Quelques personnes, condamnées d'ailleurs par les nombreux partisans de l'apprentissage, se contentent, comme en France, de l'enseignement reçu à l'école et des manipulations du laboratoire. On rencontre déjà, à la tête de plusieurs grandes usines, des ingénieurs sortis directement de la Central Institution. Pendant quelques années, les deux systèmes fonctionneront parallèlement : dans vingt ans seulement, après expérience faite, l'on verra lequel des deux est destiné à prévaloir.

Malgré cette réaction en faveur de la culture scientifique, une divergence fondamentale sépare encore aujourd'hui la méthode française de former l'ingénieur et le mode usité chez nos voisins. Nos ingénieurs des chemins de fer sont d'anciens élèves de l'École Centrale ou de l'École Polytechnique, ceux-ci ayant passé, en outre, par les écoles spéciales des Ponts et Chaussées ou des Mines. A aucun moment de leur carrière, ces ingénieurs, qui dirigeront la construction des machines et créeront des modèles nouveaux, n'ont manié les outils, même pendant quelques jours, dans l'atelier, à côté des ouvriers. Bien plus, pour les grades subalternes, on tend, en

France, à réduire le rôle de l'apprentissage pratique. Dans l'industrie minière, par exemple, deux écoles destinées à former des maîtres-mineurs, c'est-à-dire des contremaîtres, ont été fondées, l'une à Alais, l'autre à Douai. Qu'est-il arrivé? Très peu d'anciens élèves de Douai sont devenus maîtres-mineurs, et aucun d'Alais. Ceux-ci entrent comme ingénieurs dans les petites mines, très nombreuses dans le Midi; ceux-là recherchent les places *administratives* de géomètres-arpenteurs et de contrôleurs des mines. Le but est manqué. L'administration des importantes mines de Lens a créé, pour son usage personnel, une école de maîtres-mineurs. Demandez à l'ingénieur en chef de Lens pourquoi il ne prend pas comme porions des anciens élèves de Douai : « Comme contremaîtres, ils n'ont pas assez d'autorité sur les hommes; il leur manque une pratique suffisante du métier manuel, et ils répugnent à l'acquérir en travaillant de leurs mains; ils préfèrent des places d'*employés*. » L'école de Douai envoie ses élèves dans les mines pendant trois mois de vacances, pour un stage d'apprentis; mais, abandonnés à eux-mêmes, ces apprentis-amateurs n'acquièrent pas la solide expérience qui, seule, donne l'autorité sur le personnel. L'école n'a pu remplacer l'atelier. D'ailleurs l'État est un chef d'industrie médiocre sinon mauvais : ses traditions bureaucratiques le paralysent. Bref, à Alais et à Douai, il n'a préparé que quelques fonctionnaires de plus.

Dans le corps des ponts et chaussées, si quelqu'un, à défaut de l'ingénieur, devrait connaître à fond tous les détails du métier, c'est le « conducteur », c'est-à-dire le contremaître. Pour permettre aux conducteurs de passer ingénieurs, on a institué un concours. Le jury est formé d'ingénieurs des ponts et chaussées, tous anciens polytechniciens, bien entendu. Les examinateurs s'attendent à voir devant eux des hommes qui leur en remontreront sur la pratique du métier. Erreur : les candidats sont beaucoup mieux préparés à résoudre un problème de hautes mathématiques qu'à construire une route ou un pont. Les conducteurs, sachant qu'ils auraient pour juges des polytechniciens, se sont plongés dans les livres de science pure et ont négligé tout le reste.

Au contraire l'Etat anglais donne ses grands services techniques aux praticiens qui ont fait leurs preuves : à la tête de la fonderie de Woolwich, il place un homme d'expérience emprunté à l'industrie privée; la direction générale des constructions navales est confiée à un constructeur en renom [1]. Les résultats : « Au nord de la Manche, trois ans entre l'ordre de construction et l'entrée en escadre d'un cuirassé. Au sud, cinq ans au moins... Les ouvriers des arsenaux sont moins nombreux que chez nous — 19 000 contre 21 000 — et cependant produisent davantage. La comptabilité est extrèmement simple et permet de se rendre compte chaque semaine de l'état exact des dépenses faites sur un bâtiment... Notre organisation maritime repose sur une sorte de défiance systématique (régime des commissions : les plans d'un bâtiment conçus par un ingénieur sont ensuite soumis au conseil des travaux, revisés, modifiés sur

1. Voir plus bas, chap. VIII, § II.

des avis parfois contradictoires...); la confiance est,
au contraire, la base du système de nos voisins, confiance qui suscite des initiatives, laissant aux fonctionnaires des divers ordres une liberté d'action
suffisante..., mais sans préjudice d'un contrôle rigou-
reux... Ce qui résulte en somme de l'examen des
services de la marine anglaise, c'est la simplicité des
rouages, le souci d'établir la responsabilité individuelle, l'unité de direction...; tous les services con-
courent à une œuvre commune sans aucun effort
perdu, avec le minimum de formalités. Rien n'est
négligé de ce qui peut aider à la fois à une surveillance continue et à une rapide exécution [1]. »

*
* *

L'Angleterre s'est passée pendant fort longtemps
d'ingénieurs savants; elle ne paraît pas en avoir souffert. Elle a pu, sans inconvénient grave, et même avec
un éclatant succès, pratiquer un grossier empirisme.
Grâce à la merveilleuse fécondité de son sous-sol, elle
a pu s'épargner la peine de devenir ingénieuse et
ménagère. A quoi bon, dans ses mines de houille en
apparence inépuisables, où chaque coup de pic abat
un bloc de charbon pur, appliquer les règles strictes
d'une exploitation scientifique, sans lesquelles nos
mines du Pas-de-Calais, dont les veines sont très inégales, où les difficultés naturelles entraînent des frais

1. *Le Temps*, des 3 et 5 mai 1894. Communication de
M. Georges Cochery, député, membre de la Commission d'enquête sur la marine.

d'exploitation considérables, donneraient, au lieu de bénéfices, des pertes?

Un autre exemple fait saisir la différence fondamentale des procédés industriels employés des deux côtés de la Manche. Il y a quelques années, un ingénieur des poudres et salpêtres, M. Henry Boutmy, qui dirigeait l'usine de Saint-Fons (Rhône) où l'on fabrique de la soude [1], se rendit en Angleterre pour visiter des usines semblables. Voici ce qu'il constata : dès que le fabricant anglais a trouvé un procédé qui donne, au cours où la soude est cotée sur le marché, de beaux bénéfices, il monte à grands frais une usine énorme. Il inonde le marché de ses produits, fait des affaires colossales. Dans le plus bref délai, il fait rendre à son procédé tout ce qu'on en peut tirer. En très peu de temps, ayant prélevé un fort bénéfice sur un gros chiffre d'affaires, cet industriel a amorti son capital. S'il trouve alors un nouveau procédé de fabrication, une transformation complète de l'outillage et, par conséquent, une nouvelle mise de fonds considérable ne l'effraient nullement. Mais, à aucun moment, il n'a eu le loisir de songer aux petites économies, aux modifications progressives. Tout autre est la manière de faire de l'ingénieur français. Celui-ci a un procédé dont il doit tirer tout le parti possible, mais prudemment, mais lentement, parce qu'il ne trouverait pas les capitaux nécessaires pour remplacer l'outillage du jour au lendemain. Il est donc forcé d'adopter une politique conservatrice. Par des prodiges d'ingéniosité, il parvient à réaliser 30 et 40 p. 100

1. Cette usine appartient à la compagnie de Saint-Gobain.

d'économies sur ses frais de production. Toujours à la recherche d'une simplification scientifique de l'outillage, il a derrière lui des capitalistes timides, avec lui des commerçants peu hardis : pour une transformation subite et radicale du procédé et de l'outillage, il ne serait pas secondé.

L'Anglais ne s'attarde ni aux petits moyens ni aux petites économies; il tente, de préférence, les expériences coûteuses parce qu'il y a gros à y gagner; en un mot, il risque le tout pour le tout. Il triomphe dans les pays neufs, où les ressources sont immenses, où les chances, bonnes ou mauvaises, sont sans limites et la marge de bénéfices presque infinie. Ses ingénieurs, de culture très limitée, ont construit des chemins de fer, des ponts, des usines sous toutes les latitudes; les œuvres de ces audacieux rapportent de gros dividendes et résistent à la durée. Nos savants ingénieurs restent en France, aussi près que possible de Paris, à se disputer les places de l'État ou des grandes compagnies subventionnées. Si, par un hasard trop rare, l'un d'eux se risque dans les pays neufs et se trouve tout à coup au milieu de la brousse, de la forêt vierge ou du désert, il est tout dépaysé. Sa science livresque, ses belles épures et ses expériences de laboratoire ne lui sont plus de rien : il reste arrêté, pendant des mois, par un obstacle que l'Anglais franchit, en quelques semaines, avec les ressources grossières de son expérience pratique [1].

---

1. Je citerai le cas d'un Anglais, R. D..., qui a aujourd'hui vingt-neuf ans. Il voulait être ingénieur de chemins de fer. Il est entré dans une usine à Glascow et il a suivi quelques cours. On lui a montré tout de suite sur le terrain comment

Sans doute, en France comme en Angleterre, de grandes industries ont été fondées par des hommes sans culture et partis de rien. Cail avait commencé par être ouvrier chaudronnier et savait à peine lire et écrire : il est mort laissant une usine métallurgique modèle. Schneider, le petit employé de banque, qu'on improvisa à vingt-cinq ans directeur des forges de Bazeilles, placé ensuite à la tête du Creuzot, en fit ce que chacun sait. Godin, d'abord simple ouvrier, fonda l'usine et le familistère de Guise; ajoutez Menier, le droguiste de Noisiel-sur-Marne, et tant d'autres. Parmi ceux qui, chez nous, ont organisé de vastes entreprises ou trouvé des procédés nouveaux, bien peu étaient des ingénieurs patentés, sortis des écoles spéciales. Mais en fait, aujourd'hui, notre grande industrie, nos grandes compagnies, nos administrations d'État ont à leur tête un état-major de polytechniciens, c'est-à-dire d'hommes formés à l'école de la pure théorie [1]. C'est

on construit une voie ferrée et des travaux d'art. Puis il est parti, à vingt ans, pour l'Amérique du Sud, au service d'une grande entreprise anglaise de travaux publics; pendant des années il a construit des railways au Brésil, au Paraguay, dans l'Uruguay, dans la République Argentine (de Corboda à la frontière bolivienne). Il rencontra dans la province argentine de Santa-Fé un ingénieur français, sorti premier de l'École Centrale, qui éprouvait les plus grandes difficultés à construire un pont en bois sur la rivière Salado et fut arrêté huit mois. R. D... prétend qu'en trois mois il aurait franchit le Salado. Le Français aurait su construire en France un beau pont en pierre ou en fer, selon les règles; mais il était incapable de se débrouiller dans un pays neuf et de tirer parti des ressources de la forêt vierge.

1. Le directeur d'un des plus grands établissements métallurgiques de France, ancien polytechnicien lui-même, disait

un état-major d'administrateurs dont le rôle est bien plus de contrôler que de diriger l'exécution : il veille à ce que tout se fasse selon les règles ; car en France nous ne saurions nous passer de régularité. Mais, si cet état-major n'avait pas sous ses ordres des praticiens consommés qui mettent la main à la pâte, il est clair que la machine ne fonctionnerait pas [1].

L'industrie anglaise a, comme la nôtre, mené à bien des entreprises gigantesques pour lesquelles, loin de se contenter d'à-peu-près, on a dû établir des calculs de prévision précis et compliqués : elle vient d'achever, après le pont du Forth, le canal de Manchester à la mer [2]. Et pourtant, elle s'est passée du coûteux état-major qui couronne la nôtre : d'où, sans compter la rapidité d'exécution et la souplesse d'organisation, une grosse économie sur les frais généraux. Nos ingénieurs répondent que c'est là au contraire une économie qui coûte très cher à l'indus-

---

récemment : « Nous avons renoncé à prendre des polytechniciens. L'énergie leur manque, et la décision. Ils ne savent ni se résoudre, ni commander, ni parler aux hommes. Les concours et le surmenage précoce les ont épuisés. Ils n'ont plus de sève. »

1. Il arrive, mais rarement, qu'un simple ouvrier s'élève jusqu'aux plus hauts postes. On peut citer le cas de M. Verlaque, mort récemment, qui d'ouvrier charpentier était devenu ingénieur en chef des ateliers des Forges et Chantiers de la Méditerranée à la Seyne. Il avait passé par l'école de maistrance de l'arsenal de Toulon.

2. On ne parle ici que des calculs techniques qui ont servi de base aux travaux d'art.

Les calculs financiers ont été déjoués, comme dans la plupart des entreprises similaires : on avait compté que 250 millions de francs suffiraient à l'achèvement du canal; on en a dépensé 375. Mais le canal est achevé; il a été inauguré le 1er janvier 1894.

trie anglaise et que, si l'empirisme a des avantages, il n'a certainement pas celui d'abaisser le prix de revient. Mais nos ingénieurs conviendront que, depuis un siècle, l'industrie anglaise a été prospère, et qu'en somme, à l'user, cette méthode lui a réussi. Autrement elle en eût changé. L'Anglais, comme l'Américain, ne poursuit que les entreprises « qui paient ».

Dans l'industrie, il faut aller au plus pressé, c'est-à-dire au plus simple et au moins coûteux. A cet égard les réflexions que l'exposition de 1889 suggéra aux ingénieurs anglais sont caractéristiques. « Les productions des ingénieurs continentaux, dit un rapport sur les machines à vapeur, prêtent généralement à la critique par leur excessive complication, du moins si l'on se place au point de vue anglais. » Plus loin, au sujet des locomotives : « Il est impossible de ne pas être frappé de la complication inutile et de la multiplication injustifiée des joints dans la construction du mécanisme de commande de l'admission (*valve gear*) [1]. » La même observation revient à plusieurs reprises, avec exemples. Comparez, en effet, une de ces puissantes locomotives du North Eastern et une de nos locomotives du Nord. Toutes deux donnent de grandes vitesses; mais la première est d'une simplicité admirable : on en pourrait dessiner la silhouette en cinq ou six traits; la seconde est hérissée d'appendices mystérieux [2].

---

1. *Reports of the heads of the Departments of the Bradford Technical College on their visit to the Paris Exhibition*, 1889. Bradford, Charles Greening, 1890.
2. Là où l'infériorité des ingénieurs anglais apparaît d'une façon éclatante, c'est dans leurs travaux théoriques, dans les

Ainsi la parfaite maîtrise du métier conduit les ingénieurs et constructeurs anglais aux idées simples. Ils voient les rapports des choses non pas à l'aide du pur raisonnement, mais à travers la pratique quotidienne. Par un lent travail en collaboration des sens et de l'esprit, ils synthétisent leurs expériences et s'élèvent peu à peu des faits particuliers aux lois générales. Au contraire, nos savants ingénieurs, partant d'une connaissance approfondie des lois scientifiques, aboutissent aux flottements dans l'application industrielle et aux complications inutiles.

articles des revues et des journaux spéciaux. Quand ils raisonnent sur le papier, ils se perdent dans les détails, discutent à perte de vue sur des points secondaires.

CHAPITRE II

Les agriculteurs.

Il n'y a pas cent ans, l'agriculture était en Angleterre la grande industrie nationale, plus importante à elle seule, par le nombre des bras et la valeur des produits, que toutes les autres réunies. La terre était la principale, presque l'unique richesse. Le moyen qui semblait le plus équitable de répartir les charges publiques était l'impôt direct sur les seuls propriétaires fonciers. Aujourd'hui, les proportions sont renversées; néanmoins la terre a conservé la plupart des privilèges et des charges d'autrefois. La Chambre des lords est encore composée, en majorité, de cette noblesse terrienne, qui ne représente aujourd'hui ni la plus grande fortune ni la plus puissante force sociale; et l'agriculture continue de payer une part d'impôts bien supérieure à son importance relative : « un matériel de 100 000 livres sterling pour la culture du blé en !Angleterre est bien plus lourdement taxé qu'une usine de même valeur pour la fabrication des tissus de coton que l'on pourra échanger contre du blé de l'Inde. »

A charges non diminuées, produits de plus en plus maigres. Depuis plus de dix ans, l'agriculture anglaise traverse une crise qui l'a graduellement épuisée. En 1880 déjà, une commission, présidée par le duc de Richmond, fut chargée de faire une enquête sur la « dépression » de l'agriculture ; elle en ramena les causes à quatre principales : 1° saisons contraires ; 2° pertes importantes de bétail, par suite des pluies prolongées et des maladies ; 3° concurrence étrangère ; 4° accroissement du coût de production. Aujourd'hui, la crise dure encore ; l'agriculteur souffre des mêmes maux et sa force de résistance a singulièrement décliné. Tandis que ses dépenses augmentaient, ses recettes diminuaient : il a dû vivre sur son capital, son crédit chez le banquier s'est peu à peu réduit à rien. Il est dans une situation désespérée, et il n'a plus la force de revenir sur ses pas pour tenter un autre chemin ; il est condamné à périr si un miracle ne le sauve pas.

On rencontre encore des squires de l'ancien temps, restés fidèles aux vieilles coutumes, vivant sur leurs vastes domaines, au milieu de leurs fermiers, quelquefois même exploitant eux-mêmes, toujours attachés à la terre et pleins de foi en elle, car, aussi loin qu'ils peuvent remonter dans leurs souvenirs, elle est pour eux la source de toute richesse, de tout pouvoir et de tout prestige. Il y a les squires des temps nouveaux, aimant aussi la terre, mais d'un amour moins fidèle ; ils ne résident que quelques mois par an, passent une grande partie de leur temps à

Londres ou en voyage, étudiant des affaires industrielles, coloniales; ils mettent leur orgueil à conserver au patrimoine familial sa renommée d'exploitation modèle; ils sont au courant de toutes les inventions des ingénieurs et des chimistes et les appliquent sans hésiter; ils achètent fort cher des animaux reproducteurs; ils ne reculent devant aucune dépense, et cela, par habitude de faire grand, par goût de supériorité, sans que le sacrifice leur coûte. Mais ce sacrifice suppose une grande fortune, grossie par d'heureuses spéculations où la terre n'est pour rien. Seules quelques exploitations agricoles modèles donnent des bénéfices, grâce à une administration parfaite et à une application raisonnée des procédés de culture intensive; mais ce sont là des exceptions.

Les fermiers, qui forment la classe moyenne de l'agriculture, sont déprimés par l'infortune. Leur condition s'est graduellement abaissée jusqu'au niveau d'un prolétariat affamé [1]. Ils n'ont plus la sécurité du lendemain; ils sont à bout de forces et de sacrifices. S'étant vus déchoir peu à peu, ils n'ont même pas la consolation de relever leurs fils en leur faisant donner une instruction meilleure que celle qu'ils ont reçue. Le fermier a fini par se résigner à ce qu'il

1. « The English farmer must be a man of some money and capital. It is not uncommon for him to have from one to five thousand pounds... As none of this money is invested in the land which he tills, he has it all for current expense, as improvement fund and as a reserve. This gives him the position and the importance of a capitalist... » (R. G. White, *England without and within*, 1881, p. 175.) Cette réserve est épuisée aujourd'hui, et bien peu de fermiers ont encore l' « importance du capitaliste ».

considérait autrefois comme une intolérable humiliation : il met son fils à l'école primaire, avec ceux des ouvriers et des paysans. Il n'a même pas la ressource de l'envoyer ensuite dans une école spéciale, comme nos écoles de Grignon, de Grandjouan ou de Montpellier : l'Angleterre n'en possède pas de semblables [1]. Il le reprend avec lui et dirige lui-même son apprentissage. L'éducation professionnelle du fermier est donc toute pratique. Sans doute, il n'est pas de métier où la routine ait plus longtemps suffi à tout, mais les mauvaises années sont venues et, dans l'état actuel [2], il est visible que la condition de l'agriculteur tend à s'abaisser, tandis que celle des autres chefs d'industrie se relève.

1. Le Royal Agricultural College, de Cirencester, et le Downton College of Agriculture sont, par le prix de la pension, réservés à une minorité restreinte.

A condition égale un fermier ne pourrait plus faire aujourd'hui la grosse dépense d'une éducation comme celle que Tulliver fit donner à son fils Tom (voir *Le moulin sur la Floss*, par George Eliot).

2. On essaie de porter remède à cette situation en créant, dans les districts ruraux, à l'aide des fonds disponibles depuis le Technical Education Amendment Act, des cours spéciaux de chimie agricole, de mécanique, d'économie rurale, etc.

CHAPITRE III

Les hommes de loi.

Après les professions qui produisent ou qui échangent les produits, nous parlerons des professions qui règlent les rapports des hommes entre eux : après la vie économique, la vie sociale.

La « profession légale » en Angleterre comprend tous les hommes qui prennent part à l'administration de la justice, les avocats et les avoués ou *solicitors*.

Attorneys et *solicitors*, voilà deux mots qui reviennent souvent dans les actes judiciaires. *Attorney*, dit le dictionnaire, vieux mot normand qui désigne quiconque agit « au tour » ou à la place d'un autre. L'*attorney-at-law* est l'homme de loi dont la fonction est de représenter, dans les procès, le demandeur ou le défendeur. Aussi loin que l'on peut remonter dans l'histoire des tribunaux anglais, on trouve des *attorneys*. Les *solicitors* n'apparurent que plus tard, et pour jouer à peu près le même rôle, mais sans jouir du même prestige officiel. Les *solicitors* paraissent avoir été aux *attorneys* ce que, chez nous, les hommes d'affaires sont aux avoués. Le *solicitor*, grandissant peu à peu en importance, secoua le discrédit jeté sur lui à l'origine; et les deux professions, très voisines, furent réunies dans le même individu, jusqu'à ce qu'enfin le *Judicature Act* de 1873, abolissant l'*attorney*, laissât le *solicitor* seul maître de la place [1].

Pendant longtemps, les cours judiciaires jouirent d'un pouvoir discrétionnaire en vertu duquel elles nommaient *attorney* quiconque leur semblait réunir les qualités requises. En fait, la profession n'était gardée, ni contre l'incompétence des uns, ni contre les intrigues des autres. Dès le XIVe siècle, elle est encombrée. Dans un *act* du règne d'Henri IV, le préambule fait allusion au grand nombre d'*attorneys* « ignorants du droit » : pour mettre un terme à cet abus, les magistrats seront tenus désormais de faire passer un examen aux personnes qui briguent ces fonctions. En 1654, la cour suprême de Westminster édicte un règlement : pour être nommé *attorney*, il faudra un stage d'au moins cinq années comme clerc dans une étude. Pendant près de deux siècles,

---

1. Les *solicitors*, à la différence des *attorneys*, n'avaient pas le pouvoir d'engager leurs clients, mais leur autorité augmenta à mesure que les cours de chancellerie, auxquelles ils étaient spécialement attachés, eurent à juger un plus grand nombre d'affaires, et leur situation, devant cette juridiction, devint analogue à celle qu'avaient les *attorneys* devant les cours de loi coutumière. L'ancienne division entre les *attorneys* et les *solicitors* a cessé d'exister depuis la fusion des cours de loi coutumière et des cours d'équité. (Franqueville, *Système judiciaire de la Grande-Bretagne*, Paris, 1893, t. I, p. 460-466.)

les clercs durent se fier, pour apprendre le droit, à la routine du métier et à l'expérience de leur patron.

En 1793, plusieurs hommes de loi avaient fondé une société pour défendre les intérêts de la profession et y introduire une discipline. Cette société disparut en 1810. La *Law Institution* qui lui succéda obtint une charte royale en 1831. Par une fortune rapide, elle rallia les meilleurs éléments et ne tarda pas à constituer, sous le nom de *Incorporated Law Society*, la corporation reconnue des *attorneys* et *solicitors*. Sous sa forme actuelle (charte de 1845, complétée en 1872), elle est légalement responsable de la dignité et de la discipline de la corporation, et de la capacité professionnelle non seulement de ses membres, mais de tous les *solicitors* du royaume [1].

Dès 1833, la société organisa des cours de droit à l'usage des clercs. Trois ans plus tard, avec l'appui des juges chargés de garder l'entrée de la profession d'*attorney*, elle institua un examen, facultatif d'ailleurs, fournissant aux candidats-attorneys le moyen de faire la preuve de leur aptitude professionnelle. D'autres examens furent successivement établis, à titre d'épreuves préparatoires à cet examen final : 1° l'examen préliminaire, placé au début du stage de cinq ans comme clerc, et portant sur l'instruction générale; 2° l'examen intermédiaire, placé à égale distance de l'examen préliminaire et de l'examen final, et dont le but est de stimuler les stagiaires dans

1. Elle comptait, en 1889, 6500 membres; il y avait en Angleterre 14 889 *solicitors* en 1889-90. On a dit de l'*Incorporated Law Society* qu'elle était « the best organized and most intelligent trade union in the country ».

l'étude du droit. Le *Solicitors' Act* de 1877 opéra la consolidation légale de l'œuvre entreprise, à titre privé, par l'*Incorporated Law Society* : il rendit obligatoire le triple examen institué par cette société, à laquelle il conféra, en l'enlevant aux juges, le droit de désigner les personnes qualifiées pour exercer la profession de *solicitor*.

Ainsi, cette profession, grâce aux intelligents et persévérants efforts de quelques-uns de ses membres, est aujourd'hui maîtresse d'elle-même et gardienne de ses propres traditions; elle forme une corporation qui place surtout sa dignité dans la discipline qu'elle impose à ses membres et dans les garanties qu'elle exige des nouveaux venus.

Nul ne peut être *solicitor* avant vingt et un ans. L'examen préliminaire [1], par lequel on éprouve l'éducation première du sujet, est à peu près du même degré que les examens locaux d'Oxford et de Cambridge : il porte sur les connaissances que doit posséder quiconque a fait ses classes dans une *grammar school* jusqu'à seize ans. Sont exempts de cet examen tous les jeunes gens qui ont un grade universitaire et ceux qui ont passé les examens locaux ou l'examen de matriculation d'une université.

Ce premier pas une fois franchi, commence le stage comme « clerc inscrit » (*articled clerk*) dans une étude de *solicitor*. Ce stage est de cinq ans, en principe, pour tous les jeunes gens qui n'ont pas de

1. Les épreuves de l'examen préliminaire peuvent être subies non seulement à Londres, mais dans les principales villes de l'Angleterre et du Pays de Galles.

titres particuliers; il se réduit à trois ans pour ceux qui sont bacheliers ou maîtres ès arts, et à quatre ans pour ceux qui ont passé par l'université sans prendre leurs grades [1].

Le clerc arrivé au milieu de son stage, passe l'examen dit intermédiaire, qui porte sur un ouvrage classique de jurisprudence (*Stephen's Commentaries on the law of England*), et, au bout de trois, quatre ou cinq ans, suivant le cas, il subit l'épreuve finale sur l'ensemble des connaissances juridiques (droit réel et personnel, procédure, droit commercial, droit maritime, droit criminel).

Grâce à ce système lentement élaboré, la *Law Society* est parvenue, depuis vingt ou trente ans, à relever l'éducation générale et technique des *solicitors*. La profession a gagné en force et en prestige : elle attire maintenant les gradués des universités. Chaque année diminue le nombre des jeunes gens qui ont à subir l'examen préliminaire, en augmentant celui de bacheliers ou maîtres ès arts d'Oxford, de Cambridge ou de Londres, qui s'inscrivent comme clercs [2].

La distance considérable qui, dans la société, séparait le *barrister*, l'avocat, du *solicitor*, est réduite à peu de chose. Un *barrister* en renom, fils d'un juge, me dit que son père aurait frémi à la seule

---

1. On peut évaluer à 27 000 fr. les frais à faire pendant les cinq années que dure l'apprentissage comme *articled clerk* : somme à verser au *solicitor* chez qui se fait le stage (8 000 fr.); droit de timbre (2 000 fr.), etc. (Franqueville, I, 476.)

2. 1881 : 634 passent le préliminaire et 103 ont des grades universitaires; — 1885 : 495 passent le préliminaire et 149 ont des grades.

pensée qu'il pût devenir *solicitor*, tandis qu'un frère cadet de son père, qui a pu assister au relèvement de la profession dédaignée, a vu sans regret un de ses fils y entrer.

****

La profession de *solicitor* a été, jusqu'à une époque récente, malgré les beaux bénéfices qu'elle rapporte, dédaignée par l'élite des classes dirigeantes. Les fils de famille, qui avaient le goût de la parole et croyaient posséder le sens des grandes affaires, se sont de tout temps portés vers le barreau. Le barreau mène aux plus hautes charges de l'État en même temps qu'à la fortune [1].

Je ne crois pas que, dans aucune profession anglaise, le talent et l'effort personnel, abstraction faite de tout autre élément, aient autant de part au succès et puissent élever plus sûrement un homme de la plus humble condition aux honneurs suprêmes. Edward Buttenshaw Sugden, qui mourut baron Saint-Leonards et lord chancelier, en 1875, était né dans la boutique d'un coiffeur de Londres [2]. Le *bar*, ouvert

1. Il y a en ce moment quatre avocats, peut-être cinq, qui reçoivent, par an, plus de 500 000 fr. d'honoraires; environ vingt autres gagnent une somme égale ou supérieure à celle du traitement des juges de la haute cour (125 000 fr.); pour le surplus, les variations sont extrêmes et vont de 100 000 fr. à une guinée. (Franqueville, I, 358.)

2 L'homme qui préside la première des assemblées politiques, qui est à la fois le gardien du sceau royal et de la conscience du souverain, le premier juge du royaume et l'un des membres les plus importants du cabinet, le lord chancelier de Grande-Bretagne est un avocat qui a réussi. (Franqueville, I, 368.)

à tous, n'a jamais cessé cependant d'être considéré comme une profession aristocratique. Du barreau sont sortis, sans compter les grands orateurs fournis au Parlement ni les brillants polémistes prêtés à la presse, tous les grands jurisconsultes, tous les lords judiciaires, tous les juges, en un mot, toute cette noblesse de robe, qui conquiert tous ses grades, comme la noblesse d'église, en une seule génération [1].

Par une anomalie unique de la constitution anglaise, l'organisation judiciaire est centralisée. Toutes les cours de justice siègent à Londres. Autour d'elles, à leur ombre, les avocats sont établis. A deux pas des *Law Courts*, dans de vieux hôtels (*Inns of Court*), aux mille alvéoles, tout le barreau du royaume est groupé en quatre essaims : *Lincoln's Inn, the Middle Temple, the Inner Temple, Gray's Inn* [2]; et chaque

1. Le lord-chief justice d'Angleterre, le maître des rôles, les pairs jurisconsultes, les lords juges d'appel, les juges de la haute cour de justice, l'attorney-general et le solicitor-general sont tous choisis parmi les sommités du barreau. Voilà donc trente-cinq postes avec des émoluments de 250 000 à 125 000 fr., tous environnés de prestige et donnant à leurs titulaires une haute situation sociale.

D'autres avocats peuvent être nommés juges d'une cour de comté, d'une cour de police ou d'une cour locale; il y a plus de cent sièges de ce genre avec un traitement annuel de 40 000 fr.

Les magistrats qui siègent actuellement à la cour suprême ont fait partie du barreau pendant une durée de dix-huit à trente-cinq ans; l'âge auquel ils sont parvenus à cette haute situation varie entre quarante-sept et cinquante-sept ans. (Franqueville, I, 368-377.)

2. Le statut de Westminster ayant permis à tout plaideur de se faire représenter en justice sans être obligé de solliciter l'autorisation du souverain, Édouard Ier attira à Londres des hommes savants, capables de plaider devant les cours, et un certain nombre d'étudiants. Henry de Lacy, comte de

barrister [1] a sa logette dans ces immenses ruches.

Les *barristers* ont gardé longtemps, comme les *solicitors*, le traditionnel dédain pour la science livresque et la foi étroite à la pratique du métier et à l'apprentissage précoce. Retranchés dans leurs hôtels de cour, formant une corporation en quatre familles, ils avaient une haute idée de leur rôle et de leur rang. Leur profession était une profession quasi noble, où n'avaient accès que les gentlemen authentiques. On avait peu de chance d'être admis si l'on n'apportait le brevet de bon ton que confère un séjour à Oxford ou à Cambridge. Le candidat élu n'avait plus, officiellement du moins, qu'à venir,

Lincoln, que le roi avait chargé, en 1290, de faire une enquête sur la conduite des juges et qui avait pris à cœur la réforme de la magistrature, installa les légistes dans le magnifique domaine qu'il possédait entre la Cité et les cours de justice; il laissa en mourant la jouissance de son hôtel aux avocats, qui en devinrent propriétaires sous Élisabeth. D'où le nom de Lincoln's Inn. *Inn* signifiait alors résidence d'un homme noble.

Le Temple, Gray's Inn ont une origine un peu plus récente. Mais dès la première partie du xve siècle, il existait comme aujourd'hui trois grands centres de légistes, trois *Inns of Court*.

Une ordonnance royale de 1292 avait décidé que les juges pourraient, à leur gré, concéder ou refuser la faculté de plaider devant les tribunaux : les membres des *Inns of Court* se présentèrent seuls, et ce qui était d'abord un fait, finit par constituer un droit... (Franqueville, I, 284-289.)

1. *Barrister* : l'étymologie de ce mot n'est pas facile à préciser; il paraît cependant très probable qu'elle n'est pas tirée, comme en France, du droit d'approcher de la barre du tribunal. Elle vient de ce que les anciens *halls* des *Inns of Court* étaient divisés par une barrière qui entourait le banc et que l'on nommait la barre supérieure (*upper bar*), et par une barrière inférieure (*inner bar*), à l'intérieur de laquelle se tenaient les étudiants. (Franqueville, I, 291-292.)

plusieurs fois l'an, prendre part aux repas de corps [1], dans le hall de l'*inn*, à faire acte d'affilié, en quelque sorte, et, pour clore le stage, à subir l'épreuve du ballottage, qui donnait l'entrée du barreau, selon le mode usité dans les clubs respectables. L'apprenti *barrister* était resté libre d'employer à sa guise toute la période intermédiaire; s'il était doué de quelque énergie et de quelque talent, et s'il avait envie d'arriver, il se faisait admettre dans les « chambres » et se mettait à l'école de quelqu'un de ces maîtres éprouvés, des Fitzroy Kelly, des Willes, des Chitty, de ces grands jurisconsultes qui ne dédaignaient pas d'être les tuteurs du barreau à la manière des tuteurs de collège dans les vieilles universités.

L'exemple des *solicitors* et l'heureux résultat de la *Law Society* firent réfléchir les *barristers* : l'éducation générale exigée des candidats-solicitors devenait plus large et leur instruction professionnelle plus précise; au contraire le barreau continuait de se recruter à l'aide de pratiques surannées. Les quatre *Inns of Court* s'unirent pour instituer un conseil d'éducation (*Council of Legal Education*), qui régle-

1. La vie dans les *inns*, il y a une trentaine d'années : trois fois par semaine, les lundis, mercredis et vendredis, il y avait des exercices après dîner. Les étudiants prenaient d'abord la parole... On comprend quelle importance avaient à cette époque les réunions du réfectoire... Le réfectoire était la plus grande et la plus belle salle de l'hôtel. Toute la confrérie pouvait y être assise à l'aise... le repas donnait des forces et du courage à l'argumentation.

Aujourd'hui, dans les *halls* des *inns*, un dîner est servi chaque jour... La présence est facultative pour les *benchers* (membres du conseil) et pour les avocats, mais les étudiants doivent nécessairement prendre un certain nombre de dîners. (Franqueville, I, 299-311.)

menterait la préparation et l'accès à la profession.
Ce conseil traça un règlement et institua des cours
de droit (1865). En vertu de ce règlement, est admis
comme étudiant, sans examen, quiconque est pourvu
soit d'un grade universitaire, soit d'une commission
dans l'armée, la marine ou le service civil; sinon il
faut passer un examen préliminaire sur les langues
latine et anglaise et sur l'histoire nationale. L'aspirant *barrister* doit en outre se faire admettre dans
l'une des quatre *inns* de la corporation. L'*inn* choisie
par lui fait une enquête à l'effet d'établir s'il est « un
gentleman respectable » (*a gentleman of respectabi-
lity*). Le stage dure quatre années; puis l'étudiant
passe un examen, écrit et oral, portant sur le droit
romain, le droit de propriété réelle et personnelle, la
common law et l'équité. Le *Council of Legal Education* a institué, aux frais de la corporation, des cours
pour la préparation à cet examen. L'étudiant qui a
subi avec succès ces diverses épreuves est « appelé
au barreau » (*called to the bar*) par le Conseil de l'*inn*
(*committee of benchers*) : il est avocat, il peut pratiquer pour son propre compte.

L'examen préliminaire est très bénin, quoique
entouré d'un certain mystère : le texte des compositions n'est jamais publié. En fait, cet examen se
compose généralement d'une version d'Horace ou
de Tite-Live, suivie quelquefois d'une épreuve orale.
Les examinateurs, membres du barreau, sont préoccupés surtout d'arrêter au passage quiconque n'est
pas un homme bien élevé, un *gentleman* [1]. Ils ne

1. D'ailleurs, le barreau continue de se recruter, en grande
majorité, comme par le passé, parmi les gradués des univer-

veulent décourager personne; la libre concurrence, règle de la corporation, opérera d'elle-même la sélection. Mais les mesures prises en 1865 pour élever et élargir la préparation professionnelle avaient piteusement échoué; les cours de droit, quoique confiés à des hommes distingués, n'ont pas attiré les étudiants. Une commission d'enquête constatait, en 1889, que, sur 2000 étudiants inscrits, 40 environ suivaient chaque cours. A Lincoln's Inn, berceau de l'équité, le cours d'équité avait en tout onze auditeurs. Ces cours avaient détruit, sans la remplacer, l'institution traditionnelle des tuteurs : le jurisconsulte, qui prenait des pupilles sous sa direction et se chargeait de leur apprentissage, comme le maître dans la guilde, avait abandonné la partie. Sa succession avait été recueillie par le vulgaire préparateur, le *crammer*. Les quatre *inns* se sont, encore une fois, concertées, pour remédier au mal : en 1891, elles ont tracé un nouveau plan. Les cours solennels et rares sont remplacés par des conférences plus fréquentes et plus techniques; aux professeurs, dont la science un peu trop livresque et l'enseignement cathédral attiraient si peu d'auditeurs, ont succédé des spécialistes, très au courant de la jurisprudence la plus récente. La conférence sur le droit de propriété réelle et personnelle et sur les mutations et transferts (*law of real and personal property and conveyancing*) est confiée à un praticien célèbre; le conférencier de *common law* donne « un tour pratique » à son cours;

sités : ainsi, sur 52 étudiants reçus *barristers-at-law* en novembre 1892 (*Times* du 18 novembre 1892), 9 seulement n'avaient aucun grade universitaire.

le conférencier de droit constitutionnel fonde son enseignement sur les espèces des cinquante dernières années. De ce système en ce moment mis à l'épreuve, les effets ne pourront être jugés que dans quelques années [1].

Malgré tout, l'on peut dire dans un certain sens que le barreau est, en Angleterre, une profession savante. La concurrence y est très vive. Le talent et la puissance de travail sont les conditions essentielles du succès. C'est une perpétuelle sélection. Les plus forts, seuls, survivent dans cette lutte ardente, où l'homme lui-même est toujours sur la brèche. Il est impossible de ne pas être frappé par l'activité et l'ouverture d'esprit de tous les *barristers* qui ont un nom, ou sont en passe de s'en faire un. Ils lisent beaucoup; ils suivent de près le mouvement littéraire et artistique et parfois s'y mêlent, collaborent aux journaux et aux revues, jusqu'au jour où, s'étant fait une place au barreau, ils sont pris tout entiers par les affaires [2]. Une sorte de hiérarchie des honneurs

1. En 1892, première année d'exercice, ces cours ont attiré 582 étudiants. Dès 1893, le nombre des auditeurs était tombé à 460.

2. La profession d'avocat est l'exercice d'un art, plutôt que l'application d'une science... L'avocat doit nécessairement se spécialiser; il y a, dans le domaine du barreau, des branches très diverses. Celui qui se propose d'aller, devant les comités parlementaires, soutenir les bills privés, se rend compte qu'il n'a aucun besoin d'étudier le droit féodal, celui qui doit plaider devant la section des divorces sait que le droit romain ne lui serait d'aucune utilité; de même pour les autres... La science du droit peut intéresser les savants, les avocats n'en ont que faire pour réussir au barreau, et ils s'en passent... Les avocats anglais sont surtout d'habiles praticiens et l'on peut ajouter de parfaits *gentlemen*... (Franqueville, II, 653.)

entretient, parmi les *barristers*, à côté du souci de faire fortune, une émulation plus noble. Quand un avocat, au bout d'une vingtaine d'années, s'est distingué par sa science et par son talent, il est, sur la proposition des *benchers* qui forment dans chaque *inn* une sorte de conseil de l'ordre, promu par le lord chancelier au grade purement honorifique de conseiller de la Reine (*Queen's Counsel*). Il compte, désormais, dans la petite phalange des jurisconsultes émérites, — ils sont environ deux cents, — où le lord chancelier vient puiser les rares élus qu'il revêt de la robe de juge.

*
* *

Les juges anglais, peu nombreux, forment une élite vénérée. Leur pouvoir est immense, leur science profonde, leur impartialité aussi complète qu'il est humainement possible. Leurs traitements sont très élevés; ils sont l'objet d'honneurs exceptionnels. Il est difficile d'imaginer le respect mêlé de crainte et d'admiration dont tout citoyen les entoure. L'étiquette et l'opinion les placent au sommet de l'échelle sociale, à côté des évêques et des pairs du royaume [1].

1. Malgré les lacunes que présente son éducation théorique, le barreau anglais n'en est pas moins une excellente pépinière pour la magistrature : les avocats apportent sur le banc, lorsqu'ils y sont appelés, une grande expérience des affaires, un esprit prompt et droit, une parfaite honorabilité et, par-dessus tout, des habitudes d'indépendance absolue. Sur tous ces points essentiels la magistrature anglaise est hors de pair... La justice possède le *maximum* de l'indépendance qu'il soit possible de lui assurer dans un État. Les juges sont peu

Si haut qu'il ait élevé sa magistrature, au peuple anglais n'ont pas manqué les hommes pour ces postes suprêmes. Il fallait dégager de la masse des gens de loi une très petite élite, mais tout à fait supérieure. Chaque erreur dans le choix pouvait être de très grande conséquence. Aucun gouvernement, aucun homme ne pouvait se flatter de découvrir chez les débutants de pareilles qualités, que l'expérience, seule, met en lumière. Le lord chancelier n'a jamais appelé à siéger dans les *courts* que des hommes mûrs, qui avaient fait leurs preuves au barreau. Depuis cinquante ans au moins, le barreau anglais n'a cessé de produire des sujets dignes de figurer dans cette élite, et le lord chancelier, à quelque parti qu'il appartînt, a toujours su les distinguer et les élire.

Voyez la carrière de quelques juges, Huddleston, Cotton, Cockburn, Bramwell, — tous, quelle que fût leur origine, fils de leurs œuvres ; car il n'y a guère de professions où le mérite personnel soit pour une plus grande part dans le succès.

John Walter Huddleston (1817-1890) était fils d'un capitaine de la marine marchande, qui vint s'établir en Angleterre et fut quelque temps surveillant (*usher*) dans une école privée. Après avoir fait ses premières études à Trinity College, Dublin, il s'inscrivait comme étudiant à Gray's Inn en 1836 et, trois ans plus tard, il était « appelé au barreau ». Les causes criminelles

nombreux et ils sont mis à l'abri de l'influence gouvernementale, au moyen de l'inamovibilité, à l'abri de leur propre ambition, grâce à l'absence de tout avancement. (Franqueville, II, 637.)

l'attiraient; il était maître en l'art de faire parler les témoins (*cross-examination*) pour les amener à se contredire et à se confondre. Au bout de dix-huit ans de pratique, il était promu *Queen's Counsel*. Pendant plus de trente ans, son nom et son éloquence furent associés à toutes les causes célèbres. En 1875, il était nommé juge et, l'année suivante, on l'appelait à siéger dans cette Cour de l'Échiquier, l'une des plus vieilles institutions britanniques, disparue aujourd'hui. « Mr Baron » Huddleston fut l'un des deux derniers barons de l'Échiquier [1].

Sir Henry Cotton (1821-1892) eut, au contraire, une éducation aristocratique et des débuts faciles : fils d'un gouverneur de la Banque d'Angleterre, il alla à Eton, puis à Oxford. Dès ses premières années de barreau, ses relations dans la Cité lui fournirent de grandes causes. Cotton ne fut pas un grand avocat, un orateur éloquent; mais sa science du droit et de la jurisprudence était profonde, son esprit lucide et ferme. Quand il eut prouvé ces qualités à un degré peu commun, il fut naturellement désigné au choix du lord chancelier pour faire un *lord justice*.

Fils d'un diplomate, qui était cadet d'une famille de baronnets, Alexander Cockburn (1802-1880) reçut sa première éducation, partie à l'étranger, partie en Angleterre. A Cambridge, il prit ses grades en droit, et fut nommé *fellow* de son collège. A vingt-sept ans, « appelé au barreau », il s'y fit rapidement une grande place; élu quelques années plus tard membre du Parlement, il ne tarda pas à marquer parmi les plus

---

1. Le dernier est « Mr Baron » Pollock.

brillants orateurs des Communes, et lord John Russell le prit comme attorney-general dans son ministère (1851-1852). En 1859, après vingt ans dans les plus grandes affaires, lord Palmerston l'appela au poste de *lord chief justice of England*.

Le lord chancelier qui, en 1856, distingua Bramwell et l'appela à siéger à la Cour de l'Échiquier, jugea bien : il vit, dans cet avocat incomplet, l'étoffe d'un grand juge, et l'avenir lui donna raison. Bramwell (1802-92), fils d'un banquier de Londres, fut élevé dans une école privée et ne fit point d'études universitaires. Mais, pendant son stage d'apprenti *barrister*, il eut le meilleur des maîtres, Fitzroy Kelly, qui faisait autorité sur la *common law*. Les débuts de Bramwell furent lents et laborieux. Il avait horreur de l'éloquence vaine; rien, selon lui, ne pouvait prévaloir contre un bon sens robuste et une solide connaissance des lois. Nul esprit n'était plus droit, nulle science de meilleur aloi; il parlait et écrivait simplement, avec une pureté classique. Pendant les longues années qu'il siégea à la Cour de l'Échiquier, puis à la Cour d'appel, il sut conquérir la réputation d'un jurisconsulte éminent et d'un généreux esprit. C'est lui qui dit, un jour : « Je déclare que, si j'avais à choisir entre être un grand juge ou un bon juge, je prendrais le dernier parti. » Mais il fut l'un et l'autre.

Il faut citer encore ici les noms de deux grands juges récemment disparus et qui ont laissé une trace brillante derrière eux. Tous deux rappelaient avec des nuances diverses nos vieux parlementaires de l'ancien régime, hommes de loi et hommes de goût, savants légistes et fins lettrés, à qui souvent il n'a manqué pour être de grands écrivains que le temps d'écrire : tel fut lord Coleridge, mort le 13 juin 1894 dans la haute charge de *lord chief justice* d'Angleterre. Après de brillantes études à Balliol, il traversa le barreau, les lettres et la politique : mêlé aux luttes les plus ardentes, puis ayant à porter les plus lourdes responsabilités, il fut toujours et avant tout un homme d'esprit. Lord Bowen, quoique de seize ans plus jeune que Coleridge, est mort avant lui (9 avril 1894) : il avait laissé, lui aussi, à Balliol, le souvenir d'un *scholar* accompli et même d'un parfait athlète. Jusqu'au bout ses meilleurs amis regrettèrent qu'il n'eût pas choisi la vie universitaire : il eût achevé doucement sa vie, pensaient-ils, comme « Master of Balliol ». Les affaires l'emportèrent et il est mort lord juge d'appel; mais il ne cessa jamais de cultiver les lettres, traduisant Virgile en hexamètres et rédigeant des arrêts qui sont, au dire des connaisseurs, des modèles de science et de goût[1].

---

1. Un de ses biographes a dit : « His judgments are excellent pieces of literature marked by a *curiosa felicitas* in expression of which few jurists have the secret... A certain note of distinction, a sense of proportion, a happy turn for illuminating things dark and technical, marked them all. »

CHAPITRE IV

Les médecins.

Il existe en Angleterre une corporation des médecins, qui a ses statuts, sa police, son tribunal, son
comité exécutif, en un mot son autonomie. L'État
n'est guère intervenu que pour instituer, par acte
du Parlement, un conseil médical suprême (*General
Medical Council*), auquel il a délégué ses pouvoirs.
Ce conseil a sur l'ensemble des médecins une autorité comparable, par sa nature et son étendue, à celle
de l'*Incorporated Law Society* sur les *solicitors*. Il
fixe le programme de l'examen dit préliminaire,
destiné à faire la preuve que les futurs étudiants en
médecine ont reçu une instruction générale suffisante; il homologue le programme des examens
professionnels; il veille à l'efficacité des épreuves;
par l'inscription sur un registre spécial, il confère au
candidat pourvu d'un diplôme reconnu le droit
d'exercer; il réglemente et surveille l'exercice de la
médecine; il est, enfin, un tribunal pour les mem-

bres de la corporation qui ont manqué à l'honneur ou aux devoirs professionnels : son arrêt peut retirer au praticien indigne le droit d'exercer.

Les intérêts du public se trouvent ainsi sauvegardés. Pour représenter et défendre les intérêts des médecins, une société s'est fondée, la *British Medical Association*. Aujourd'hui très puissante, elle compte environ 18 000 adhérents, qu'elle convoque chaque année à un congrès dans l'une des grandes villes du royaume; elle a son organe, le *British Medical Journal*, le plus répandu et le plus considérable des journaux médicaux de langue anglaise. A côté du *General Medical Council* officiel, qui fait fonction de conseil supérieur de l'enseignement médical et de conseil de discipline, la *British Medical Association*, société privée, tient lieu de syndicat professionnel.

La profession médicale s'est assuré l'autonomie; mais elle n'a pas conquis ses titres de noblesse. Il lui reste à s'élever, à s'épurer. Elle n'exige pas encore des candidats qu'elle admet à l'initiation technique des garanties assez fortes ni assez sûres d'instruction générale. Elle ne paraît pas avoir une idée assez haute du rôle du médecin dans les sociétés modernes; elle est trop sensible aux dures exigences de la lutte pour la vie. A tout prendre, aujourd'hui comme en 1829, Lydgate aurait encore sujet de s'indigner [1], et il serait également impuissant à réagir contre la tradition professionnelle et les habitudes du public, qui conspirent à faire du

____

1. Voir *Middlemarch*, par George Eliot.

praticien un marchand de drogues. La querelle entre apothicaires et médecins, qui amusa tant nos pères et si longtemps, dure toujours chez nos voisins. En France, nous sommes pénétrés de cette idée que le médecin doit être, exclusivement, un homme de science ou, comme on dit, un homme de l'art, et il y a longtemps que, pour son prestige et dans son intérêt, nous lui interdisons de débiter des médicaments. La profession médicale, telle qu'elle est comprise en Angleterre, embrasse les pratiques les plus humbles d'un métier manuel mal rétribué, peu considéré, — et les plus hautes spéculations de la science. On y voit, revêtus de la même étiquette professionnelle, un sir Joseph Lister, un sir J. Paget, un sir W. Gull, et tel misérable praticien de faubourg qui vend pour douze sous la consultation et le remède.

Cette situation fâcheuse est due, en grande partie, à ce fait que plusieurs corporations, inégalement qualifiées, ont depuis longtemps le privilège d'accorder, après examen, des diplômes donnant le droit d'exercer la médecine : la Société des apothicaires de Londres et telle université d'Écosse n'avaient, tout récemment encore, pas beaucoup plus d'estime qu'on n'en accordait en Allemagne, suivant un vieux proverbe, à l'université d'Iéna. Le *General Medical Council* réagit, mais lentement. Rien n'est plus sacré au peuple anglais que les traditions et les droits acquis.

*
* *

Dans ces conditions, l'éducation générale eut quelque peine à se faire sa place à côté, sinon au-dessus, de l'apprentissage. Toutes les professions, même les professions supposées savantes, ont été de tout temps en Angleterre, et sont encore, dans une très large mesure, assujetties à la règle de l'apprentissage. L'Anglais est resté méfiant à l'égard des purs savants, des « amateurs », comme il dit; il ne croit guère qu'à la pratique. La médecine a subi, comme toutes les autres professions, cet esclavage, et elle en a souffert plus que toute autre peut-être.

Je citerai un exemple récent : S... a aujourd'hui trente-cinq ans et occupe une situation honorable dans la presse médicale de Londres. Sa famille est originaire du Devonshire. Son grand-père tenait une petite boutique de quincaillerie à Topsham, bourg maritime de 2 000 âmes situé près d'Exeter. Le quincaillier eut dix-neuf enfants. Neuf d'entre eux allèrent fonder en Nouvelle-Zélande une colonie qui compte aujourd'hui une cinquantaine de personnes. L'aîné des fils entra dans le service civil et parvint à une position de 500 livres (12 500 francs) par an. Un fils cadet, le père de notre S..., se fit maître d'école; on lui confia une *british school* (école primaire) dans un village près d'Oxford. Là, en enseignant à lire, à écrire et à compter, il apprit tout seul l'histoire naturelle, l'allemand, le français. Il put bientôt donner des leçons particulières; il ouvrit, à côté de son école primaire, une école privée où il réunit quarante pensionnaires. L'aisance commençait à entrer dans la maison; le père devint ambitieux pour ses fils : il résolut de faire de S... un médecin. C'était en 1870 : selon la pratique courante alors, il place l'enfant, âgé de quatorze ans, en apprentissage chez un praticien des environs. Quatre mois plus tard, le père meurt, laissant une veuve sans ressources avec cinq enfants à élever. Notre S..., l'aîné, ne devait plus dès lors compter que sur lui-même. Son patron l'emploie d'abord dans la pharmacie; il lui fait laver et essuyer les bouteilles, coller les étiquettes. Au bout de six mois, il l'emmène auprès des femmes en couches; puis, comme la clientèle très étendue dépasse les forces d'un seul homme et d'ailleurs paie mal, il envoie son apprenti à sa place. S..., qui ne sait pas un mot d'anatomie ni de physiologie, fait à quinze ans, et seul, son premier accouchement. Il donne des consultations, ordonne des potions, administre le chloroforme. Pendant tout le temps que S... passa chez ce praticien, il n'eut jamais entre les mains d'autre livre que le Codex. Cependant, ambitieux et énergique, il sent toute son insuffisance : ne sachant guère, à son entrée en apprentissage, que ce que l'on enseigne à l'école primaire, plus un peu de français, d'allemand et d'histoire naturelle, il commence le latin avec un maître quelconque, qu'il paie sur ses petites économies.

Après deux ans de ce régime, il insère une annonce dans la *Lancet*, pour demander une place de « dispenser and bookkeeper to a surgeon, able to visit and attend in midwifery », — d'assistant chez un chirurgien, pour tenir les livres et la pharmacie, et pour faire, au besoin, des visites et des accouchements; — tout cela pour 1 000 francs par an. Il reçoit une vingtaine d'offres d'emploi de toutes les parties du royaume; il répond, dit son âge, ou à peu près, et envoie sa photographie. Enfin, il entre au service d'un médecin de campagne dans le Monmouthshire. Son nouveau patron soigne par abonnement le personnel de trois mines d'étain du voisinage. S... fait tous les jours vingt-cinq kilomètres à cheval; tant bien que mal il remet les épaules luxées, panse les blessés. Au bout de six mois, nouveau changement. S... passe dans une ville manufacturière du Lancashire. Là, il donne soixante consultations par jour. Son patron, qui a deux autres assistants sans diplôme comme S..., est plutôt un entrepreneur qu'un médecin : il soigne, par abonnement, les membres de trente-trois sociétés de prévoyance, les ouvriers de treize mines de houille, de vingt fabriques de produits chimiques, de plusieurs verreries dont deux employant ensemble près de trois mille personnes. S..., au milieu de tous les tracas du métier, — il lui arrivait de se lever six et sept fois par nuit pour aller chez des clients, — continue ses études, apprend un peu de latin et réussit à passer l'examen préliminaire, qui lui donne le droit de se faire inscrire comme étudiant régulier.

Il quitte le Lancashire, et le voilà ballotté du sud au nord, du Kent au Northumberland. A ses moments de loisir, il apprend la sténographie et acquiert une assez grande habileté. Fatigué de cette misérable vie d'assistant, pris aussi du désir de courir le monde et de voir l'étranger, il saisit une occasion de s'expatrier et, grâce à son talent de sténographe, il entre comme secrétaire chez un solicitor établi à Paris : il a dix-neuf ans alors. Il est dégoûté de la médecine et résolu à l'abandonner.

Après plusieurs mois de service, le solicitor lui accorde quelques heures de liberté par jour. Il les emploie à courir les hôpitaux; la vocation le ressaisit. Mais il gagne peu, juste de quoi ne pas mourir de faim, et les livres de médecine coûtent cher. Il monte des squelettes, fabrique des instruments de chirurgie. Il se procure quelques ressources en représentant des maisons anglaises à l'exposition universelle de 1878, puis, en 1881, à l'exposition d'électricité. Le temps passe, il étudie toujours dans les livres; mais, personne ne le guidant, il erre sans but et marche sans avancer. Il rencontre une *governess* anglaise, aussi pauvre que lui, et l'épouse : bientôt père de famille, à vingt-deux ans, il se trouve avoir trois bouches à nourrir. En 1882, il rentre en Angleterre avec sa famille et gagne péniblement sa vie à Londres comme sténographe. Il trouve le temps de suivre les cours d'une des grandes écoles de médecine et, à force de travail et d'économie, le moyen de payer les frais d'études. Il est décidé à conquérir le grade de docteur. La règle veut que les études durent quatre ans; on lui fait remise de dix-huit mois, parce qu'il a fait un apprentissage. Au bout de deux ans et demi il est reçu. Il obtient alors le poste d'interne dans un service d'accouchement (resident obstetric physician); puis il passe dans un service de chirurgie. Il remporte tous les prix tous les ans. Ce stage achevé, le moment de s'établir arrive. Il vit d'abord de quelques travaux que lui confient ses maîtres; il fait ses débuts, comme sténographe, dans les journaux de médecine. Cependant, il erre dans les faubourgs à la recherche d'une clientèle. Mais la malchance le poursuit; il renonce bientôt aux quartiers excentriques et vient s'établir au centre même de la grande métropole. C'est là que peu à peu il a conquis ses grades dans la presse technique et s'est formé une clientèle.

L'apprentissage, tel que l'a connu S... dans ses premières années, tend à disparaître; il est, aujourd'hui, moins commun qu'il y a vingt ans. Mais on peut être sûr qu'il y a encore, dans les districts reculés où pénètre malaisément la surveillance du *General Medical Council*, des centaines d'assistants sans diplôme exploités par des praticiens sans scrupules. Il est vrai que le Conseil a édicté un règlement en vertu duquel « tout praticien qui permettra à une personne non qualifiée d'agir comme si elle était dûment qualifiée sera déclaré coupable de conduite indigne au point de vue professionnel, et rayé de la liste des diplômés autorisés à pratiquer »; mais la fraude a mille moyens de tromper la surveillance, et la preuve du délit est souvent difficile : le mal a été restreint seulement, non extirpé.

Combien ont résisté aux dégoûts, aux souffrances et aux viles besognes de l'apprentissage? Combien au contraire a-t-il épuisé d'énergies, abaissé de caractères et gâché de talents? Nul ne le saura jamais. Parmi les grands médecins de l'Angleterre moderne, j'en puis citer au moins deux qui ont dû certainement traverser des heures douloureuses, mais qui, malgré tout, ont réussi à s'élever toujours. L'un, sir William Gull [1], était fils d'un batelier (*bargee*) de la Tamise.

---

1. Voir *the Lancet*, 8 février 1890.

L'autre, sir William Jenner, aujourd'hui médecin de la Reine et baronnet, est né de parents très humbles : après avoir fait des études médicales à University College, Londres, probablement à l'aide d'une bourse, il dut, faute de pouvoir s'établir, entrer comme employé chez un pharmacien d'Albany Street. Il fut tiré de là par son collège — University College — qui lui offrit une place de médecin assistant devenue vacante : il put reprendre sa carrière scientifique interrompue.

*
* *

Il y a quelques années, une discussion très vive s'est élevée parmi les médecins anglais sur cette question toujours brûlante : quelle part doit-on faire à l'instruction générale? que doit-on exiger du candidat-étudiant à l'entrée des études professionnelles? En ouvrant la session du *General Medical Council*, au mois de mai 1889, le président attirait l'attention de tous les membres de la profession en général, et en particulier de ceux qui sont chargés de la discipline, sur l'insuffisance notoire des graanties d'instruction générale exigées des candidats; dans les compositions pour le grade de docteur (final examination), on relève maintes fautes de langue et d'orthographe. « Il doit y avoir, ajoutait-il, un point faible quelque part dans les examens préliminaires actuellement reconnus par le Conseil [1]. »

Mêmes plaintes au Congrès annuel de la *British*

_____

1. *Minutes of the General Medical Council*, appendix III : Report by the Education Committee, 1890.

Medical Association en 1890 : le président, le Dr Wade, déplore surtout que l'étudiant, ayant effleuré à l'école les éléments de plusieurs sciences, n'en sache bien aucune. Le Dr Wade sacrifie délibérément les études classiques : les médecins peuvent s'en passer; mais ils ne peuvent se passer d'une solide préparation scientifique. Il propose que, pour le futur médecin, l'instruction générale finisse à quinze ans, qu'à cet âge l'enfant se spécialise, qu'il apprenne à fond les sciences naturelles et n'aborde la médecine qu'après avoir éprouvé son sens scientifique. Sous le régime en vigueur au moment où parlait le Dr Wade, bon nombre d'enfants quittaient l'école à quinze ou seize ans, passaient tout juste l'examen préliminaire trop facile, commençaient le stage professionnel avec un bagage très élémentaire [1] et parvenaient, après quatre ans d'études, à *qualify*, c'est-à-dire à conquérir le certificat qui donne le droit d'exercer. Et l'on exécutait ainsi le tour de force d'être médecin à vingt et un ans, âge minimum.

Pour répondre au vœu tant de fois exprimé, le *General Medical Council* a modifié, en 1890, le programme de l'examen préliminaire. Le latin est maintenu (on ne demande, il est vrai, qu'une version facile). Pour le reste — anglais (dictée, grammaire, composi-

---

1. Le doyen d'une école de médecine écrit :

« As dean of a medical school, I wish sometimes it were in my power to close it to the youths who, while they beg that their school fees may be reduced, disclose at the same time that they will be 17 on their next birthday, who can hardly write their names, and whose general ignorance is such that they cannot conceive or appreciate the meaning of the simplest scientific word. » (*British Medical Journal*, 15 novembre 1890.)

tion); arithmétique et algèbre (questions simples); les trois premiers livres d'Euclide; une langue vivante — le programme ne dépasse pas ce qu'on peut exiger d'un élève moyen quittant la *grammar school* à l'âge de seize ans [1]. D'ailleurs, le Conseil reconnaît comme équivalant à son *preliminary* non seulement les grades d'Oxford et de Cambridge et la matriculation de Londres, ce qui est tout naturel; mais encore les *junior locals* d'Oxford et de Cambridge et d'autres examens aussi élémentaires.

Le Conseil ne s'en est pas tenu là; il a réformé les études médicales elles-mêmes. Pour suppléer au défaut d'instruction scientifique préliminaire, il a porté de quatre à cinq le nombre d'années d'études, réservant la première à la physique, à la chimie et à la biologie. L'étudiant n'est admis aux études médicales proprement dites (2e année) qu'après un examen sur ces trois sciences.

Les écoles de médecine sont presque innombrables : on en compte presque autant que d'hôpitaux, soit plus de vingt à Londres, sans parler des universités et des collèges de province. L'étudiant apprend la médecine où, quand et comment il lui plaît, mais, seuls, un certain nombre de corps constitués indépendants des écoles peuvent lui conférer, après examen et son stage écoulé, la « qualification » qui donne le droit d'exercer.

1. Tout le monde ne trouve pas cette réforme suffisante. En ouvrant l'année scolaire à l'école de médecine de Middlesex Hospital, le 29 octobre 1893, le Dr W. Pasteur a déclaré qu'à son avis le degré d'instruction générale exigé des étudiants en médecine était beaucoup trop bas et « indigne d'une profession qui s'intitule libérale ».

Les corps qui confèrent la qualification sont : les universités qui possèdent une faculté de médecine [1]; le Collège royal des médecins de Londres (Royal College of Physicians), le Collège royal des chirurgiens d'Angleterre (Royal College of Surgeons); la Société des apothicaires de Londres (inutile de dire que c'est elle qui exige le moins de garanties) [2], etc.

1. A Oxford, les études médicales ont été longtemps entravées parce que l'hôpital était tout à fait insuffisant. C'est seulement en 1893 qu'on a commencé à réunir des fonds, par souscription publique, pour élever un hôpital digne d'Oxford.

2. Il y a quelques années, le Collège des médecins (College of Physicians) comprenait trois classes de dignitaires : les *fellows*, les licenciés (*licentiates*) et les extra-licenciés. Les licenciés, qui avaient presque tous un grade universitaire, étaient autorisés à exercer dans toute l'Angleterre. Les extra-licenciés pouvaient exercer partout, excepté dans le district métropolitain (Londres et faubourgs). Les *fellows*, qui formaient le conseil dirigeant du Collège et disposaient de tous ses biens et privilèges, se recrutaient parmi les licenciés.

A la suite d'une réforme toute récente, les licenciés et les extra-licenciés ont été fondus en une seule classe, celle des membres, et l'on a créé une nouvelle classe de licenciés, qui sont comme les sous-officiers de la profession médicale; ces derniers seulement conservent le droit de fournir les médicaments à leurs clients. Les *fellows* sont recrutés dans les même conditions qu'auparavant.

Jusqu'en 1886, les professions de médecin et de chirurgien étaient légalement séparées; on pouvait s'établir, soit comme médecin (physician), après avoir passé l'examen de la Société des apothicaires ou du *College of Physicians*, soit comme chirurgien (surgeon), après avoir obtenu le diplôme du *College of Surgeons*. En fait, un très grand nombre de praticiens prenaient la double qualification, qui était, d'ailleurs, nécessaire pour être médecin du bureau de bienfaisance (*Poor Law Board*) et pour un grand nombre d'autres fonctions. Le *Medical Act* de 1886 ayant exigé que tout diplômé, pour être inscrit sur le *Medical Register*, c'est-à-dire pour obtenir le droit d'exercer, ait passé un triple examen de médecine, de chirurgie et d'obstétrique, le Collège des médecins et le

Autant de corps examinants, autant de poids et de mesures. Le public se perd au milieu de diplômes d'origines aussi diverses et de valeurs fort inégales. Le *General Medical Council* doit exercer une vigilance de tous les instants pour empêcher que tel corps examinant, afin de grossir sa clientèle, ne réduise ses exigences au-dessous du minimum indispensable. Le grade de docteur en médecine (M. D.) de l'Université de Londres et le certificat de la Société des apothicaires confèrent tous deux le droit d'exercer la profession de médecin. Mais le M. D. de Londres n'est accordé qu'après des preuves très difficiles et à une demi-douzaine de candidats tout au plus par an : c'est une des distinctions scientifiques les plus élevées du royaume; — la Société des apothilaires borne son ambition à fabriquer des médecins à la grosse, sans violer les règlements.

Collège des chirurgiens se sont entendus pour agir de concert : ils ont institué un jury commun, avec programme unique, et ce jury fonctionne dans un palais élevé sur le « Thames Embankment » aux frais des deux puissants collèges.

Afin que ses examens continuent de donner droit à l'inscription sur le *Medical Register*, la Société des apothicaires a demandé au *General Medical Council* de désigner des examinateurs de chirurgie, qu'elle a adjoints à son jury de médecine.

CHAPITRE V

Les hommes de science.

Jusqu'à une époque toute récente, les sciences physiques et naturelles et leurs progrès durant ce siècle étaient méconnus des universités anglaises : ni place dans leurs programmes, ni chaire dans leurs écoles, pas même une *fellowship* ou une modeste subvention; aucune part aux privilèges, à la fortune et aux honneurs. Professées, de loin en loin, par accident, dans quelque endroit écarté, elles n'existaient que dans le cerveau et dans les livres des hommes qui les créaient. L'Angleterre n'en a pas moins produit, dans le domaine des sciences expérimentales, plusieurs hommes de génie, qui ont poussé sur son sol ingrat comme des herbes folles, au hasard et presque malgré elle.

Aujourd'hui encore, il est très rare que la science pure fasse vivre son homme; elle le soutient seulement lorsqu'il est arrivé. On ne trouve guère, en Angleterre, de ces modestes sinécures où le savant en proie à une idée trouve un abri contre le besoin et poursuit ses recherches. Les jeunes commencent, il est vrai, à trouver des débouchés dans les collèges provinciaux, dans les écoles techniques, dans les laboratoires nouvellement créés; mais, trop souvent, il arrive qu'ils doivent faire aux préjugés locaux le sacrifice de leurs études désintéressées.

Tous les savants anglais qui ont marqué dans ce siècle se sont formés eux-mêmes; ils ont dû gagner à la sueur de leur front le pain de chaque jour et disputer pied à pied le loisir nécessaire à l'étude. Ils ont acheté très cher l'âpre plaisir de suivre leur vocation au milieu d'une société qui ne les avait pas prévus. Aucun d'eux n'est sorti des universités, sauf Darwin, qui ne leur doit rien.

C'est merveille que Michael Faraday soit devenu un grand savant : en dépit de son énergie prodigieuse, il eût suffi peut-être d'un léger accroc à sa destinée pour que tout fût remis en question, et qu'il restât relieur ou forgeron. Son père, James Faraday, était en effet forgeron; de Newington (Butts), où il était établi en 1791, quand naquit Michael, il transporta sa forge à Londres quelques années plus tard. A douze ans, Michael entre comme petit commis chez un libraire-relieur du voisinage, nommé Rieban. Au bout d'un an, le brave Rieban, frappé de la bonne conduite de l'enfant, se décide à lui enseigner le métier de relieur. Et, pendant huit ans, Faraday relie plus de livres qu'il n'en a peut-être jamais lu. Cependant, il trouvait le moyen de s'instruire, dans les sciences physiques surtout, pour lesquelles il se sentait un goût particulier. Il suivait, le soir, des cours de physique, qui lui coûtaient un shilling chaque fois : grosse dépense pour sa petite bourse. Son ardeur à l'étude avait été remarquée par un client de Rieban, membre de la Royal Institution ; il fit présent à Michael Faraday de quatre billets pour les quatre dernières leçons du cours de physique professé par Davy. Faraday prit consciencieusement des notes ; rentré au logis, il rédigea les quatre leçons, en fit une belle copie qu'il relia lui-même et envoya à Davy. Au cahier il joignit une lettre dans laquelle il demandait au savant de l'aider : il voulait quitter sa profession, qu'il considérait comme vicieuse et égoïste, et se consacrer entièrement à la science désintéressée. Davy le prit comme assistant, ou plutôt comme garçon de laboratoire, à 25 shillings par semaine. Tels furent les débuts d'une carrière scientifique, féconde en découvertes.

Charles Darwin eut la vie matérielle singulièrement plus facile ; son père, établi médecin à Shrewsbury, jouissait d'une belle aisance ; le jeune Charles fut placé de bonne heure à la *public school* fameuse, tout proche de la maison paternelle. Là il n'acquit presque rien qui lui soit resté : c'est lui-même qui l'a déclaré. Il ne garda le souvenir que de quelques leçons particulières de géométrie et des expériences de chimie que, une fois rentré au logis, il faisait avec son frère, au grand scandale de ses maîtres. On décide qu'il sera médecin et, vers sa seizième année, on l'envoie à Edimbourg. Au bout de deux ans, comme il ne se sent aucun goût pour la médecine, sa famille lui propose de se faire clergyman : il réfléchit un peu et se décide pour les ordres. En 1831,

il se fait recevoir bachelier ès arts, tant bien que
mal; mais il n'est déjà plus question de théologie. Il
s'est lié avec le botaniste Henslow, il a lu Humboldt;
il sait maintenant non seulement ce qu'il ne veut pas,
mais ce qu'il veut être. Une occasion se présente.
En 1831, le capitaine Fitzroy cherchait un naturaliste
qui l'accompagnât dans sa croisière autour du monde
sur le *Beagle* de la marine royale. Le jeune Darwin
propose ses services gratuits, à condition qu'il gar-
dera la libre disposition des collections formées.
L'accord est conclu, le *Beagle* part et reste cinq ans
en route. Quand Darwin s'embarqua, il avait la
vocation, sans l'éducation d'un naturaliste; mais il
possédait les dons d'un observateur de génie. Il
apprit tout de l'univers, n'ayant rien appris de l'université. Quand il revint, cinq ans après, la santé
ébranlée pour toujours, mais enrichi d'une incomparable moisson de faits et d'observations, l'esprit
plein d'idées encore en germe, ce fut par un hasard
de fortune que le fils du riche bourgeois de Shrewsbury n'eut pas à lutter pour gagner sa vie : il fut
exempt de tout souci matériel et put se retirer dans
sa résidence de Down, à Beckenham, dans le Kent,
où il passa quarante ans, jusqu'à sa mort, observant
et pensant, et travaillant, avec une modestie qui semblait de l'inconscience, à révolutionner la pensée
humaine.

Si Darwin était né Allemand, Leipzig, Iéna, Berlin,
Munich ou Bonn se seraient disputé l'honneur de lui
offrir une chaire, de lui bâtir un laboratoire, comme
à Clausius, à Hæckel, à Helmholtz et à tant d'autres;
fût-il né Français, il aurait sans doute trouvé asile

au Collège de France, comme Claude Bernard, ou à l'École Normale, comme Pasteur.

Huxley est un autre témoin de ce fait : quand un pays produit, au milieu de conditions défavorables, non pas quelques esprits exceptionnels, mais toute une lignée de savants qui ont creusé des voies nouvelles à la science, il est impossible de ne pas en rechercher la cause dans la vigueur de la race, qui s'épanouit en pleine nature.

« Je naquis, dit Huxley [1], à huit heures du matin environ, le 4 mai 1825, à Ealing, qui était à cette époque le plus tranquille petit village qui se pût rencontrer dans un rayon de six milles de Hyde Park Corner... Pourquoi l'on m'appela Thomas-Henry, je ne sais; mais il est tout de même curieux que le choix de mes parents soit tombé justement sur le nom de l'apôtre pour lequel j'ai toujours éprouvé le plus de sympathie. » Thomas-Henry était le plus jeune de six enfants. Ses frères aînés furent élevés dans une école privée, fort bien dirigée par le Rév. Nicolas, et très prospère. Mais l'école passa dans d'autres mains et fut rapidement désorganisée; c'est alors que Thomas-Henry y entra; elle lui a laissé le plus mauvais souvenir : « J'affirme, a-t-il dit, que la société dans laquelle je tombai à l'école est la pire que j'ai jamais connue. » Des revers de fortune obligent son père à le retirer de l'école, à douze ou treize ans, ne sachant pas grand'chose. Abandonné

1. Dans une charmante autobiographie, qui fait partie d'un volume intitulé *From Haendel to Hallé*, édité par Louis Engel, London, 1890. M. Huxley l'a reproduite dans un de ses récents volumes d'*Essais*.

à lui-même, l'enfant poursuit son éducation au
hasard, dévorant tout ce qui lui tombe sous la main,
faisant les lectures les plus étranges; mais il recueille
chemin faisant, dans cette école buissonnière, une
foule de connaissances. Un volume de Carlyle fait
naître en lui l'idée obsédante de lire *Faust* dans
l'original ; et il apprend l'allemand tout seul. Il
s'aperçoit alors qu'il s'est ouvert un champ inconnu,
une littérature scientifique sans bornes. Il apprend
de même le français [1]. Il fait, tant bien que mal, plutôt mal que bien, il l'avoue lui-même, ses études de
médecine, avec l'aide d'un beau-frère qui était médecin. A peine a-t-il son diplôme en poche qu'il est
obligé de gagner son pain : il n'avait guère plus de
vingt ans. Un ami lui conseille d'écrire au directeur
général du service médical de la marine, pour demander une place. On lui fait passer un examen, et le
voilà inscrit sur le livre de bord de la *Victory*, que
commandait Nelson à Trafalgar. Son chef s'intéresse
à lui et le recommande au commandant du *Rattlesnake*, le capitaine Owen Stanley, qui cherchait un
aide-chirurgien, ayant quelques notions de sciences
naturelles, pour l'accompagner dans une longue croisière. Huxley s'embarque et, comme Darwin, débute
par le tour du monde. Le *Rattlesnake* avait pour
mission d'explorer quelques-uns des pays les moins
connus du globe: c'est ainsi qu'il fait le premier
relevé détaillé de la côte méridionale de la Nouvelle-
Guinée. Pendant les quatre années de croisière, le

---

1. Nous tenons ces détails, qui sont inédits, de la bouche
même de M. Huxley.

jeune aide-major observe, rédige des notes qu'il envoie à la Linnean Society, un mémoire qu'il fait présenter à la Royal Society. Au retour, il se trouve à sa grande joie imprimé tout vif.

Il s'installe à Londres et s'adonne tout entier à ses sciences favorites, la physiologie et l'anatomie comparées. Trois ans se passent ainsi, dont il a le bonheur de pouvoir consacrer chaque jour à l'étude; mais, un beau matin, il reçoit de l'Amirauté l'ordre de s'embarquer. Il a assez voyagé, pense-t-il, pour son goût et pour son profit; il sent que, désormais, sa place est ailleurs que dans la cabine d'un navire de guerre; il donne sa démission « et, ajoute-t-il, comme Rastignac dit à Paris, dans *le Père Goriot*, je dis à Londres : à nous deux ! » Il se met à la recherche d'une chaire de physiologie ou d'anatomie comparée, mais nulle part il n'est admis. En désespoir de cause, il pose sa candidature à la chaire d'histoire naturelle de l'université de Toronto, en même temps que Tyndall posait la sienne à la chaire de physique dans la même université. Mais par bonheur Toronto ne voulut ni de Tyndall ni de Huxley. Enfin, en 1854, sir Henry de la Beche offre à Huxley la chaire de paléontologie et d'histoire naturelle à l'école des mines de Jermyn Street : Huxley accepte, en déclarant qu'il n'a pas de goût pour la paléontologie, et que, à la première occasion, il l'abandonnera à un plus compétent. Mais il occupa le poste trente et un ans, et une grande partie de ses ouvrages traitent de ces fossiles qu'il dédaignait en 1854.

La carrière de Herbert Spencer et de John Tyndall n'a pas été plus régulière. Ce qu'ils sont, ce n'est pas à une école, à un enseignement académique, c'est presque entièrement à eux-mêmes qu'ils le doivent. Spencer fut élevé par son père, professeur de mathématiques, et par son oncle, clergyman. A dix-sept ans, il entre en apprentissage chez un ingénieur civil et, pendant sept ans, il suit cette voie; mais la profession est encombrée; les grands travaux de construction de chemins de fer sont considérablement ralentis; il faut chercher ailleurs. Spencer se met à écrire pour gagner sa vie. Il collabore à l'*Economist* et à plusieurs revues. Peu à peu, la philosophie l'attire et l'absorbe tout entier. — John Tyndall, né en 1820, la même année que Spencer, va à l'école de son village, en Irlande, entre à dix-neuf ans dans le « Irish Ordnance Survey » et devient, lui aussi, constructeur de chemins de fer. Après trois années partagées entre la pratique du métier et l'étude personnelle, il quitte la profession de constructeur, comme Spencer, entre à vingt-sept ans en qualité de maître de sciences dans une école de province (Queenswood College) : et c'est alors seulement qu'il peut se donner tout entier aux recherches scientifiques. Il va étudier en Allemagne la chimie sous Bunsen, la physique sous Gerling et Knoblauch, il travaille avec Magnus dans son laboratoire de Berlin et, au retour, il commence à publier des travaux originaux.

Aucun de ces savants n'a suivi une filière officielle; ce sont tous des autodidactes.

CHAPITRE VI

Les hommes de lettres. — Les journalistes.

Notre société française est ainsi faite et notre enseignement national organisé de telle sorte que tous les fils de la bourgeoisie, même la plus humble, et quelques enfants du peuple, exceptionnellement doués, sont élevés dans des écoles identiques, subissent la même discipline, épuisent les mêmes programmes sous les mêmes maîtres et poursuivent le même but, qui est un diplôme ou un concours. Tout ce siècle durant, sur toute la surface du pays, l'énorme machine administrative, sous l'effort d'un moteur central unique, a travaillé, par son jeu régulier, à polir les intelligences, pour les couvrir ensuite d'un vernis uniforme. Chaque année, l'Université racolait cent cinquante à deux cents des meilleurs sujets ainsi formés, entre dix-huit et vingt et un ans, les passait au crible du concours et en retenait une vingtaine, qu'elle enfermait, pour trois années encore, dans une serre chaude. Elle a prélevé sa dîme, une dîme royale, sur chaque génération; mais on se demande comment, parmi tous ces brillants produits de l'École Normale, il s'en est trouvé plusieurs qui, après de pareilles épreuves, avaient conservé la sève originelle et le pouvoir créateur. Il était naturel que l'École Normale donnât d'étincelants polémistes comme Prévost-Paradol et About; mais c'est miracle qu'il en soit sorti un puissant génie comme Taine. Et pour un Taine, dont les racines ont continué de puiser la sève en pleine terre, combien ont été transplantés, taillés et rangés à l'alignement académique !

En Angleterre, au lieu de l'organisation savante, artificielle et perfectionnée, nous trouvons, suivant le mot de Matthew Arnold, le chaos : mais le chaos, c'est la vie latente, prête à éclater dans sa force insoumise. Encore est-il que la *public school*, avec ses libertés traditionnelles et sa profonde culture classique, eût été trop stricte pour le génie délicat et un peu farouche d'un Macaulay ou d'un Browning. Et, s'il est vrai qu'un homme de génie doit plus à sa mère qu'à son maître, à la vie qu'à l'école, cela est plus vrai peut-être en Angleterre que partout ailleurs, pour l'écrivain comme pour le savant.

On verra que Macaulay eut une éducation en quelque manière exceptionnelle. Mais, « en 1812, le père de Tom (Thomas Macaulay), dit Sir Georges Trevelyan, avait songé sérieusement à l'envoyer à Westminster (la vieille *public school*); et, quelque mûrement réfléchie qu'ait été sa décision, elle eut plus de portée encore qu'il ne pouvait prévoir. Car, si son fils avait passé par une *public school*, il aurait été un autre homme, il aurait produit des œuvres différentes. » Il eût fait, sans doute, un habile *debater*, un homme d'État plein de sang-froid et d'énergie ; il n'aurait pas été le brillant et délicat écrivain, le merveilleux orateur que chacun sait. D'une nature sensible et affectueuse, il aurait eu, d'abord, quelque peine à s'habituer aux mœurs un peu brutales de la *public school* ; plus tard, il se serait laissé gagner par le goût des jeux et des distractions, si nombreuses à l'école et si tentantes ; il n'aurait pas appris de bonne heure, comme il fit dans une école privée, sous un maître excellent, à goûter les beautés de toutes les littératures non seulement anciennes mais modernes. « Westminster ou Harrow auraient pu lui enseigner à manier les hommes, développer en lui le sens pratique des affaires, mais la perte eût été plus grande pour l'humanité que le gain. Si Macaulay avait reçu la même éducation qu'un jeune Anglais de sa classe [1], il aurait, sans doute, gardé son siège au Parlement pour y représenter Edimbourg ; mais il n'aurait pas écrit l'Essai sur Ranke ou la description de l'Angleterre dans le troisième chapitre de son histoire [2]. »

La même pensée s'est présentée à l'esprit d'un biographe de Robert Browning : « Le père de Robert [3] appartenait à une confession dissidente : c'est pourquoi celui-ci ne reçut pas l'éducation des jeunes Anglais de sa condition. Sa culture fut plus per-

---

1. L'auteur de ces lignes, sir Georges Trevelyan, neveu et biographe de Macaulay, fut élève de Harrow. Il est aujourd'hui membre du Parlement et secrétaire d'État pour l'Ecosse.

2. On peut, cependant, faire observer que Harrow a produit un Manning et un Byron.

3. Il occupait un important emploi dans la maison Rothschild de Londres.

sonnelle, et le champ de ses lectures plus large, mais moins profondément creusé que s'il avait passé par Eton ou par Winchester [1]. »

Ruskin, lui aussi, échappa à la discipline de l'école et au contact des foules pendant son enfance : il n'en est pas moins celui de tous les écrivains de l'Angleterre moderne qui a le plus puissamment agi sur les mœurs contemporaines. Fils unique, il dut tout, ou presque tout, à sa mère. Il n'alla que tard à l'école du Rév. Thomas Dale ; « à part quelques leçons de grec, prises avec le Dr Andrews, il reçut de sa mère toute son instruction première. » Austère puritaine, à l'âme ardente et simple, à l'esprit cultivé, elle eut une influence décisive, exclusive sur son fils : John Ruskin passa toute son enfance dans un intérieur paisible, s'échappant parfois pour courir ou rêver sur les douces collines couvertes de genêts et de bruyères [2].

1. *Eminent Persons*, biographies reprinted from *the Times*. London, 1892, p. 334.

2. « My mother forced me, a conté Ruskin lui-même, by steady, patient daily toil, to learn long chapters of the Bible by heart, as well as to read it every syllable through, aloud, hard names and all, from Genesis to Apocalypse, about once every year; and to that discipline — patient. accurate and resolute — I owe, not only a knowledge of the book I find occasionnally serviceable, but much of my general power of taking pains, and the best part of my taste in literature. From Walter Scott I might easily, as I grew older, have fallen to other people's novels and Pope might have led me to take Johnson's England, or Gibbon's, as types of language, but once knowing the xxxii. of Deuteronomy, cxix. Psalm, xiii. of 1st Corinthians, the Sermon on the mount, and most of the Apocalypse, every syllable by heart, and having always a way of thinking with myself what words meant, it was not possible for me, even in the foolishest time of youth, to write entirely superficial or formal English.... Though I have picked

*
* *

La presse périodique fait une consommation énorme d'énergies et d'intelligences. En Angleterre, le métier de journaliste s'apprend, comme celui de médecin ou d'avocat : c'est une profession « respectable » et classée, que le public met sur le même rang que toute autre profession libérale. La plupart des qualités qu'elle exige sont justement celles que l'éducation anglaise développe le plus : et, parmi elles, il faut compter l'instinct irrésistible qui pousse tout Anglais à courir le monde. De l'école et de l'université, l'apprenti journaliste apporte la culture un peu étroite mais forte, la vigueur physique, la ténacité, le sang-froid et le besoin d'activité incessante; aux voyages il doit l'expérience de la vie, une vue universelle des choses et des hommes, une curiosité insatiable. « Parmi les hommes qui composent l'état-major des grands journaux, il en est peu qui n'aient pas vieilli sous le harnais, qui ne soient rompus à tous les secrets du métier, et qui n e l'aient appris par principes, comme un art, en commençant par le rudiment. Ils ont approfondi les questions techniques, systématiquement étudié les meilleurs modèles, et n'ont pas cru superflu,

up the elements of a little further knowledge... in mathematics, meteorology, and the like, in after-life, and owe not a little to the teaching of many people, this maternal intallation of my mind in that property of chapters (of the Bible), I count very confidently the most precious and, on the whole, the one essential part of all my education. »

avant d'aborder leur profession, de savoir les langues vivantes, le droit, l'économie politique, l'histoire et même la géographie. Il est rare qu'ils n'aient pas l'habitude d'analyser ou de résumer, avec une grande précision, un discours, une séance judiciaire, une œuvre dramatique, voire même un article dont leur *editor* leur indique rapidement les grandes lignes. La plupart pratiquent la sténographie, à l'exemple de Dickens, qui débuta dans les lettres en remplissant les modestes fonctions de reporter des tribunaux de police [1]. »

La presse attire à elle quelques-uns des plus brillants lauréats des universités : M. Brodrick, qui, durant plus de vingt ans, écrivit des articles de fonds pour le *Times*, avant de retourner à Oxford [2]; et M. John Morley qui pendant de longues années fut rédacteur en chef de la *Saint-James's Gazette* avant de se lancer dans la politique active.

Parmi les correspondants permanents que les grands journaux entretiennent dans les capitales du continent, on trouve des hommes d'une vaste culture et des écrivains de talent, comme ce Brinsley Richards, mort en 1892 correspondant du *Times* à Berlin : au sortir d'Eton, il était venu en France, où il fut successivement secrétaire de M. Drouyn de Lhuys et du duc Decazes. Après avoir étudié de très près les hommes d'État et les affaires de France, il alla à Vienne, puis à Berlin, et c'est lui, dit-on, qui écrivit cette remarquable biographie de Moltke,

1. Ph. Daryl, *La vie publique en Angleterre*, p. 589.
2. Il est aujourd'hui « Warden of Merton College ».

que le *Times* publia au lendemain de la mort du maréchal.

Les correspondants spéciaux doivent posséder des qualités plus rares encore. Archibald Forbes restera le type inimitable des correspondants de guerre [1]. Tout le monde connaît son incroyable campagne pour le *Daily News* pendant la guerre franco-allemande : « A tous les dons précieux, qui font le Xénophon moderne, aux connaissances les plus solides et les plus variées, au sens stratégique le plus fin, à l'intérêt sans rival, non pas de la scène à faire, mais de la scène à voir, au style le plus vivant et le plus graphique, au talent supérieur, en un mot, M. Forbes joint une vigueur physique, une résistance vitale, une ardeur passionnée, qui font de lui un personnage véritablement surhumain et, en quelque sorte, fantastique... C'est lui qui a annoncé au tzar, six heures avant tous les courriers, la victoire de Chipka... La relation de la première attaque de Plevna... il l'a transmise de Sistow, où il était entré en portant sur sa tête la selle de sa troisième monture, morte en route [2]. »

Mais les guerres se font rares ; le reporter de haut vol doit trouver d'autres champs d'action que les champs de bataille. Il court le monde, en quête d'une proie ; il ne trouve plus guère à décrire que des crises économiques, mais gigantesques, comme l'effondrement des banques australiennes, ou bien les innom-

---

1. Dans son roman, *The light that failed*, Rudyard Kipling a croqué plusieurs silhouettes vraiment curieuses de *war-correspondents*.

2. Ph. Daryl, p. 31, 32.

brables révolutions sud-américaines, ou bien encore la conquête pacifique de l'Asie par l'ennemi héréditaire, qui déroule un fantastique ruban de fer, de la Caspienne au Pacifique, en effleurant l'Inde [1].

1. M. James Darmsteter a tracé, dans le *Journal des Débats* (9 juin 1892), le portrait d'un des plus remuants représentants de ce journalisme vagabond :

« Élevé tour à tour dans les écoles d'Angleterre, de France et d'Allemagne, M. Henry Norman acheva ses études à l'université américaine de Harvard, y monta la première pièce grecque qui ait été jouée en Amérique dans l'original, se prépara au ministère du Saint-Évangile dans l'église unitarienne, et prêcha. Il s'en lassa vite et quitta la chaire pour la presse, tribune plus bruyante et plus puissante. Son début dans la presse lui sera compté au ciel : il sauva la chute du Niagara, menacée par une bande de capitalistes, qui voulaient l'accaparer et l'entourer d'une ceinture d'hôtels géants avec ascenseurs; grâce à une campagne énergique de Norman, le Niagara fut converti en parc national, quelque chose comme une déclaration de monument historique; le Niagara était sauvé : il ne sera pas mis en actions. De retour en Angleterre, il entra à la *Pall Mall Gazette*, au temps fameux de M. Stead, vint interviewer ce pauvre Boulanger et, je regrette d'avoir à le dire, le prit au sérieux. Il se releva par une série d'articles, qui firent sensation, sur les *évictions* de Bodyke et les horreurs de la crise agraire en Irlande et partit en 1887 pour le tour du monde. Les lecteurs de ce journal se rappellent, peut-être, une lettre remarquable sur le Tonkin, qu'il envoya aux *Débats*, il y a quelques années, et où toute la folie malfaisante de la bureaucratie coloniale était notée avec une sagacité décourageante. Il chassa le tigre au Tonkin, découvrit une mine d'or à Siam, rentra à Londres pour publier un livre sur le Japon, former une compagnie pour exploiter sa mine, et épouser une de ses collaboratrices de la *Pall Mall Gazette*, l'auteur du dernier succès de la saison, *A girl in the Karpathians*. Cela fait, il retourna à sa mine d'or siamoise, où il est encore. J'oubliais de dire que, comme tout jeune Anglais lettré qui se respecte, il a écrit un mémoire sur les *Quatrains* d'Omar Khayyam. »

CHAPITRE VII

Le clergé. — Le corps enseignant.

L'église et le clergé en Angleterre ont été, et sont encore, liés aux destinées des *public schools* et des universités. A cela, deux raisons principales : d'une part, le clergé de l'Église établie se recrutait jadis exclusivement aux universités, et c'est là qu'il se forme encore aujourd'hui presque tout entier ; d'autre part, le personnel dirigeant et enseignant des écoles dotées et des collèges universitaires était composé, dans une forte proportion [1], de clergymen de l'Église établie. Le temps n'est pas loin où les vieilles universités avaient pour fonction presque unique de servir de séminaire au clergé anglican ; aujourd'hui encore, la plupart des hauts dignitaires d'Oxford et de Cambridge, presque tous les *headmasters* des *public schools* et des *grammar schools* sont des clergymen.

1. Cette proportion a varié : elle tend à diminuer. Voir *l'Éducat. des classes moyennes et dirigeantes en Angleterre*, p. 50, note 2.

Ainsi les membres du clergé, comme élèves d'abord, comme maîtres ensuite, étaient en contact permanent avec les enfants de l'aristocratie dont ils étaient d'abord les condisciples, puis les maîtres : le clergé anglican a fini par faire corps avec les classes dirigeantes. De là son long règne, fondé sur ces mêmes privilèges que l'aristocratie s'efforçait de justifier et de conserver, et qu'il partageait avec elle; de là aussi sa faiblesse et sa gaucherie, quand l'heure vint de compter avec le peuple, et quand la nécessité s'imposa à l'Église établie de pénétrer les masses et d'y chercher son point d'appui.

La famille Wordsworth est le type de ces familles cléricales qui se perpétuaient dans les hautes charges de l'Église, par droit de naissance et de talent, comme autrefois chez nous, dans l'armée et au parlement, la noblesse de robe ou d'épée. Charles Wordsworth, mort le 5 décembre 1892 évêque de Saint-Andrews, a conté quelques mois avant sa fin ses souvenirs de jeunesse. Son père Christopher Wordsworth était déjà dans les ordres, où il fit une brillante carrière; d'abord chapelain de Manners Sutton, puis archevêque de Cantorbéry, il obtint, pour sa retraite, un poste académique considérable, celui de *Master* (principal) de Trinity College, Cambridge. Le « maître » de Trinity eut plusieurs fils : l'un mourut jeune, *fellow* de Trinity et déjà célèbre parmi les érudits pour sa science du grec; l'autre, Christopher, fut archidiacre de Westminster, puis évêque de Lincoln, et son fils est actuellement évêque de Salisbury; enfin Charles Wordsworth, l'auteur des *Souvenirs*, fit ses classes à Harrow, où il eut Manning pour condisciple. Les succès athlétiques du futur évêque de Saint-Andrews sont restés célèbres; il les conte lui-même avec infiniment d'humour : capitaine des « onze » à Harrow, il eut l'honneur de les conduire à la lutte contre les « onze » d'Eton, parmi lesquels figurait son frère, dans le premier match de cricket qui eut lieu entre les deux écoles[1]. Il fut l'un des promoteurs de l'athlétisme alors à ses débuts. A l'université, nous le retrouvons parmi les plus forts au cricket et à l'aviron; il est sur la rivière au nombre des « huit », et sur la pelouse parmi les « onze » champions d'Oxford, dans la première course à la rame et le premier cricket-match des deux universités[2].

Il était aussi assidu au travail qu'au jeu et aussi brillant dans les concours que dans les matchs. Inscrit à Christ Church, il eut pour concurrents èt même pour élèves W. E. Gladstone, Henry E. Man-

---

1. A Harrow, Manning était loin d'être aussi fort au cricket que son camarade, Charles Wordsworth. Celui-ci, pour l'encourager, lui fit, un jour, présent d'un « bat », à quoi Manning répondit :

Harrow, 12. september 1825.

The bat that you were kind to send
Seems (for as yet I have not tried it) good;
And if there's anything on earth can mend
My wretched play, it is that piece of wood.

2. Cinquante ans plus tard, un banquet réunissait les survivants de la première rencontre d'Oxford et de Cambridge. Le capitaine des « Oxford blues », devenu évêque de Saint-Andrews, fut empêché, par les devoirs du carême, d'assister à la cérémonie, que présidait le juge Chitty : mais il fut représenté par le jersey qu'il portait le jour de cette bataille mémorable et qui, conservé comme un trophée, figura, pendant le dîner du jubilé, au-dessus du fauteuil présidentiel.

ning, Walter K. Hamilton, qui devint évêque de Salisbury; lord Lincoln (duc de Newcastle); Thomas D. Acland, Charles J. Canning, fils du premier ministre et qui devint gouverneur général des Indes; c'est sur de pareils rivaux que Charles Wordsworth remporte les prix de vers latins et de composition latine. Au sortir de l'université, nommé « second maître » à Winchester, la plus ancienne des *public schools*, il publie une grammaire grecque, demeurée classique. Ecolier, étudiant, maître, pasteur, évêque, il fut tour à tour le condisciple ou le maître, l'ami et le conseiller de la plupart des hommes qui, durant les soixante dernières années, ont joué un rôle prépondérant dans l'histoire intellectuelle, politique ou religieuse de l'Angleterre [1].

Henry Edward Manning, l'ascète à l'âme ardente et tendre, qui mourut cardinal-archevêque de Westminster, après avoir contraint par ses vertus tout un peuple, jusqu'alors rebelle, à respecter et presque à aimer en lui cette Église catholique romaine dont, avant lui, on n'osait parler qu'avec horreur et dégoût; — Manning, élevé dans les pures traditions de la *public school* et de l'université, y fut aussi bon écolier et aussi brillant étudiant que Gladstone ou Wordsworth. Fils d'un riche marchand de la Cité, qui siégea au Parlement, Henry Manning passa d'abord par Harrow; à Oxford, c'est Balliol qui l'accueillit; en 1830, il gagne un *double first* et Merton se l'attache

---

1. Il a publié, en 1854, *On Shakespeare's knowledge and use of the Bible*; en 1883, *Historical plays, Roman and English*, de Shakespeare. Il a écrit aussi des ouvrages purement théologiques.

par une *fellowship*. Maintes fois au cours de sa vie d'étudiant, il eut des succès d'orateur à l'*Union*. En 1833, Manning, quittant Oxford pour entrer dans la vie active de l'Église militante, devenait recteur de Lavington et Graffham, dans le Sussex. A trente-deux ans, il était archidiacre de Chichester. Lorsque éclata la grande crise théologique et morale, en 1851, l'archidiacre Manning quitta l'Église anglicane pour entrer dans l'Église de Rome.

La forte et souple discipline de l'éducation traditionnelle a doté l'Église des caractères et des talents les plus divers : elle lui a donné des savants incomparables comme Lightfoot, des docteurs évangéliques comme Pusey, des hommes d'action comme Tait, des éducateurs et des moralistes comme Stanley.

Lightfoot, évêque de Durham, mort en 1889, fut l'un des plus érudits théologiens et des plus puissants historiens de l'Église : il avait reçu sa première éducation à King Edward's School, Birmingham; à Cambridge, avant de devenir *fellow* et *tutor* de Trinity College, puis professeur de théologie, il avait remporté les plus brillants succès en lettres anciennes et en mathématiques. Pusey avait obtenu à Oxford la même année (1822) le prix de composition latine et une *fellowship* d'Oriel. Tait [1], né à Édimbourg d'une famille de la *gentry* écossaise, arrive, à dix-neuf ans, à Oxford. Il ne tarde pas à être élu *fellow* de Balliol. D'élève il devient *tutor*. Pendant des années, il enseigne l'élite de l'université,

____

1. Il est mort en 1882.

qui se presse à Balliol. En 1841, au moment où le fameux « Tract 90 » de Newman venait de jeter le désarroi dans les esprits, il se lève, avec trois autres *tutors* de Brasenose, de Saint-John's et de Wadham, pour défendre la discipline de l'Église établie. L'année suivante, n'ayant pas dépassé la trentaine, il est appelé à recueillir la lourde succession du docteur Arnold, comme *headmaster* de Rugby. Pendant huit ans, il se dépensa dans cette nouvelle tâche avec l'ardeur double d'un intellectuel et d'un homme d'action. En 1850, la fatigue l'oblige à abandonner ce poste de combat. Il rentre dans les rangs du clergé et devient doyen de Carlisle. Sa santé refaite, son énergie renaît; en 1856 évêque de Londres, et douze ans plus tard archevêque de Cantorbéry, cet homme, qui avait commencé par être un simple maître d'école, s'éleva jusqu'à la plus haute dignité ecclésiastique.

Arthur Penryn Stanley, de quatre ans plus jeune que Tait, appartenait à la famille des Stanley of Alderley. Son père, recteur d'Alderley, puis évêque de Norwich, a laissé le souvenir d'un grand cœur et d'une vie exemplaire, d'un esprit large, ouvert à toutes les nobles curiosités, et d'une âme dévouée à ses devoirs : ces qualités étaient rares alors dans l'Église établie. Le jeune Arthur hérita de son père la distinction de l'esprit, l'élévation du caractère, et, dans ses œuvres, un généreux libéralisme allié à une grande sûreté de goût. Élève de Rugby, quand Thomas Arnold débutait comme *headmaster*, il porta toute sa vie en lui l'exemple et les enseignements d'Arnold, et, quand il se mit à écrire la vie de son maître, il fit tout naturellement, sans effort un chef-d'œuvre. Cette biographie d'Arnold, si belle et si pure par le sujet, si délicatement traitée, est le livre de chevet des éducateurs et des moralistes. *Fellow* de University College, Oxford, *tutor* pendant douze ans, Stanley fut appelé, en 1853, à la chaire d'histoire ecclésiastique de l'université. Chose rare, il fut à la fois écrivain de goût et prédicateur de talent; il est mort, en 1881, doyen de Westminster, dans cette charge qu'ont occupée quelques-uns des plus brillants orateurs de l'église anglicane, et il y a laissé un souvenir qu'aucun de ses successeurs n'a pu faire oublier.

Ces exemples peuvent suffire à montrer que l'Église a puisé ses chefs et ses prélats, ses docteurs et ses saints aux mêmes sources, d'où l'aristocratie et les classes dirigeantes tiraient leurs *leaders* et leurs hommes d'État. Il y avait communauté d'origine sociale et unité d'éducation. Même après ce tournant de la vie où la vocation se décide, le futur clergyman continuait de partager l'existence du jeune savant ou du futur homme politique; sans doute, il choisissait un *tutor* de théologie pour l'initier à la discipline de l'Église, tandis que ses camarades, selon leurs goûts, s'adonnaient aux études purement littéraires ou scientifiques; mais tous se retrouvaient le soir à la *common room*, aux débats du *Union Club*, ou bien, durant les heures réservées aux exercices corporels, sur la pelouse du cricket ou sur la rivière, l'aviron en main. Le clergé anglican d'aujourd'hui est, pour les trois ou quatre cinquièmes, sorti des vieilles universités; le reste a été formé à King's

College, Londres, ou dans quelques autres collèges spéciaux [1].

1. On commence à trouver que le système ne va pas sans de sérieux inconvénients; quelques personnes prétendent que l'instruction théologique donnée aux universités est une préparation insuffisante au ministère ecclésiastique :

« What more special training for the candidates for Holy Orders can the Universities supply? This is certainly defective. The colleges do not supply, and never have supplied, such training; and so strongly is this now felt that the colleges are beginning to confine their testimonials sent to the Bishops to certificates of good character, and to decline even to express an opinion as to whether in other respects a man is a suitable candidate for the ministry. It is possible, of course, to found theological colleges in Oxford, one such college, Wycliffe Hall, is already in existence, and there is a similar hall at Cambridge; but in an immense majority of cases it is probably far better that a man should go elsewhere for this part of his training. Useful work is done in Cambridge by the Clergy School, which attempts to supply some of the advantages of a theological college to graduates who continue to reside in the University. The theological instruction given by the University and the colleges has in Oxford been diminished in quantity, though it is to be hoped that it has gained somewhat in quality. The enormous influence of the Pusey House upon the religious life of Oxford is a thing for wich Churchmen cannot be too thankful, and it proves the need which it has been enabled in great measure to supply.......

» Religious education in the Universities must depend, not upon institutions or regulations, but upon personal and individual influence. The condition of things at Oxford, at all events, in now eminently favourable to the exercise of such influence. » (Communication du Rev. J. H. Maude, de Hertford College, au congrès ecclésiastique tenu à Rhyl, en octobre 1891.)

Dans cette même séance, le prof. Rendall, principal de University College, Liverpool, faisait remarquer que le clergé anglican dédaigne, bien à tort selon lui, de faire usage des collèges provinciaux, tandis que les dissidents ne manquent pas de se servir des moyens de culture qu'ils leur offrent.

Cette réserve s'expliquerait assez, jusqu'à ce jour, par ce fait qu'Oxford et Cambridge suffisaient aux besoins de l'Église

Il y a trente ou quarante ans lorsque, pour devenir *fellow* d'Oxford ou de Cambridge, il fallait entrer dans les ordres, le clergé recueillait les meilleurs sujets universitaires et attirait même des membres des plus hautes classes de la société [1]. L'Église a vu singulièrement réduire ses privilèges. Ceux qui lui restent sont menacés; elle doit combattre pour les défendre. La lutte fortifie et aguerrit. L'Église ne serait pas en danger si elle était assez robuste pour supporter une existence plus dure, et assez souple pour se plier aux nécessités nouvelles. Elle traverse une crise grave, cela est indiscutable : en sortira-t-elle retrempée et renouvelée?

L'Église établie, s'étant pendant des siècles appuyée sur l'aristocratie, a fini par se confondre avec elle; son clergé a pris rang parmi les classes les

établie, et que, par tous les avantages exceptionnels dont elles jouissent, les vieilles universités exerçaient une attraction irrésistible sur les jeunes gens qui se destinaient à l'Église.

1. « Le pasteur anglican d'il y a cinquante ans (vers 1832) avait généralement de la fortune; c'était parfois le frère cadet du landlord, à qui l'on avait réservé le bénéfice de famille; parfois aussi le landlord lui-même, la cure faisant partie de son domaine. Ses devoirs professionnels étaient l'office du dimanche, en semaine les mariages et enterrements, et les visites aux malades. Pour le reste il vivait comme ses voisins, se distinguant d'eux seulement par sa redingote noire, sa cravate blanche et une plus grande circonspection dans ses actes et ses paroles. Il cultivait sa terre, montait à cheval, chassait à tir et à courre modérément, et allait dans le monde. Il était généralement *magistrate*, assistait aux meetings publics, et son éducation le mettait à même de prendre une part prépondérante aux affaires du comté... » (J.-A. Froude, *Short Studies on great subjects*, vol. IV, the Oxford counter-reformation, letter I.)

plus élevées et les plus exclusives de la société [1];
en trop d'endroits, il a perdu le contact, non seulement du peuple, mais des classes moyennes [2]; il a

1. Comparez la situation de notre curé de campagne, fils
de paysan, vivant pauvrement d'un maigre traitement, à celle
de ce recteur anglican d'un comté du Centre (je copie mes
notes de voyage) : R... Rectory est à deux milles de B..., la
capitale du comté; le site est délicieux: c'est un grand domaine
qui appartient à New College, Oxford. La paroisse compte
400 habitants, fermiers et ouvriers agricoles. Le recteur, le
Rév. D..., est un ancien élève de Rugby et de New College.
Sa résidence est celle d'un riche squire au milieu d'un beau
jardin planté d'arbres séculaires, orné de pelouses bien unies
pour le tennis. L'intérieur, confortable, élégant même, est
comme illuminé par la présence d'une figure idéale : la jeune
femme du recteur est une délicieuse créature, presque
aérienne, une héroïne de Watts ou de Rossetti. Ame simple
et passionnée, elle s'est entourée de chefs-d'œuvre; elle a un
culte pour notre J.-F. Millet, dont elle lit et relit la vie...
2. On sait que l'Église anglicane est encore sous le régime
des bénéfices ecclésiastiques; les cures appartiennent, par
parties égales, à l'État et aux particuliers (grands propriétaires
fonciers, *lords of the manor*, simples squires). L'État et les
particuliers exercent le droit de présentation; ils présentent
à l'autorité ecclésiastique leur candidat pour chaque bénéfice
vacant, dont ils ont le « patronage ». Il est admis qu'un particulier peut céder, moyennant compensation, son droit de
présentation; cet usage a entraîné de nombreux abus. Il
arrive que des clergymen en quête d'un cure achètent pour
leur propre compte la place vacante; or, le droit de présentation suppose deux personnes dont l'une est juge des mérites
de l'autre. L'archevêque de Cantobéry n'a pas hésité à condamner publiquement ces abus; il a même introduit à la
Chambre des lords un bill interdisant le trafic des bénéfices.
Car il s'est créé des agences pour la vente et l'achat des cures
vacantes : on vendait une cure, non plus seulement par relations, comme une charge de notaire, mais par l'intermédiaire
d'un agent, comme un immeuble.
Dans la séance de la Chambre des lords du 16 mars 1893
l'archevêque de Cantorbéry a montré, par des exemples, combien les intérêts de l'Église et le souci des âmes devaient être

rendu les cérémonies plus compliquées, les rites plus solennels et la pompe plus riche. Au sein même de l'Église, tout un parti a commis la faute de prendre ou de se laisser donner un nom qui le lie irrémédiablement aux classes riches, la *High Church*. La Haute Église a trop clairement visé à se concilier les grands de ce monde, singulière imprudence au moment où le pouvoir passe des « classes » aux « masses ». Au contraire, les ministres des cultes dissidents sont d'ardents apôtres, de véritables missionnaires à l'intérieur; ils ont fait la conquête de la plus grande partie des classes moyennes et populaires [1], dont ils partagent la vie, les souffrances, les préjugés, et dont ils savent parler le langage.

L'Église établie, si elle veut reconquérir son influence sur les masses, — en admettant qu'il ne soit pas trop tard, — doit modifier non seulement son esprit, mais encore toute son organisation. Par l'« extension universitaire », dans sa forme la plus récente, quelques généreux esprits sont parvenus

étrangers aux hommes qui entrent en possession d'un bénéfice par de pareils moyens : « Quand un homme achète un patronage et se présente lui-même, c'est très souvent parce qu'il est tenté par la maison et le jardin de la cure, par la pêche ou la chasse dans les environs... » Les réclames des agents sont tout à fait édifiantes. L'archevêque de Cantorbéry en cite quelques-unes : « Occasion pour un amateur de sport. — Presbytère : 4 000 livres. Entrée en possession prochaine. Prix : 2 000 livres. » Une autre annonce parle d'une « cure séduisante », située « près d'une plage à la mode ». Une autre encore : « Population : 1 500 âmes, peu de fidèles. »

1. Il faut ajouter que l'Armée du Salut a réussi à embrigader la population misérable de plusieurs grandes villes.

à réconcilier le peuple avec les vieilles universités aristocratiques : ayant trouvé des procédés nouveaux, ils les ont appliqués avec un véritable amour du peuple. L'Église doit faire de même, le mal est si évident, le danger si proche, que l'un des hauts dignitaires de l'Église, l'archidiacre Farrar, affrontant les préjugés et les répugnances héréditaires de la nation anglaise, proposait récemment de créer des ordres religieux anglicans, dont les membres, ayant fait vœu de pauvreté, d'obéissance et de chasteté, pourraient vivre parmi les ouvriers et servir d'auxiliaires aux recteurs des paroisses [1].

*
* *

Les *public schools* et les *grammar schools* ont confondu leur histoire pendant des siècles avec celle de l'Église établie. Elles recrutent le personnel enseignant et dirigeant, comme l'Église son clergé, parmi les gradués d'Oxford et de Cambridge, sauf pour les maîtres de sciences naturelles, qui sont des gradués de Londres ou de Victoria University. Les universités ne donnent pas à l'étudiant qui se destine à l'enseignement la préparation professionnelle : le B. A. (ou M. A.) [2] retourne comme maître à la

1. Cette proposition qui, jusqu'à présent, ne paraît pas avoir eu de suites, était appuyée par les évêques de Londres, de Winchester, de Chester, de Lincoln et de Southwell.

Trouver le nombre nécessaire de clergymen pour le service de l'Église est impossible, dans la pratique, s'il faut leur donner à tous un traitement qui leur permette de se marier et de vivre d'une façon « respectable » : telle est l'une des principales difficultés qu'il s'agit de vaincre.

2. Abréviations de « Bachelor of Arts », « Master of Arts ».

grammar school, tout plein encore de ses souvenirs
d'élève, tout prêt à renouer les traditions et à rentrer
dans le cadre familier : le métier, il l'apprendra en le
pratiquant. Et, même s'il se révèle médiocre professeur, il est très rare qu'il n'aime pas l'enfance et
qu'il ne soit pas apte à la comprendre et à la diriger.

Mais, en dehors des *public schools* et des *grammar schools*, d'autres écoles d'enseignement secondaire rendent de grands services à la petite bourgeoisie; leurs maîtres ne sont que par exception des
university-men. La carrière du Dr Wormell, *headmaster* de l'école de Cowper Street, à Londres, l'une
des plus florissantes de ces écoles d'un type nouveau,
est tout à fait caractéristique.

Le Dr Wormell est l'un des créateurs de l'enseignement secondaire spécial en Angleterre; c'est lui
qui a formé la plupart des maîtres pour les nombreuses écoles fondées sur le plan de Cowper Street.
Il a raconté, lui-même, ses débuts avec beaucoup
d'humour [1]. Il est l'exemplaire, le plus remarquable
peut-être, de ces hommes du peuple qui, à force de
travail et grâce à un talent incontestable, se sont
élevés des plus humbles emplois de l'enseignement
primaire jusqu'aux grades de l'université de Londres
et à ces postes de *headmasters*, que l'on ne confiait
autrefois qu'aux brillants sujets d'Oxford ou de Cambridge.

M. Wormell est né en 1838 à Leicester d'une pauvre
famille d'ouvriers. Entre la huitième et la dixième
année, son père l'envoie, pendant les mois d'hiver,

1. *Journal of Education*, mai et juin 1889.

9.

à l'école primaire (british school); pendant l'été il
le garde avec lui pour l'aider dans son métier de
tailleur d'ardoises. Un peu plus tard, le jeune Wormell entre comme apprenti dans une manufacture
de bonneterie; mais avant qu'il ait pu achever son
apprentissage, la maison s'écroulait sous la faillite
du patron. Tout était à recommencer pour le petit
Wormell, qui n'avait guère plus de treize ans. Il
avait dû continuer à travailler dans les livres, pendant qu'il aidait son père à tailler des ardoises et
plus tard en apprenant le métier de bonnetier, car
il prend résolument un grand parti : il retourne à
son école primaire et se présente, sans même avoir
eu le temps de se préparer, au concours pour le
poste d'élève-maître. L'inspecteur de Sa Majesté, qui
examine les candidats, est Matthew Arnold, un fin
connaisseur d'hommes; il distingue et nomme l'apprenti bonnetier. Après quelques années du rude
métier d'apprenti instituteur, Wormell va passer
deux ans à l'école normale (Training College) de
Borough Road. En sortant de là, il est nommé maître
dans l'école de Castle Lane, à Westminster. Les
innombrables devoirs de sa charge ne l'empêchent
pas de consacrer encore des forces et du temps à
instruire et à catéchiser, dans des conférences de
nuit, les petits balayeurs des rues de la capitale, —
et à se préparer lui-même aux difficiles examens de
l'université de Londres. Il nous a donné l'emploi de
son temps pendant cette période de travail acharné :

« Classe de 8 h. 45 du matin à 4 h. 30 du soir;
cours aux élèves-maîtres de 6 heures du soir à
8 heures; travail personnel de 8 heures du soir

à 2 heures du matin. Et maintenant, voici le conseil que je donne aux jeunes gens : ne vous laissez pas influencer par les pauvres raisons des théoriciens du surmenage, qui prétendent que 6 heures de travail par jour sont, comme le vent d'est, funestes à l'homme et aux bêtes; mais n'adoptez pas mon emploi du temps. On a trouvé, heureusement, depuis lors, un juste milieu. Le marché conclu par Faust était la modération même, comparé à celui qui m'a valu avec les honneurs universitaires une perpétuelle insomnie. » C'est à ce prix que l'apprenti bonnetier se fit recevoir docteur ès sciences mathématiques.

Les temps sont devenus moins durs aux petits. Aujourd'hui on envoie, avec des bourses, à Oxford et à Cambridge un certain nombre d'instituteurs primaires, parmi ceux qui promettent le plus.

La condition particulière des écoles secondaires anglaises entraîne toute une série de conséquences pour les maîtres : là, comme ailleurs, la libre concurrence, sans frein ni contrôle, a produit l'écrasement des faibles. Dans ce système le maître est sacrifié : n'ayant aucun moyen légal de faire consacrer ses aptitudes, il en est réduit pour se placer aux moyens qu'emploient les cuisiniers et les acteurs vagabonds : les agences, les annonces dans les journaux, les sollicitations personnelles. S'il a le bonheur de trouver une place dans une école en renom et d'y réussir, il aura une situation enviable, mais même alors il ne faut pas qu'il oublie qu'il n'est quelqu'un que par l'école à laquelle il est attaché, que son prestige est emprunté. Il n'est pas « agrégé de l'Université »,

membre d'un grand corps organisé, il est maitre
de X... School ou de Y... College; si X... School ou
Y... College le congédie, il retombe dans le néant et
le voilà de nouveau réduit à recourir aux agences,
aux annonces dans les journaux, aux courses de
solliciteur. Ce système, qui donne le maximum de
rendement pour l'éducation physique et morale de
l'enfant, use les rouages — les maîtres — sans ména-
gements et sans reconnaissance. Elle est lamentable,
la situation du vieux maitre qui n'a pas pu ou n'a pas
su économiser pour sa vieillesse; de chute en chute
il tombe dans l'école privée, mauvaise et misérable,
entre les mains d'un entrepreneur qui exploite ses
derniers souffles contre un morceau de pain. Beaucoup de maîtres anglais déplorent leur liberté et
envient le collier officiel, sinon doré, de leurs frères
français : au lieu d'un système sans garanties, qui
signifie la misère aussi bien que la fortune, et trop
souvent une vieillesse malheureuse, ils voudraient
avoir comme les nôtres une position officielle, une
fonction déterminée, un prestige dû, des garanties
légales, enfin la sécurité du lendemain.

CHAPITRE VIII

Les fonctionnaires.

I. — QUELQUES FONCTIONNAIRES

En Angleterre, avant 1855, le recrutement des fonctions publiques n'était régi par aucune loi, soumis à aucune règle fixe. Le chef de chaque département disposait à sa fantaisie de tous les emplois, en exigeant tout au plus du candidat les connaissances élémentaires indispensables. Les influences politiques, les relations sociales, — la faveur, en un mot, — avaient beau jeu. Pour obtenir un emploi public, comme pour être élu au Parlement, il fallait être le client de l'une des grandes dynasties whigs ou tories : régime de l'arbitraire sans doute, mais tempéré chez les *leaders* par le sentiment très profond de leur responsabilité devant leur parti, leur classe, leur pays; à mettre leur influence au service d'incapables ou d'indignes, ils eussent rapidement ruiné leur propre crédit. Certes, ces grands seigneurs, ces chefs de parti avaient leurs intérêts personnels, leurs préjugés de parti et de classe : autant de causes d'erreurs. Malgré tout, ils étaient bons juges en fait d'hommes; leur choix était borné à leur clientèle, mais, dans ces limites, ils choisissaient généralement bien; et, en somme, l'Angleterre n'a été ni mal administrée, ni mal gouvernée. Ainsi peut s'expliquer ce fait que, dans un pays libre, avec une presse indépendante et bien informée, sous le régime d'une opinion publique toute-puissante, une petite élite ait pu conserver longtemps un aussi exorbitant privilège.

Quelques exemples montreront que cette méthode arbitraire produisait souvent des hommes supérieurs. Les Canning étaient, à la fin du siècle dernier, une famille modeste de Garvagh, dans le comté irlandais de Londonderry : en moins d'un siècle, trois Canning ont conquis la noblesse héréditaire, et l'un d'eux est devenu premier ministre.

Stratford Canning, petit boutiquier à Garvagh, eut trois fils : l'aîné fut le père du fameux George Canning; le plus jeune[1], qui vint s'établir dans la cité de Londres, mourut quand son quatrième fils, Stratford Canning, né le 6 janvier 1788, n'avait encore que cinq ans. Ce dernier semblait être d'une intelligence particulièrement éveillée : son cousin, George Canning, alors débutant aux Communes et déjà célèbre, résolut de lui faire donner l'éducation qu'il avait reçue lui-même : ancien Etonien, il obtient pour

---

[1]. Ses frères aînés ont tous fait honorablement leur chemin : Henry fut consul général à Hambourg; William devint chanoine de Windsor; Charles fut tué à Waterloo, étant aide de camp de Wellnigton.

son pupille une bourse, et Stratford fait toutes ses études comme *colleger* à Eton, et à Cambridge comme *King's scholar*. La protection de son brillant cousin le suivait toujours; pendant les vacances, George Canning l'emmenait à l'étranger et lui donnait des leçons pratiques de diplomatie. Son temps d'université achevé, Stratford, toujours sur la recommandation de son cousin George, est admis au Foreign Office : il y passe un an comme rédacteur, — *précis-writer*, — puis on l'envoie en mission spéciale à Constantinople; au bout d'un an ou deux, il est attaché, en qualité de secrétaire, à l'ambassade britannique près de la Porte. Six ans plus tard, en 1814, il est ministre à Berne; en 1815, il assiste au congrès de Vienne; en 1820, il est envoyé à Washington; en 1824, à Pétersbourg, pour s'assurer des dispositions du tzar à l'égard des Grecs, dont le sort commence à émouvoir l'Europe. L'année suivante, il est nommé ambassadeur à Constantinople : il pose la question hellène auprès de Mahmoud, mais sans succès : Navarin tranche le différend, pendant que Stratford Canning est à Londres. Il retourne en Orient, pour participer au règlement des destinées de la nation grecque; et, le 21 juillet 1832, il signait, avec les plénipotentiaires français et russe, le traité qui est l'acte de renaissance de la Grèce moderne. Il rentre alors en Angleterre et, comme membre du Parlement, prend part pendant quelques années aux affaires domestiques de son pays. En 1842, il retourne à Constantinople, comme ambassadeur : cette mission dura vingt ans. Au cours de cette longue période, il fut mêlé, le plus souvent comme acteur principal, aux événements qui se succédèrent en Orient ; et le lendemain de sa mort (1880), le *Times* put écrire de Stratford Canning devenu vicomte Stratford de Redcliffe : « Jamais, sans doute, aucun Anglais n'atteindra une puissance pareille à celle qu'il avait conquise en Turquie : son nom seul était un objet de respect et de crainte. »

A une génération tout proche de nous et qui n'a pas encore donné toute sa mesure, appartenait un jeune diplomate, mort en janvier 1894, au début d'une brillante carrière. Sir Gerald Portal, s'il avait vécu, aurait probablement dans quelques années succédé à lord Cromer dans le poste difficile d'agent britannique au Caire. Né en 1858, — il n'avait donc que trente-six ans quand il a été enlevé, — il fit ses classes à Eton. A vingt et un ans, il entrait dans le service diplomatique comme secrétaire à Rome. Au bout de trois ans on l'attachait au consulat d'Alexandrie, où il arrivait un mois avant le soulèvement d'Arabi. En 1884, il était transféré au Caire et devenait en quelque sorte le second de sir Evelyn Baring (lord Cromer) et son élève préféré. A deux reprises Portal eut à gérer l'agence en l'absence de sir Evelyn et, malgré sa grande jeunesse, il accomplit parfaitement cette tâche délicate. Dès ce moment lord Cromer le considéra comme son successeur possible et travailla à parfaire son apprentissage des questions africaines. Portal aimait les grands sports et les aventures hasardeuses autant que son métier de diplomate. Il demanda et obtint une mission périlleuse auprès du roi Jean d'Abyssinie ; au retour il fut nommé consul général dans le protectorat nouvellement créé de

Zanzibar. Quand les troubles répétés de l'Ouganda déterminèrent le gouvernement britannique à faire une enquête sur les actes reprochés au capitaine Lugard et sur la situation des Européens dans le royaume africain, on confia à sa jeunesse déjà mûre le rôle d'arbitre entre les missionnaires catholiques français et la compagnie britannique de l'Est-Africain : son rapport témoigna d'un esprit impartial et judicieux. La carrière de Portal, si active, si bien remplie, fut toute d'apprentissage pratique et méthodique, même au milieu d'aventures imprévues; elle montre avec quelle fermeté de propos et quelle sûreté de vues le Foreign Office, aujourd'hui, choisit et forme ses agents. Il prépare de grands agents africains, il a des spécialistes pour l'Extrême-Orient; de même l'Inde est confiée à des administrateurs soigneusement initiés à leur mission.

L'histoire de l'administration anglaise de l'Inde en ce siècle est pleine de noms glorieux : cadets de vieilles familles nobles, qui faisaient souche nouvelle, tandis que leurs aînés perpétuaient la race et le nom; fils de cette *gentry* rurale, qui, depuis des siècles, en gérant ses domaines, en administrant les paroisses et les comtés, amassait les qualités qui la mirent à même de gouverner sous toutes les latitudes. De cette dernière classe sortit sir Bartle Frere.

Henry-Bartle-Edward Frere naquit dans une des contrées les plus sauvages du pays de Galles en 1815. Son père, dont il était le cinquième fils, l'envoya d'abord à la *grammar school* de Bath. A dix-sept ans, le jeune homme entrait, après concours, au collège de la Compagnie des Indes à Haileybury [1] : deux ans plus tard, il en sortait premier et se trouvait par là même admis dans les rangs du service civil de la compagnie. L'administration indienne était à cette époque un des rares services, peut-être le seul, où l'on ne fût admis qu'après concours. Ce jeune Anglais de dix-neuf ans était déjà un homme d'une énergie extraordinaire. Jusqu'alors, on avait pris, pour gagner l'Inde, la route du Cap de Bonne-Espérance. Il entreprit de frayer les voies par la Méditerranée et la mer Rouge. De Malte à Alexandrie, il fait voile sur un brick grec; puis il descend toute la mer Rouge dans un boutre arabe, gagne Moka où il s'embarque sur un *buggalow* et, après une autre traversée des plus pénibles, débarque à Bombay. Cette façon de rejoindre son poste était pour un fonctionnaire anglo-indien si extraordinaire, que Frere eut, en arrivant, à prouver son identité. Pour sa nouvelle vie il avait les qualités essentielles : l'intelligence ouverte et cultivée, le don des langues, le goût du commandement, l'énergie physique et le courage moral. Au bout de trois ans, il passe avec succès l'examen d'hindostani; puis il apprend, presque aussi

---

1. Pendant le xviie et le xviiie siècle, la Compagnie des Indes prit comme agents, soit dans l'Inde, soit dans la métropole, des commerçants et des employés de commerce. Mais les conquêtes de la fin du siècle dernier et l'extension de son territoire l'obligèrent à rechercher des agents autrement qualifiés pour son service civil. En 1800, le marquis Wellesley établit une école spéciale à Calcutta, mais le conseil d'administration de la Compagnie, trouvant le plan du marquis trop ambitieux, prit l'affaire en mains et acheta en 1805 le domaine d'Haileybury (Hertfordshire) pour y créer son école spéciale : Haileybury College fonctionna de 1806 à 1857.

vite, le mahratte et le guzerat. Lord Clare l'attache au Revenue Department, dans le pays mahratte : Frere est obligé de résider au cœur même du pays; il partage la vie des indigènes, étudie leurs mœurs, apprend leur histoire. Bientôt, grâce à sa connaissance des habitudes locales, il prépare, entreprend et mène à bien une réforme complète du système de collection des impôts : l'effet produit sur le peuple de sa province est si prompt et si bienfaisant que la réforme est étendue presque aussitôt à plusieurs autres provinces. Frere devient secrétaire du gouverneur de Bombay; il succède à Outram comme résident à Sattara, en 1847; à sir Charles Napier, en 1850, comme *chief commissioner* à Scinde. Ses preuves sont déjà faites comme administrateur, il se révèle comme un homme d'État à larges vues : il transforme à l'aide de routes et de canaux le delta de l'Indus, jusqu'alors stérile; il fonde dans un marais désert le port de Kurrachee, destiné à une prospérité extraordinaire. Vinrent les circonstances tragiques, la révolte des Cipayes. Au retour d'un congé, en débarquant à Kurrachee, il apprend le soulèvement de Meerut : sur l'heure, il prend des décisions qui sauvent la forteresse de Moulton. La crise passée, en 1862, il est nommé gouverneur de Bombay; pendant son administration, la mortalité, jusqu'alors énorme, décroît de moitié dans la province. Sa carrière indienne s'achève en 1867 : rentré en Angleterre, il est appelé à siéger dans le conseil de l'Inde. Il s'en est fallu de très peu que Frere ne montât jusqu'au premier rang. « Le malheur voulut qu'il n'eût pas les mêmes occasions de se mettre en avant que son contemporain, lord Lawrence; il les eût saisies avec autant de succès. L'Inde, si grande qu'elle soit, n'offrait pas un champ assez vaste pour fournir deux carrières indépendantes, dignes de ces deux rivaux [1]. »

En 1859, le régime administratif de l'Inde était changé et le recrutement des fonctionnaires modifié. Parmi les fonctionnaires anglo-indiens de la nouvelle ère, sir Mortimer Durand est sans doute l'un de ceux dont la carrière est le plus caractéristique.

Ayant à peine dépassé la quarantaine aujourd'hui, nommé il y a quelques mois ministre plénipotentiaire en Perse, après avoir accompli avec un plein succès une mission très importante auprès de l'émir d'Afghanistan, sir Mortimer avait été admis en 1873, après concours, dans le service civil du Bengale. La diplomatie était de tradition dans sa famille : son père avait été pendant de longues années chef du département étranger du gouvernement indien. Dès sa seconde année de service, le jeune Mortimer entrait en fonctions dans ce département : il sert successivement auprès des chefs des États indigènes de Radjputana, devient secrétaire politique du général lord Roberts, pendant la campagne afghane, enfin secrétaire particulier du vice-roi. Après cet apprentissage, on le nomme en 1883, provisoirement et comme à l'essai, car il est fort jeune encore, au poste de chef du département étranger qu'avait rempli son père après un long stage dans les emplois inférieurs. Deux ans plus tard, il était maintenu à titre perma-

1. *Eminent Persons*, p. 153. Sir Bartle Frere est mort en 1884.

nent; et pendant onze ans, sous quatre vice-rois, il fut comme l'incarnation de la politique étrangère du gouvernement indien. Après avoir étudié et préparé les voies en Afghanistan, il va maintenant continuer cette même politique en Perse, avec cette compétence pratique, cette continuité dans l'effort et cette parfaite harmonie dans les vues, qui font la force latente de l'empire britannique. En le nommant à Téhéran, l'Angleterre met en observation entre la Russie et l'Inde un agent jeune encore, très actif et connaissant à fond les ressources et les besoins de l'Inde, les tendances de ses dynasties indigènes, les points forts et les points faibles de sa situation extérieure, lié d'amitié avec l'émir d'Afghanistan et voué de toute son intelligence et de toute son énergie à une œuvre que son père avait commencée.

En Angleterre, chaque département de l'administration centrale est dirigé par un secrétaire ou un sous-secrétaire permanent, qui est un fonctionnaire administratif, et par un secrétaire ou sous secrétaire d'État, homme politique, qui représente les intérêts du parti au pouvoir. Chez nous, chacun des ministères compte plusieurs directeurs; mais, au-dessus d'eux, concentrant tous les pouvoirs et absorbant toutes les compétences, un seul homme, le ministre : politicien de passage, partagé entre les soucis de la politique et les intérêts de ses administrés, il est trop souvent incapable de faire face à sa double tâche. En Angleterre, pour deux besognes, il y a deux ouvriers : le secrétaire d'État bataille aux Communes, le secrétaire permanent étudie les affaires;

les secrétaires permanents sont « les véritables gouvernants de l'empire britannique ».

Au mois de mai 1892, l'un d'eux se retirait, après avoir occupé son poste pendant vingt et un ans : sir Robert Herbert, sous-secrétaire permanent aux colonies. C'était un cadet de la grande famille des Carnarvon : à Eton d'abord, puis à Oxford, il fit de très brillantes études; après avoir enlevé le prix de vers latins, puis une *fellowship* à « All Souls », il quitta l'université pour devenir secrétaire particulier du chancelier de l'Échiquier, M. Gladstone. Cinq ans plus tard, en 1859, quoiqu'une belle carrière lui soit ouverte en Angleterre, il préfère partir pour les colonies : le gouverneur de Queensland lui offre le poste de *colonial secretary* dans cette nouvelle colonie, qui vient à peine de se séparer de la Nouvelle-Galles du Sud. L'année suivante, Herbert était membre du Parlement colonial; et, pendant cinq ans, il fut premier ministre du Queensland. A son retour en Angleterre, en 1865, M. Bright le nomme sous-secrétaire, *assistant-secretary*, au Board of Trade. En 1871, Herbert est placé à la tête du département des Colonies.

Dans cette vie, une foule d'éléments essentiellement anglais ont concouru à faire de sir Robert Herbert un fonctionnaire de premier ordre : noble origine, éducation aristocratique, succès universitaires, apprentissage et débuts dans le cabinet même d'un grand homme d'État, exil volontaire aux colonies, six ans de vie active et d'expérience coloniale; au retour dans la métropole, intervention d'un puissant ami qui, sûr de faire une acquisition précieuse, lui confie un des grands départements publics.

Lord Sandford (mort en décembre 1893) s'était élevé par ses seuls services aux plus hauts honneurs, jusqu'à la pairie. Fils d'un professeur de grec à l'université de Glasgow, il achève son éducation à Balliol et s'y distingue. En quittant l'université il entre dans le service civil : il est d'abord attaché comme examinateur au département naissant de l'instruction publique. Remarqué pour ses qualités d'organisateur, on le nomme secrétaire de la commission de l'exposition de 1862. En 1868, il passe au Colonial Office où on lui confie les lourdes fonctions d'assistant sous-secrétaire d'État permanent. Deux ans plus tard, il retourne au département de l'éducation, qui a pris et qui surtout va prendre sous la direction de M. Forster une énorme importance. Choisi pour sa grande pratique des affaires et son habitude de mener les hommes, Sandford eut à porter le poids de la grande réforme de l'instruction primaire. Après quinze ans dépensés à ce dur labeur, il est désigné en 1885 pour organiser le secrétariat d'État pour l'Écosse qui vient d'être créé : on le nomme en même temps membre du conseil privé et quand il se retire en 1891, après avoir mené à bien cette nouvelle tâche, il est élevé à la pairie. Lord Sandford était de la race de ces grands serviteurs publics qui ne sont pas rares en Angleterre et qui secondent merveilleusement, dans les besognes obscures de l'administration, les hommes d'État obligés de se dépenser au dehors dans les luttes quotidiennes du Parlement et sur la *plate-forme* des meetings populaires.

II. — LE SYSTÈME DU CONCOURS

A. — **Les deux classes du service civil.**

De longues controverses avaient préparé la réforme
du système de recrutement des fonctionnaires publics
quand, le 21 mai 1855, un ordre du conseil privé
institua une commission chargée d'examiner tous les
candidats aux emplois du service civil. Mais ce ne
fut qu'en 1870, et devant les résultats obtenus dans
le service civil de l'Inde, que le principe du concours
ouvert à tous — *open competition* — fut appliqué à la
plupart des services métropolitains; étaient exceptés
les emplois auxquels la couronne nomme directement, et plusieurs départements où le concours est
limité aux seules personnes agréées — *nominated* —
par le chef de l'administration compétente ou par
un haut dignitaire du royaume. Désormais, si l'on
met à part quelques postes élevés, la porte est
fermée à la faveur. Que le concours soit ouvert ou
limité, tout candidat à un emploi public doit faire
preuve de capacité devant la commission permanente d'examen.

L'ordre du conseil privé du 4 juin 1870, qui
posait définitivement le principe du concours, divi-

sait les emplois publics en deux classes et instituait deux concours et deux programmes : pour les emplois de la première classe, plus élevés, un examen assez difficile; pour ceux de la deuxième, d'un ordre inférieur, un examen beaucoup plus simple. Mais des anomalies nombreuses continuaient de subsister. A la suite de plusieurs enquêtes, des réformes furent accomplies, en 1876 et en 1886, qui ont eu pour objet de simplifier le système et de le rendre plus efficace.

Les deux classes sont maintenues. Les commissaires de 1886 ont reconnu la nécessité d'attirer des candidats munis d'une éducation vraiment libérale, pour remplir les fonctions de la première classe : en raison de leur nature même, elles ne peuvent être confiées qu'à des hommes ayant des affaires publiques une vue plus large. Le nombre des postes ainsi mis au concours est restreint; les appointements de début sont de 250 livres sterling; et le traitement, vers la fin de la carrière, peut être de 1 000 livres, et même plus. Dans ces fonctions, l'avancement est au choix, non à l'ancienneté (*upon merit, not according to seniority*).

Les cadres étant au complet, et le gouvernement ayant cherché depuis plusieurs années à réduire le nombre des emplois supérieurs, les concours pour la première classe ont été rares. Le niveau est très élevé, les épreuves difficiles, une préparation longue et coûteuse nécessaire. Ce concours attire quelques sujets brillants des universités; mais assez souvent les candidats reçus refusent le poste qui leur est attribué, le considérant une récompense insuffisante du temps, des efforts et de l'argent dépensés. Dans un laps de dix-sept ans, de 1870 à 1887, 217 postes de la première classe ont été mis au concours; 1 034 candidats, à peu près 5 pour un poste, se sont présentés; et 90 candidats reçus ont refusé les postes qu'on leur proposait. La tendance actuelle des administrations est de réduire de plus en plus le nombre des postes placés dans la première classe. Elles préfèrent recevoir l'employé de bonne heure, au moyen de l'examen de la deuxième classe, pour le former et le façonner à leur guise. La bureaucratie, comme toutes les autres professions en Angleterre, a une insurmontable défiance des gens trop savants, spécialisés tard; elle préfère les spécialistes et leur apprentissage technique. Il semble qu'en offrant des positions médiocres aux sujets produits par cette sélection sévère, les administrations s'étudient à décourager les candidats [1].

Le concours pour la deuxième classe a un programme comparable à celui des « examens locaux » [2]; les candidats étant nombreux, le niveau reste assez élevé. Les candidats doivent avoir de dix-sept à vingt ans. Le traitement, de 70 livres au début, peut, au bout de vingt-quatre ou vingt-cinq ans de service,

1. En 1890, il n'y avait plus guère dans ces concours que 2 ou 3 candidats pour une place, et la moitié des places offertes aux candidats reçus étaient refusées par eux. En pareil cas, on offre la place à celui qui est classé immédiatement après sur la liste : il est arrivé qu'on a dû descendre jusqu'au numéro 29, avant de trouver un acceptant.

2. Les « examens locaux » ont été organisés par les universités d'Oxford et de Cambridge. Le niveau est à peu près celui d'une de nos classes de seconde. Voir le chap., xvii de l'*Éducation des classes moyennes et dirigeantes en Angleterre*.

s'élever jusqu'à 250 livres. Pour stimuler les jeunes gens une fois dans la carrière, on a institué un degré supérieur de la deuxième classe (*higher grade*) : dans ce degré supérieur, les appointements du début sont de 250 livres par an et peuvent s'élever graduellement jusqu'à 350 livres, à raison de 10 livres par an. Quand le fonctionnaire, par une augmentation régulière d'appointements (à raison de 5 livres de 70 à 100; à raison de 7 livres de 100 à 190), atteint d'abord au chiffre de 100, puis au chiffre de 190, il ne peut en aucun cas franchir chacune de ces deux limites que sur un rapport favorable de ses supérieurs, approuvé par le chef du département. Enfin, à partir de 250 livres, pour passer dans le degré supérieur, l'avancement est, purement et simplement, au choix. Au bout de huit ans de service dans la seconde classe, un fonctionnaire peut être appelé, au choix, à remplir l'un des postes de la première.

En résumé, un fonctionnaire sorti du rang, mais sans qualités exceptionnelles, peut à la fin de sa carrière arriver, sans sortir de la seconde classe, jusqu'à un traitement de 400 livres; tandis qu'un autre également sorti du concours de la seconde classe, s'il se distingue par son intelligence et ses services, peut être promu à la première ; dès lors, rien ne l'arrête vers le plus haut degré de l'échelle : il peut devenir secrétaire permanent [1].

1. Du 12 février 1875 au 31 décembre 1888, 3 241 employés ont été admis, après concours, dans la seconde classe. En janvier 1886, 686 candidats s'étaient présentés pour 93 places; en janvier 1878, 577 pour 46 places; en août 1887, 645 pour

B. — **Les concours limités. Le « Foreign Office ».**

Nous n'avons parlé jusqu'ici que du « concours ouvert » (*open competition*); dans un certain nombre de carrières on n'est admis à concourir qu'après avoir été agréé (*nominated*) par l'autorité compétente, la plupart du temps par le chef du département : tels les inspecteurs de l'agriculture; les « assistants » du British Museum; les secrétaires (*clerks*) de la Chambre des Communes; les sous-inspecteurs de l'instruction publique; les inspecteurs des manufactures; les commis, attachés, vice-consuls, relevant du Foreign Office, etc.

Nous ne parlerons que du Foreign Office. Pour prendre part au concours pour les carrières diplomatique ou consulaire [1], il faut être placé sur la liste des candidats par le ministre des affaires étrangères (Foreign Secretary), qui désigne généralement dix candidats pour chaque place vacante [2]. Le département des affaires étrangères s'adresse aux chefs des grands collèges d'Oxford ou de Cambridge et leur demande leurs plus brillants sujets. En instituant ce mode de concours limité, le Foreign Office a voulu

54 places. Les candidats admis sont généralement autorisés à choisir le département où ils seront appelés à servir, chacun à son tour, d'après leur rang dans le classement d'examen : ainsi, en 1891, 158 candidats ont pu choisir leur poste, et 47 ont dû être placés suivant les nécessités du service.

1. Les carrières diplomatique et consulaire sont distinctes dès l'origine : il y a un concours pour le grade d'attaché, et un autre concours pour celui de vice-consul.

2. Escott, *England*, p. 562.

ménager les chances des fils d'agents diplomatiques :
élevés à l'étranger, ils ont, par leurs relations, par
leur connaissance des mœurs et du monde des capitales, quelques-unes des qualités les plus désirables
chez les candidats diplomates.

Pour la diplomatie, l'âge requis est de vingt à
vingt-six ans; les connaissances générales deman-
dées sont assez peu profondes : « Orthographe;
écriture; grammaire latine; traduction et analyse
d'un passage d'un bon auteur latin en donnant les
étymologies ; les quatre règles de l'arithmétique et
les fractions décimales; premier livre d'Euclide;
géographie. » Mais le programme devient moins
banal, il ne ressemble plus à celui de nos classes
de quatrième, quand on arrive aux langues vivantes
et aux connaissances spéciales : « Grammaire *française* et la conversation coulante (*fluently*) en français, sur des sujets ordinaires; version et thème;
écrire une lettre en français sur des sujets ordinaires; dictée. » Allemand, de même que pour le
français, moins la lettre. « Connaissance générale
de l'histoire constitutionnelle de l'Angleterre; de
l'histoire politique de l'Europe et des États-Unis,
de 1815 à 1860, et, particulièrement, des principaux traités signés pendant cette période; économie politique — Adam Smith et Mill. » Enfin,
et ceci n'est pas la partie la moins curieuse du programme : « Preuves générales d'intelligence don-
nées par la manière dont le candidat se conduit au
cours de l'examen, et, particulièrement, par la viva-
cité plus ou moins grande avec laquelle il saisit les
points essentiels d'une note (*paper*) lue par lui, ou

devant lui, à une ou deux reprises. » L'avantage, dans un pareil concours, est certainement au fils de diplomate, qui a pu passer plusieurs années à l'étranger, surtout en France et en Allemagne. Il semble bien difficile qu'un élève, si brillant qu'il soit, de la *public school* et de l'université, puisse s'y montrer à son avantage.

Pour le service consulaire, le concours est très différent. On peut s'y présenter de vingt-cinq à *cinquante* ans. Le programme est court :

« Composition anglaise et dictée; français (l'écrire et le parler); connaissance de la *langue du port où le candidat sera appelé à résider* : — l'allemand pour le nord de l'Europe; l'espagnol ou le portugais pour l'Espagne, le Portugal, le Maroc, l'Amérique du Sud ou du Centre; l'italien pour l'Italie, la Turquie, la Grèce, l'Égypte, la mer Noire et la Méditerranée; pour Odessa, le russe. — Droit maritime et commercial; arithmétique[1]. »

Tous les consuls doivent savoir le français d'abord, puis la langue du pays où ils résident. Ils sont dès l'origine répartis entre quatre grandes régions. Il ne vient pas à l'esprit d'un ministre anglais qu'un agent, après de bons services à Yokohama, puisse être par là même utile à Tanger; ou que l'on soit tout désigné pour Boston, quand on a servi pendant dix ans dans le Levant. Les consuls anglais sont faits pour les postes où ils doivent servir, et non les postes pour les consuls.

1. Il y a un examen spécial pour les consulats d'Extrême-Orient.

C. — Le service civil de l'Inde.

Le service civil de l'Inde, bien qu'il ne comprenne qu'un nombre restreint de fonctionnaires, mérite une étude spéciale, parce qu'il est formé d'un ensemble d'hommes assurément unique au monde. Ces neuf cent soixante-quatre fonctionnaires [1], qui gouvernent un empire de plus de deux cents millions d'hommes, sont puisés, à l'aide d'un mode de recrutement très perfectionné, dans l'élite de la nation anglaise.

On a vu, par l'exemple de sir Bartle Frere, que, dans la première moitié du siècle, la Compagnie des Indes recrutait déjà ses fonctionnaires à l'aide du concours. Mais les procédés d'une sélection savante et entourée de toutes garanties n'ont été appliqués qu'à partir de 1858. La commission présidée par lord Macaulay (1854) posa le principe, qui depuis lors n'a jamais été contesté. Le gouvernement de l'Inde offre à ses fonctionnaires des avantages exceptionnels : pouvoirs, initiative, honneurs, appointe-

1. Nous ne parlerons ici que du *Covenanted service* : « Le *Covenant*, ou agrément, n'était à l'origine et, en apparence, n'est encore aujourd'hui que l'engagement pris par le fonctionnaire de remplir certaines obligations : s'abstenir de tout acte de commerce, s'interdire de recevoir aucun présent, assurer l'avenir des siens, etc. A cet engagement positif du fonctionnaire correspond, depuis longtemps déjà, un engagement moral du gouvernement de réserver aux seuls *covenanted* toutes les fonctions d'administration générale. L'*uncovenanted service*, beaucoup plus nombreux, comprend tous les fonctionnaires des services techniques. » — Voir J. Chailley-Bert, *La colonisation de l'Indo-Chine : L'expérience anglaise*. Paris, 1892.

ments magnifiques, pension de retraite considérable. Il exige d'eux des qualités physiques, intellectuelles et morales de premier ordre : les futurs gouvernants de l'Inde doivent jouir de l'intégrité physique, pour résister à l'action d'un des climats les plus meurtriers du globe; ils doivent avoir l'énergie du caractère et le sang-froid qui font l'homme de gouvernement; l'esprit déjà très cultivé, qui pourra se suffire à soi-même pendant les longs exils, et l'intelligence ouverte et prompte, capable d'assimiler rapidement des langues, des coutumes et des lois qui lui sont étrangères.

Des épreuves écrites ou orales, si difficiles et si approfondies qu'on les imaginât, ne pouvaient suffire à faire discerner chez des candidats entrevus pendant quelques heures par un jury, même très compétent et très exercé, les rares qualités que l'on demandait aux candidats de réunir. On institua un jury permanent, formé d'anciens fonctionnaires de l'Inde, avec « la mission permanente de rédiger les programmes et de préparer les concours; l'un des devoirs de leur charge est d'arriver à connaître, personnellement et intimement, chacun des candidats [1] ». Le concours comprend trois phases : concours d'admissibilité, qui ne porte que sur des matières générales; période d'épreuve (*probation*) qui dure deux ans; examen final, qui porte sur les matières spéciales, étudiées pendant la *probation*. Depuis l'inscription pour le concours d'admissibilité jusqu'à l'examen final, les commissaires mènent une

---

1. Chailley-Bert, p. 239.

enquête permanente sur les qualités physiques, morales et intellectuelles du candidat.

Le programme de l'examen d'admissibilité comprend les matières qui forment la base de l'enseignement dans les *public schools* et les universités; toute la partie technique est représentée par quelques notions d'arabe, de sanscrit et d'histoire de l'Inde. Après ce concours la période d'épreuve dure deux ans pour le candidat admis, qui la passe où il veut. Mais, comme on tient à une préparation, désormais technique, aussi complète que possible, le ministre de l'Inde (Secretary of State for India) sert une pension annuelle de 300 livres aux jeunes gens qui passent leur *probation* dans l'une des universités ou l'un des collèges approuvés par lui. Le *probationer* doit se perfectionner dans l'équitation, et témoigner, devant un officier de cavalerie, de son aptitude à faire de longs voyages à cheval : c'est une condition essentielle. Tout mauvais cavalier est exclu.

Le temps d'épreuve écoulé, les commissaires font une enquête sur la conduite, la santé, le développement des forces physiques du *probationer*, qui est appelé maintenant à subir l'examen final. L'examen d'admissibilité avait pour but de s'assurer de la pénétration, du jugement et de la culture du candidat; l'examen final doit faire connaître si le *probationer* a acquis les connaissances spéciales : le persan pour tous et, pour chacun, la langue vulgaire de la province où il devra servir.

Quand le *probationer* a franchi tous ces obstacles, il est enfin nommé fonctionnaire de l'Inde, et il part. En arrivant, nouveau stage : il a fait un apprentissage à l'école, il doit faire maintenant un apprentissage sur le terrain. Il est adjoint, en qualité d'*ineffective officer*, à un fonctionnaire supérieur [1].

Le système de recrutement ainsi constitué a traversé quatre phases, pendant lesquelles il a produit des effets assez différents, suivant que l'on abaissait ou relevait la limite d'âge pour l'examen d'admissibilité. De 1858 à 1865, la limite d'âge est fixée à vingt-trois ans; de 1865 à 1876, elle est abaissée à vingt et un ans; de 1876 à 1891, on l'abaisse encore, à dix-neuf ans; en 1891, on la relève à vingt-trois ans.

On commit une faute lorsque, en 1865, on abaissa la limite d'âge de deux ans : on crut réparer le mal en recherchant des candidats plus jeunes encore; mais, le remède étant impuissant, l'on revint aux conditions fixées à l'origine, en 1858, et pour les mêmes raisons qu'avait alors fait valoir lord Macaulay : « La commission que présidait lord Macaulay s'était proposé d'attirer au service de l'Inde l'élite intellectuelle de la nation, c'est-à-dire, dans son opinion, les jeunes gens qui auraient suivi les cours de l'université. Pour cela, elle avait combiné et les programmes et la limite d'âge de telle

---

1. « *Ineffective*, ils le sont doublement : ils ne comptent pas à l'effectif légalement fixé, et ils n'ont aucune autorité propre. Ils se perfectionnent dans la langue, le droit, l'histoire, la géographie de la région où ils doivent résider. Placés près de ces hauts fonctionnaires, embrassant, d'un coup d'œil, toutes les affaires et toute la série des opérations, ils acquièrent à la fois et le sens pratique de l'administration et la notion de l'importance relative de chaque fonction. Quand ce stage est fini, alors seulement, ils reçoivent un poste actif. » (Chailley-Bert, p. 253-254.)

façon qu'ils correspondissent aux programmes des universités et à l'âge même où les étudiants en sortent avec leurs diplômes... Ces dispositions obtinrent un plein succès. A peine furent-elles mises en vigueur que l'on constatait que les élèves des universités se présentaient en nombre aux concours de l'Inde. En 1858, sur quarante candidats, 90 p. 100 provenaient des universités[1]. »

En 1865, la limite est abaissée à vingt et un ans, âge intermédiaire entre la fin des années d'école (18 ou 19 ans) et le terme des études universitaires (22 ou 23 ans). C'est alors qu'intervinrent les préparateurs spéciaux : ils avaient la partie belle. Les écoles pas plus que les universités ne pouvaient, pour une catégorie d'élèves très limitée, changer leurs programmes et leurs traditions. A 18 ans, au sortir de l'école, le futur candidat pour l'Inde se mettait donc entre les mains d'un préparateur en renom, qui chauffait[2] à merveille son client jusqu'au moment de l'épreuve. Dès lors, il arriva que plus de la moitié des candidats reçus chaque année sortaient des classes d'un préparateur célèbre.

Devant un pareil résultat, on abaissa la limite à dix-neuf ans; on pensait ainsi recueillir les jeunes gens au sortir de l'école. On renonçait à attirer des étudiants des universités; on se contentait d'une éducation secondaire suffisamment libérale, qui serait complétée à l'université pendant la *probation*. Mais le programme comprenait encore plus de

1. Chailley-Bert, p. 275-276.
2. Les Anglais les appellent *crammers*, bourreurs, gaveurs

sciences et de sujets modernes que les *public schools*
n'en enseignaient alors; ces écoles n'étaient pas préparées à courir la chance et à envoyer leurs meilleurs
élèves se mesurer avec les candidats préparés par
les *crammers*. Ces préparateurs avaient plus beau jeu
que jamais; leur industrie prospérait, à tel point
qu'un père désireux de voir réussir à l'examen de
l'Inde son fils élevé dans une *public school*, l'enlevait
de Harrow, Winchester ou Rugby, un an ou deux
avant la fin de ses études, pour le confier à un
crammer[1]. Deux ou trois préparateurs en renom
étaient arrivés à constituer, en leur faveur, une sorte
de monopole de fait : en 1889, MM. Wren et Gurney
firent passer, à eux seuls, plus de candidats que
toutes les écoles du royaume réunies, 21 contre 18,
sur un total de 49 admis. Dans leur prospectus,
MM. Wren et Gurney se flattent d'avoir, en vingt-
trois ans, de 1870 à 1892, fait passer 427 de leurs
élèves sur 827 candidats admis, et conquis 12 fois la
première place[2]. Le concours n'a jamais cessé d'être
difficile, les épreuves probantes, l'enquête personnelle minutieuse; mais, par la force des choses, cette
sélection sévère profitait non plus, comme l'avait
voulu Macaulay, aux brillants sujets des universités,
ni, comme l'avait espéré lord Salisbury en 1877,

---

1. Certaines *public schools*, frappées de ces inconvénients,
s'étaient décidées, dans les dernières années, à instituer des
classes préparatoires au service de l'Inde : Rubgy et Clifton,
par exemple.

2. Voici quelques chiffres relatifs aux concours des dernières années : en 1885, pour 41 places, il y eut 211 candidats; en 1888, 236 candidats pour 42 places; en 1889, 232 candidats pour 49 places.

aux meilleurs élèves des *public schools*, mais aux jeunes gens habilement préparés par quelques spécialistes, d'ailleurs très savants.

Nous sommes au début de la quatrième période; on est revenu, en 1891, au point de départ : la limite d'âge a été relevée, d'un bond, à vingt-trois ans, et la porte rouverte aux gradués des universités. L'effet a été immédiat : sur 32 candidats reçus au concours d'août 1892, 29 sortaient des universités. Sur ces 29 étudiants d'Oxford ou de Cambridge, 22 avaient passé leurs examens universitaires et obtenu leurs grades académiques, et 15, c'est-à-dire la moitié des candidats admis, n'avaient reçu aucune préparation spéciale. Le retour aux anciennes traditions avait donné, d'emblée, les effets qu'on en attendait [1].

1. Le 2 juin 1893, un député radical d'Edimbourg fit voter aux Communes, en fin de séance, par 84 voix contre 8, sous forme d'amendement au budget une résolution ayant pour objet d'obtenir que les examens du service civil eussent lieu dans l'Inde en même temps qu'en Angleterre. Son but était d'ouvrir toute grande aux indigènes la porte des plus hautes fonctions. Le gouvernement avait fait les plus expresses réserves, et une infime minorité avait pris part au vote.

Sous le régime en vigueur les Indous qui veulent concourir sont obligés de venir étudier en Angleterre et de s'y soumettre à des épreuves qui n'ont pas été réglées précisément pour les favoriser. Aussi, tandis que les rangs inférieurs du service civil de l'Inde sont en majeure partie recrutés parmi les indigènes, à peine compte-t-on une soixantaine d'Indous sur 964 fonctionnaires du *covenanted service*. Cela est dans l'ordre, disent les défenseurs du système, parce que le régime britannique doit être maintenu et contrôlé par des hommes de race britannique, imbus de l'idée impériale, ayant reçu dans la métropole les traditions britanniques et offrant à la nation toute sécurité : d'ailleurs si l'on ouvrait dans l'Inde le concours aux indigènes, ceux qui réussiraient ne seraient pas

Mais il est à craindre que ces heureux résultats soient sans lendemain, si un changement très prompt n'est pas apporté dans la condition présente des fonctionnaires anglo-indiens. Leurs appointements sont payés en roupies, monnaie d'argent, et leurs dépenses sont, pour une partie considérable, payables en or. La dépréciation continue et progressive de l'argent depuis plusieurs années a singulièrement modifié la situation matérielle des fonctionnaires de l'Inde. La crise est arrivée à l'état aigu.

Autrefois, il y a trente ans, le traitement de début représentait, en or, 480 livres; aujourd'hui, la même somme de roupies ne vaut plus que 300 livres, et l'on peut craindre que, dans un avenir prochain, cette valeur s'abaisse à 240 livres. Un fonctionnaire, entré au service en 1872, évalue à près de 4 000 livres la perte totale qu'il a faite sur le change dans l'espace de vingt ans : en 1872, la perte était de 20 livres par an; en 1876, de 60 livres; à mesure qu'il montait en grade et que sa paie augmentait, la valeur de l'argent s'abaissait : en 1882, il perd 100 livres; en

du tout des représentants des races habituées à commander et à se faire respecter : les Siks, les Radjpouts, les Pathans, les Brahmanes du Nord-Ouest, la noblesse musulmane du Nord et du Sud, toutes les races fortes et conquérantes arriveraient en queue de liste.

Le gouvernement de la métropole invita le gouvernement de l'Inde à donner son avis sur la motion Paul après enquête. Dix mois plus tard la réponse vint; elle était conforme à l'avis exprimé aux Communes et aux Lords par les secrétaires d'Etat pour l'Inde du cabinet libéral et du dernier cabinet conservateur : il y a des inconvénients insurmontables à l'application du système proposé par M. Paul, et le système actuel, fondé sur de justes et sages principes, peut être amendé sur des points de détail, mais doit être maintenu.

1889, 600 livres; en 1892, 900 livres [1]. Or, le fonctionnaire anglo-indien doit payer en or toutes les choses nécessaires à la vie qu'il importe de la métropole; l'éducation de ses enfants dans les écoles d'Angleterre; les dépenses qu'il fait pendant les mois de congé indispensables au rétablissement de sa santé. Le remède que l'on propose est que le gouvernement de l'Inde se résigne à payer en or à ses fonctionnaires une partie de leur traitement, lequel restera fixé nominalement en roupies, le taux du change de la roupie étant déterminé une fois pour toutes [2].

Le concours pour le service civil de l'Inde cesserait très rapidement d'attirer quelques-uns des meilleurs étudiants d'Oxford ou de Cambridge, si les avantages matériels offerts cessaient pour toujours d'être comparables à ceux que l'on offrait il y a trente ans. L'effet produit par le relèvement à vingt-trois ans de la limite d'âge serait détruit.

Pendant la période de conquête et d'organisation, aux temps héroïques où tout reposait sur le prestige de quelques hommes et sur leur énergie, avant la longue période de paix, avant les règlements minutieux, avant les chemins de fer qui transportent rapidement les troupes, avant les télégraphes qui apportent instantanément le conseil ou l'ordre,

---

1. Lettre au *Times*, 25 octobre 1892.

2. Le 20 août 1893, on mandait de Calcutta au *Times* que le gouvernement de l'Inde avait décidé de payer aux fonctionnaires civils et militaires une moitié de leur traitement annuel en or et au taux fixe et privilégié de 1 shilling six pence à la roupie, cette moitié ne devant pas dépasser 1 000 livres sterling.

l'Inde était un merveilleux champ d'action pour les cadets de famille, habitués à commander dès leur naissance, ayant leur fortune à faire et un nom à illustrer. Les conditions ont singulièrement changé : l'Inde est une immense bureaucratie autocratique, où tout est prévu et minutieusement réglé; une intelligence au-dessus de la moyenne, une probité éprouvée et le goût du travail sont aujourd'hui les seules qualités essentielles. Les représentants de l'Angleterre ne sont plus nécessairement des grands seigneurs, à l'âme hautaine et au cœur intrépide; ils doivent être surtout de hauts fonctionnaires, parfaitement au courant des détails difficiles de leur métier, ayant appris à fond les langues, les mœurs et les coutumes de leurs administrés. Aussi trouve-t-on aujourd'hui dans le nouveau personnel des services de l'Inde bien plutôt les enfants des classes moyennes que les fils cadets de l'aristocratie.

II. — Les effets du concours.

Depuis trente ans, le concours ouvert à tous est le principe fondamental de l'administration anglaise dans toutes ses branches : les exceptions n'entament point ce principe. L'application a été loyale, les résultats satisfaisants. L'administration subit ou partage le goût public pour la spécialisation précoce; elle se défie des amateurs; elle ne dispense presque aucun de ses agents de l'apprentissage technique, et elle fait en sorte que cet apprentissage commence de bonne heure. Elle n'a pas manqué, malgré tout, d'hommes aux vues larges pour les postes dirigeants : quand un département n'a pas trouvé, dans ses cadres, l'homme qu'il fallait à une haute situation, il l'a emprunté, tel sir Robert Herbert, à la vie pratique.

Ne donnant pas les postes à la faveur, la bureaucratie anglaise n'a pas cédé à la tentation d'augmenter sans cesse, pour satisfaire les appétits du dehors, le nombre des emplois publics, en abaissant les traitements. Elle tend, au contraire, à diminuer le nombre des agents, en relevant les traitements et en exigeant une plus grande somme de travail. Le nombre de candidats pour une place ne dépasse guère 4 ou 5; il arrive souvent qu'il n'est que de 3. L'Angleterre a mis une digue puissante en travers de la faveur et de l'arbitraire, et cette digue a résisté. Elle ne connaît pas ce fléau, la fièvre bureaucratique; elle ne souffre pas de cette soif de fonctions publiques qui nous dévore [1].

Il y a quelques années, on a mené en Angleterre une campagne très vive contre les examens; au nom de la santé publique, on pourchassait le surmenage. Les concours qui donnent accès aux fonctions de l'État étaient particulièrement visés. La campagne n'a pas abouti et ne pouvait pas aboutir.

1. « La préfecture de la Seine vient de publier le tableau comparatif des emplois vacants annuellement dans ses divers services, et du nombre de candidats inscrits pour ces emplois.

« La proportion entre l'offre et la demande est très grande, comme on pourra en juger par quelques chiffres. Disons d'abord que, pour 1 500 emplois, en chiffre rond, dont la vacance est prévue, il n'y a pas moins de 46 000 demandes.

« Pour 12 places de commis auxiliaires, il y a 3 126 demandes. » (*Journal des Débats* du 17 novembre 1890.)

Le concours est un mal nécessaire, la faveur serait pire; et ce mal, la Commission permanente des examens s'évertue et réussit, en somme, à en diminuer autant que possible les inconvénients.

Un détail fera saisir à quel point a changé, en moins de quarante ans, l'état social et politique de l'Angleterre. Montalembert se trouvait dans ce pays au moment où l'agitation qui devait aboutir à l'institution du concours battait son plein. La lutte était très ardente : l'aristocratie tenait les privilèges, et la riche bourgeoisie, devenue puissante, demandait qu'une place lui fût faite au soleil. La lutte était alors « entre deux catégories de fils cadets : ceux des familles titrées et des grands propriétaires fonciers, et ceux des nouveaux riches sortis des classes moyennes... » « C'est ainsi, ajoute Montalembert, que j'ai entendu poser la question, par l'organe d'un riche négociant de la Cité qui présidait au *meeting* le plus bruyant et le plus nombreux qui se soit tenu sur cette question. Il s'exprimait ainsi devant quatre mille personnes entassées dans le théâtre de Drury Lane : « Un lord me disait ces jours-ci : *Monsieur, si votre réforme s'accomplit, que deviendront nos fils cadets? — Et je lui ai répondu : Mylord, si elle ne s'accomplit pas, que deviendront les nôtres?* »

Les fils cadets de l'aristocratie ont pris leur parti du nouvel état de choses, et ils se sont mis sur les rangs avec les autres, si bien qu'aujourd'hui ils considèrent comme une précieuse garantie cette institution contre laquelle leurs pères s'indignaient il y a quarante ans. « Quand on parla, pour la première

CHAPITRE IX

Les officiers de l'armée et de la marine.

———

I. — L'ARMÉE

L'armée anglaise est dans son genre un corps aussi exceptionnel que celui des fonctionnaires anglo-indiens; si le service civil de l'Inde peut être comparé à un outil de fabrication moderne, très perfectionné, mais compliqué et délicat, l'armée ressemble plutôt à ces instruments grossiers mais solides qui datent d'un autre âge. « L'armée britannique rappelle… ce qu'étaient les nôtres du temps de François Ier ou de Louis XIV [1]. » C'est une armée de mercenaires commandée par des grands seigneurs. Tel était du moins l'état des choses il y a cinquante ans, il y a trente ans [2].

———

1. Montalembert, *De l'avenir politique de l'Angleterre*. Paris, 1856, p. 21. — A propos de la campagne de Crimée.

2. On a très bien montré le côté faible de l'armée anglaise et les conséquences fâcheuses du principe sur lequel elle repose : « Nul ne sert dans l'armée anglaise que de son plein gré… Le

Jusqu'en 1870 les grades d'officiers s'achetaient dans l'armée anglaise, comme dans la nôtre avant la Révolution, ou comme en France encore aujourd'hui une étude de notaire ou une charge d'agent de change. Pour être officier dans l'armée de la Reine, il n'était nullement besoin d'aucune connaissance générale ou particulière; deux conditions suffisaient : la naissance et l'argent; être un gentleman et assez riche pour achever le brevet (*commission*). Le corps des officiers était exclusivement aristocratique. L'officier d'infanterie ou de cavalerie, gentleman cela s'entend, et ayant reçu l'instruction qu'on donne aux fils de gentlemen, ce qui n'était pas beaucoup dire, apprenait, une fois admis, la routine du métier. Seules, les armes dites savantes,

contrat signé entre l'État et les recrues n'est valable que si les clauses en sont observées, et les conditions du marché lient les chefs aussi bien que les subordonnés. Il n'en faut pas davantage pour rendre précaire l'exercice de la discipline, surtout dans une nation qui a fort le respect de la liberté individuelle. Les Français, en Crimée, n'en revenaient pas de la façon dont leurs alliés se comportaient. Les soldats, très braves, n'étaient pas exacts aux rassemblements, pour peu qu'ils eussent à se plaindre de la nourriture ou du gîte. » On voit comme ils sont loin de l'esprit de sacrifice, du dévouement à une cause sacrée qui doivent animer les armées modernes : mais un pareil esprit, un pareil dévouement ne se peuvent trouver que dans la nation armée. « Il n'est pas surprenant que la mutinerie soit fréquente dans les rangs de l'armée anglaise et que la désertion y soit à l'état endémique... Ce sont des matériaux de rebut, ceux dont le commandement dispose. Empressons-nous d'ajouter qu'il en tire le meilleur parti possible et que, pour médiocre que soit l'armée anglaise, aucune nation continentale n'en aurait une bonne s'il lui fallait la composer exclusivement par voie d'engagements volontaires. » (Art. de M. Abel Veuglaire dans la *Revue Suisse* de mai 1894.)

le génie et l'artillerie, se recrutaient à une école
spéciale, Woolwich. Sandhurst, le Saint-Cyr anglais,
existait déjà, mais ne fournissait chaque année qu'un
très petit nombre de lieutenants. Chez nos voisins,
avant l'expédition de Crimée, « à l'exception de de
Brack sur la cavalerie et de Jones sur les petites opérations de guerre, il n'existait pas un seul ouvrage
élémentaire de tactique en langue anglaise [1]. »

Cette armée a pourtant produit d'habiles tac-
ticiens comme Strathnairn, des hommes d'étude et
d'action comme Gordon.

Hugh Henry Rose, qui mourut en 1883 « field-
marshal » et pair d'Angleterre (lord Strathnairn),
était né dans une famille de « clerks of Parlia-
ment », greffiers de la Chambre des Communes.
Entré au service à dix-sept ans, il traverse obscu-
rément vingt années de paix sans avoir l'occasion
de faire ses preuves; puis on l'envoie en Orient
sous lord Stratford de Redcliffe, comme soldat et
comme diplomate. A Sébastopol, attaché à l'état-
major français, Canrobert le distingue pour sa
bravoure. Survient la révolte des Cipayes : major-
général, il n'a encore jamais commandé une bri-
gade sur le champ de bataille ni même sur le terrain
de manœuvre. Mais le temps presse et les hommes
sont rares : on le charge de rétablir l'ordre dans
l'Inde centrale. Il dispose de deux maigres brigades,
en face d'un ennemi dix fois supérieur en nombre.
Il enlève sa petite troupe, prend d'assaut des forte-

1. Extrait d'un article spécial publié par le *Times*, 12 novembre 1889.

resses escarpées, dirige la marche fameuse de Mhow
à Calpee, reprend Gwalior et sauve, avec Clyde,
l'empire britannique en Asie.

Gordon le Chinois, Gordon le héros de Khar-
toum [1], appartenait à une famille militaire; quatrième fils d'un officier d'artillerie, il n'avait guère
plus de quinze ans quand il entra à Woolwich. Il
en sortit officier du génie. En 1854, il est dans les
tranchées devant Sébastopol. La paix signée, il est
chargé de délimiter les nouvelles frontières en Bessa-
rabie, en Arménie, au Caucase. En 1860, après un
séjour à l'arsenal de Chatham, désigné pour la campagne de Chine, il s'y distingue à la fois par sa
bravoure et par son ardeur à l'étude; dans l'intervalle des rencontres sanglantes, il étudie le pays, en
dresse la carte, apprend la langue, les coutumes.
Quand, la paix conclue, Li Hung-Chang demande
au général Staveley, qui est à la tête des forces
britanniques, un officier pour prendre le commandement de l'armée impériale « toujours victorieuse »,
et jusque-là toujours battue, dans la lutte contre le
terrible soulèvement des Taïpings, — c'est Gordon,
simple major, que Staveley désigne. Cet officier
subalterne avait l'étoffe d'un grand capitaine : sa
tâche accomplie, il revint en Angleterre avec le glorieux surnom de « Gordon the Chinese », Gordon
le Chinois.

Mais ce système de recrutement produisait, à côté
des Strathnairn et des Gordon, une masse profondément ignorante. Dès 1849 on reconnut que, pour

1. 1833-1885.

porter dignement l'écharpe, il ne suffisait pas d'être bien né, d'avoir de la fortune et une bravoure incontestable, mais qu'il fallait au moins écrire correctement une lettre, avoir quelques notions de géographie et pouvoir vérifier les comptes du sergent-major. On décida de demander aux candidats de savoir lire, écrire et compter, et d'avoir reçu en outre une légère instruction générale.

Les mécomptes de Crimée furent pour le peuple anglais un sérieux avertissement, et une rude leçon pour les officiers de la vieille école, qui en étaient restés à Waterloo. Pour réparer le temps perdu, on institue un conseil d'éducation militaire, une école d'état-major (Staff College); Sandhurst est réorganisé et agrandi; on essaie d'introduire un concours pour l'obtention des brevets, et l'on établit qu'en principe l'avancement sera désormais dans une certaine mesure au mérite.

Mais tant que les brevets demeuraient une marchandise, toutes les réformes partielles devaient être sans effet durable. Enfin la question fut posée nettement devant le pays en 1870; les adversaires de l'achat des grades, préparés de longue main, menèrent la campagne dans la presse et au Parlement. Ce fut un choc de passions où les préjugés, les privilèges, les classes menacées résistèrent furieusement; mais leur cause était perdue d'avance. La loi abolissant l'achat des grades fut votée en 1871. Sous le régime condamné, l'officier, propriétaire de son grade jusqu'au jour de sa retraite, le vendait à son successeur et percevait le prix. « Le grade de capitaine se vendait 80 000 francs en 1870; celui de major,

120 000; celui de colonel, 200 000 ou 300 000 francs [1]. »
L'État dut racheter lui-même ces grades moyennant
7 millions de livres sterling (175 millions de francs),
sans compter les primes à payer et les pensions à
servir désormais aux officiers qui, prenant leur retraite, n'avaient plus pour vivre le capital représenté
par leur grade; d'où une dépense énorme une fois
faite, et une charge permanente et croissante pour le
budget de l'État. A ce prix l'État redevenait maître
de son armée et il pouvait demander des garanties
sérieuses aux candidats officiers.

*
* *

Il existe aujourd'hui trois moyens de devenir officier dans l'armée anglaise : 1° en passant par une
école militaire; 2° en passant par la milice; 3° en
sortant des rangs.

A l'entrée de chacune des deux écoles spéciales
militaires, Woolwich et Sandhurst, est placé un
concours divisé en deux épreuves, l'une d'admissibilité, l'autre d'admission. La première, à peu près
semblable pour Woolwich et Sandhurst, sert à éli-
miner dès l'abord les sujets tout à fait incapables [2].
L'épreuve d'admission à Woolwich est assez difficile : les compositions de mathématiques, de latin,
de langue vivante (français *ou* allemand), d'anglais
et de dessin géométrique, qui sont obligatoires, y

1. Ph. Daryl, *la Vie publique en Angleterre*, p. 262.
2. Cet examen d'admissibilité (*Army preliminary examination*) est aboli à partir de 1894.

tiennent la première place (Class I); à la composition
de mathématiques est attribué un maximum de 3 000
points, 2 000 à chacune des deux suivantes, latin et
langues vivantes, 1 000 à l'anglais et 1 000 au dessin; — au second rang (Class II) viennent des sujets
à chacun desquels est attribué un maximum de
2 000 points et dont le candidat doit choisir au moins
deux; ce sont : les mathématiques spéciales (higher),
le français *ou* l'allemand [1], le grec, l'histoire nationale, la physique, la chimie, l'histoire naturelle et la
géologie; — au troisième rang (Class III), et pouvant
tous deux être choisis, le dessin à main levée et la
géographie, chacun pour 500 points. Tout candidat,
pour avoir quelques chances de passer, doit faire
preuve, dit le programme, « d'une connaissance suffisante du latin, des mathématiques et d'une langue
étrangère ». Ce tarif d'examen n'est appliqué que
depuis 1891 ; il a été institué à la requête en quelque
sorte des *public schools*. Pour faire la part plus belle
aux candidats qu'elles présentent et ne point favoriser les jeunes gens qui, abandonnant de bonne
heure l'école traditionnelle, se mettent entre les
mains des préparateurs spéciaux [2], on a relégué au

---

1. Celle de ces deux langues qui n'a pas fait l'objet de la
composition dans la première série des sujets.

2. Les préparateurs spéciaux, les *crammers* (bourreurs),
dont plusieurs sont des instructeurs, sinon des éducateurs, de
premier ordre, étant presque les seuls à enseigner certaines
matières exigées à l'examen, s'étaient constitué une sorte de
monopole pour la préparation aux écoles militaires. C'est ce
monopole qu'on a voulu détruire, de même que chez nous le
carnet d'études est destiné à battre en échec la « boîte à
bachot ».

Malgré les dispositions prises pour diminuer les chances et

second rang des connaissances qui sont de première
importance pour un officier d'artillerie ou du génie :
les mathématiques spéciales, la physique, la chimie.

L'examen d'admission à Sandhurst est depuis 1891

réduire le rôle des préparateurs (*crammers*), ceux-ci continuent de remporter des succès ; et une proportion considérable des candidats reçus a passé au moins quelques semaines
entre les mains de ces habiles spécialistes. En 1888, sur
251 candidats admis à Woolwich, 112 avaient été préparés
par des *crammers*, mais presque tous avaient fait leurs études
jusqu'à quinze ou seize ans dans une *public* ou une *grammar
school*. En 1892, la part des *crammers* a diminué : sur 234 admis, 80 seulement ont reçu leur assistance ; les écoles qui ont
fait recevoir le plus de candidats sont : Wellington (20) ; Bedford Grammar School (20) ; Saint-Paul's (14) ; Cheltenham (13) ;
Marlborough (12), etc. Il est à remarquer que Eton, Harrow
et les autres vieilles écoles aristocratiques ne figurent pas en
tête de liste. — Dans le nombre des admis à Sandhurst, la
part des *crammers* n'a pas cessé d'être considérable : en 1888,
201 sur 307 ; en 1890, 236 sur 361 ; en 1892, 222 sur 330. En
1888, 32 des candidats admis avaient passé par les universités,
28 par Eton, 17 par Clifton, 17 par Cheltenham, 13 par Harrow,
12 par Marlborough, etc. En 1892, 18 sortaient des universités,
23 de Wellington, 22 de Bedford, 18 de Clifton, 17 de Eton,
17 de Harrow, etc.

Mais tout le monde n'est pas d'avis que la réforme a complètement réussi ; la critique la plus vive du système en
vigueur a été faite par un des préparateurs spéciaux les plus
en renom, mais pas dans le sens que l'on pourrait supposer.
Dans une lettre au *Times* (31 mai 1894), M. Wren, qui prétend
être un instructeur et non un « bourreur », se plaint que le
nombre excessif des matières mises au programme favorise
le « cramming » et exclut toute possibilité d'approfondir les
sujets. « Sept sujets obligatoires, deux facultatifs, neuf en
tout, s'écrie-t-il, et la limite d'âge pour Woolwich est dix-
huit ans ! Représentez-vous l'effet produit sur les candidats
heureux : chacun d'eux a une teinture de sept sujets... On
affirme qu'il est essentiel que tout candidat sache les mathématiques, la chimie, la physique et la géologie. Mais alors
pourquoi en admet-on qui ne savent à peu près rien de ces
sciences ? »

le même que pour Woolwich, avec la seule différence d'une composition de mathématiques moins
difficile et à coefficient moins élevé.

La limite d'âge diffère pour les deux écoles : pour
Woolwich, on n'est admis à concourir que de seize
à dix-huit ans; pour Sandhurst, de dix-huit à vingt.
La limite à Sandhurst est reculée à vingt-deux pour
les candidats qui ont passé par les universités et y
ont pris leurs grades. .

Il y a bien des manières d'appliquer un programme d'examen. Les examinateurs de Woolwich,
avec des candidats de deux ans plus jeunes, sont
cependant beaucoup plus exigeants, sur le même
programme, que les examinateurs de Sandhurst; ils
maintiennent à un niveau aussi élevé que possible
le recrutement des armes savantes. Le nombre des
jeunes gens de seize à dix-huit ans portés par leur
vocation, leur éducation et leur milieu social à courir
la chance d'un examen aussi complexe et aussi difficile est, dans l'état actuel de la société et de l'organisation scolaire, extrêmement restreint. De 1883
à 1886, il s'est présenté moins de candidats qu'on
n'offrait de places. De fait, l'épreuve d'admission a
cessé d'être un concours; elle n'est plus qu'un
examen de « qualification », avec classement par
ordre de mérite. Pour Sandhurst, au contraire, pendant la même période, bien que le nombre de places
mises au concours eût été porté successivement de 200
à 360, il se présentait 100 candidats pour 32 places[1].

1. Une personne bien placée pour comparer me dit que
l'examen de Sandhurst est « bien plus facile que l'examen de
Saint-Cyr. »

Et cette proportion a été en augmentant : en 1894, il y a eu 840 candidats pour 120 places.

Les candidats admis, sous le nom de cadets, passent deux ans à Woolwich et un an à Sandhurst.

Le cadet de Woolwich reçoit une éducation spéciale qui paraît être assez poussée. Au programme, mathématiques, artillerie (théorie et exercices), cours de fortification, de topographie et lever de plans, de français, d'allemand, de physique et de chimie, de tactique, d'administration et de législation militaires ; sans parler des exercices pratiques : école du soldat, équitation, tir, etc. Le cadet reçoit sa commission d'officier d'artillerie ou du génie vers l'âge de dix-neuf ans. C'est évidemment trop tôt ; deux ans ne suffisent pas pour achever son instruction scientifique et pour faire en entier son instruction technique : rop souvent le cadet quitte Woolwich insuffisamment préparé au métier d'artilleur, comme il était arrivé insuffisamment préparé à l'apprendre. Une enquête récente a recueilli les témoignages du corps enseignant à Woolwich : le professeur de mathématiques dit : « Ce qu'il nous faut, ce n'est pas de nouveaux articles au programme, mais une connaissance plus approfondie de ceux qui y sont. » Le professeur d'artillerie se plaint que les cadets lui arrivent sachant mal les logarithmes ; le professeur de topographie remarque qu'ils s'embrouillent dans les échelles ; etc. [1].

---

1. Dans leur rapport de 1891, les inspecteurs de Woolwich (*Board of Visitors*) déclarent qu'il est impossible de compléter l'éducation de l'officier d'artillerie dans les deux années de son séjour à l'école et qu'une troisième année d'apprentissage,

Le cadet de cavalerie ou d'infanterie passe à Sandhurst un an, moins quatre mois de congé; il lui reste huit mois de travail effectif : c'est peu pour faire d'un écolier un officier [1]. Le cadet suit des cours de tactique, de fortification, de topographie, d'administration et de législation militaires. Pour la partie pratique : exercice (drill), tir, escrime, gymnastique et équitation. Vers l'âge de vingt ans, nommé sous-lieutenant, il est envoyé dans un régiment. Là, pendant deux ans, l' « adjudant » du régiment est spécialement chargé du soin de compléter son éducation militaire; à la fin de ce stage, le colonel l'examine, et si l'épreuve est satisfaisante, le sous-lieutenant est déclaré « instruit » [2].

qui serait passée dans un arsenal, lui est nécessaire avant qu'il rejoigne le régiment. On aurait ainsi plus de temps à Woolwich pour l'étude des sciences.

1. Dans leur rapport de 1891, les inspecteurs condamnent ce système et réclament un séjour d'au moins dix-huit mois à Sandhurst.

2. *Instruit* est une façon de parler. Un homme qui a beaucoup fréquenté les officiers anglais d'infanterie et de cavalerie me dit : « Ils sont prodigieusement ignorants; ce sont de bons soldats, connaissant la pratique du métier, très vigoureux, très entraînés, infatigables, enragés de sports, — mais, hors de là, fermés à toute connaissance générale. Ils savent manier leur fusil, mais ils ne savent pas comment il est fait, ni avec quelle poudre leurs cartouches sont chargées... »

Les sports sont pratiqués avec passion par les officiers de toutes les armes. On cite ce fait que l'équipe de football des officiers du génie, de l'arme savante par excellence, s'est mesurée avec succès dans ces dernières années contre toutes les plus fortes équipes d'Angleterre, et que l'une des grandes associations nationales de football a pris comme président un officier du génie. Nos « sapeurs » français sont loin d'être aussi « athlétiques », et il faut le regretter.

En dehors des écoles militaires, il reste encore deux chemins : prendre du service dans la milice, ou s'engager dans l'armée active. Pour être admis comme officier « subalterne » dans la milice, il suffit de passer un examen qui ne paraît pas dépasser le niveau de celui qui fut institué pour les officiers de l'armée active en 1849. Une fois admis dans la milice, le « subalterne » doit faire un stage de quinze mois au moins avant de pouvoir concourir pour l'entrée dans l'armée active. Pendant ce stage, il apprend le métier militaire et complète tant bien que mal son instruction. Le « subalterne » de la milice n'est admis à se présenter que trois fois à l'examen, et la limite d'âge est fixée à trente-trois ans. Les épreuves sont écrites et portent sur la tactique, la fortification, la topographie et la législation militaire. De 1886 à 1889, 798 officiers de la milice ont, par cet examen, obtenu le brevet d'officier dans l'armée active [1]. La milice est donc pour les cadres de l'armée active une source de recrutement presque aussi abondante que les écoles spéciales.

Les officiers sortis du rang sont en nombre infime; on conçoit, de reste, qu'il y a un abîme entre le corps aristocratique des officiers et les mercenaires de la troupe. Pourtant, dans les dix dernières années, un certain nombre de fils de famille, affrontant les préjugés de classe, se sont engagés comme simples

1. L'affluence des candidats n'est pas grande relativement au nombre de places mises au concours, car en principe c'est un concours; mais, en fait, le concours est devenu, comme pour Woolwich, un examen de qualification. Il est arrivé une fois que, pour 75 places, 69 candidats seulement se sont présentés, dont 51 ont été admis.

soldats pour arriver au grade d'officier. Le cas ne se produit guère que dans la cavalerie ou l'infanterie. Le général Wolseley cite [1] un régiment qui comptait ainsi en 1886 trente fils de famille engagés. Le haut commandement ne voit pas d'un œil favorable cette tendance nouvelle : il ne met chaque année au concours, pour l'infanterie et la cavalerie, qu'une vingtaine de brevets de sous-lieutenant [2]. Le stage dans la troupe dure de six à neuf ans. En fait, l'officier sorti du rang ne peut dépasser le grade de capitaine.

* * *

Le corps des officiers de l'armée de terre forme presque une classe fermée qui se suffit à elle-même. La proportion des fils d'officiers qui entrent dans l'armée est considérable; tous les autres jeunes gens admis à Woolwich et à Sandhurst, et qui ne sont pas nés dans des familles militaires, appartiennent aux classes dirigeantes. Sur 330 *gentlemen cadets* que comptait Sandhurst en 1872, 172 étaient fils d'officiers; 43, fils de clergymen, juges, avocats, solicitors, médecins; 23, fils de fonctionnaires; 87, fils de *private gentlemen* (rentiers); 5, fils de lords et baronnets. A Woolwich, en 1890, sur 274 *gentlemen cadets*, 141 étaient fils d'officiers; 44, fils de membres des professions libérales; 26, fils de fonctionnaires; 60, fils

1. *The Reign of Queen Victoria*, I. 210.
2. De 1883 à 1889, des brevets d'officier ont été accordés à 140 sous-officiers seulement : moyenne 23 par an.

de *private gentlemen*, négociants, etc.; 3, fils de lords et baronnets [1].

A la suite de l'abolition de l'achat des grades, on n'a pas constaté, comme on aurait pu s'y attendre, un déplacement des sources de recrutement : « Par la naissance, dit le général Wolseley, nos officiers d'il y a cinquante ans appartenaient aux mêmes classes sociales que ceux d'aujourd'hui, aux classes qui ont fait la force de l'Angleterre et qui, depuis un temps immémorial, lui ont fourni des capitaines sur terre et sur mer [2]. » L'officier anglais est une des variétés du type gentleman : si les préjugés de classes devaient disparaître de la société anglaise, ils trouveraient leur dernier refuge dans l'armée. Quand on voulut abolir l'achat des grades, l'une des principales objections fut que le soldat anglais aimait à croire ses chefs pétris d'une autre pâte que lui-même, et que la vie de pareils chefs lui était particulièrement précieuse; la grosse somme dépensée par chaque officier

1. Comparez notre armée démocratique : la promotion de Saint-Cyr de 1891 comptait 450 admis, dont 130 seulement pouvaient payer pension. Il y avait 75 fils d'instituteurs primaires.

A Woolwich, en 1888, sur 252 cadets, 146 payaient pension entière, et 87 demi-pension ou tiers de pension.

2. *The Reign of Queen Victoria*, I, 166.

Il y a des gens qui trouvent que le système actuel n'offre pas assez de garanties. Aptitudes physiques, qualités intellectuelles, voilà ce que mettent en lumière l'examen médical et le concours. Mais ce système n'élimine pas « un certain nombre de jeunes gens qui, ni par leur condition sociale, ni par leur éducation première, ne sont qualifiés pour être admis dans le corps des officiers et inspirer le respect à la troupe... » Et l'on réclame un concours limité aux candidats agréés (*nominated*), comme pour l'entrée dans le carrière diplomatique.

pour son brevet était pour beaucoup dans ce bienfaisant préjugé. Aujourd'hui encore, Tom Atkins — c'est le sobriquet dont le peuple a baptisé le soldat de Sa Majesté — n'aime pas à servir sous des officiers sortis du rang : quiconque a partagé la vie des enfants du peuple ne saurait posséder le mystérieux prestige qui, dans l'esprit de tout bon Anglais, entoure encore l'aristocratie.

A moins de servir aux colonies et de recevoir la solde de campagne (10 000 francs par an pour un lieutenant d'infanterie, 15 000 ou 20 000 pour un capitaine) [1], il faut être riche dans l'armée de la Reine : pour subvenir aux dépenses que la mode, l'usage, les préjugés lui imposent, le jeune lieutenant doit, en dehors de sa solde, recevoir de sa famille au moins 150 livres (3 750 francs) par an [2]. Les prodigalités des officiers anglais sont proverbiales, et le régime du mess, loin de les restreindre, a contribué à les rendre plus folles [3]. Les rivalités d'amour-propre, la complicité de l'opinion, sévère à tous sauf à ceux qui portent l'uniforme, entraînent l'officier du côté où il penche naturellement. Les jeunes gens modestes et laborieux se réfugient dans les armes spéciales ou s'en vont servir aux colonies.

1. Ph. Daryl, *la Vie publique en Angleterre*, p. 263.

2. La paie d'un lieutenant d'infanterie dans la métropole est de 6 shillings 6 pence par jour, soit 2 950 francs par an

3. La commission d'inspection de Sandhurst, dans son rapport de 1891, réclama l'interdiction du jeu de polo : « Le polo est une source de grosses dépenses en Angleterre et dans l'Inde; il entraîne beaucoup de jeunes officiers à faire des dettes. En l'autorisant à Sandhurst, non seulement on admet les dépenses extravagantes, mais on les encourage. »

L'officier anglais, dans la cavalerie et l'infanterie surtout, est généralement dépourvu de culture et sans curiosité intellectuelle. Les exceptions [1] doivent être, grâce au système de recrutement inauguré entre 1860 et 1870, moins rares parmi les officiers au-dessous de la cinquantaine, que parmi ceux qui l'ont dépassée. Mais le niveau est resté très bas, en somme, et l'esprit régnant est hostile à l'étude. « L'impression générale que donne l'ensemble (des officiers anglais), dit, très justement M. Abel Veuglaire [2], c'est que ce sont de vigoureux gaillards, qui ont du coup d'œil, de la décision, de l'autorité, et qui entraîneraient bien leur monde sur le champ de bataille. Quant à savoir s'ils feraient ainsi de bonne besogne, c'est une autre affaire. »

Le mépris où l'on tient l'étude a parfois des conséquences funestes pour l'intérêt public. Il ne suffit plus, en effet, aux officiers d'une armée moderne d'être braves et aguerris : il faut qu'ils soient instruits pour commencer, et qu'ensuite ils se tiennent au courant; quant aux officiers des armes spéciales, ils doivent être de véritables savants. L'histoire du fusil anglais à répétition prouve que les comités techniques de l'armée anglaise sont au-dessous de leur tâche. C'était en 1890; toutes les armées du monde s'armaient du fusil à répétition. Le secrétaire d'État à la

1. Il en est de très brillantes, comme sir Edward Hamley (mort en août 1893), qui fut un excellent officier d'artillerie et un écrivain de mérite. Il a écrit de nombreux romans et des récits de voyage pleins de saveur. Tous ceux qui l'ont connu ont conservé le souvenir de son immense lecture et de la finesse de ses goûts intellectuels.

2. *Revue Suisse*, mai 1894.

guerre réunit ses principaux collaborateurs du « War Office », tous officiers, et leur proposa différents modèles avec mission d'expérimenter et de choisir le meilleur. Les officiers, se reconnaissant tous incapables d'en venir à bout, s'adjoignent un spécialiste civil, fabricant d'armes : « De tous vos modèles aucun n'est bon, leur dit cet honnête industriel. — Ah!... Eh bien! indiquez-nous un bon système. — Voilà... le mien. » On adopte le modèle du conseiller civil, on en fabrique 15 000 répliques, et quand le fusil passe des mains du fabricant dans celles de Tom Atkins, on s'aperçoit qu'il ne fonctionne pas [1].

Néanmoins, avec toutes ses imperfections le corps des officiers de l'armée anglaise possède de très sérieuses qualités. L'un des plus heureux diplomates que possède l'Angleterre, Evelyn Baring, était capitaine d'artillerie, quand son oncle lord Northbrook, gouverneur général de l'Inde, le prit pour secrétaire particulier, puis en fit son ministre des finances. L'artilleur rétablit l'ordre dans le trésor indien. Le gouvernement de la métropole fut tellement frappé de ses aptitudes financières qu'en 1879 il nommait Evelyn Baring contrôleur général des finances égyptiennes. On sait le reste : le capitaine d'artillerie est devenu lord Cromer et s'est révélé diplomate de premier ordre.

Mais au point de vue purement militaire, pourquoi ne pas citer cet admirable petit lieutenant qui, lors des affaires de Manipore, sauva son détachement? Il

1. « Les efforts du comité ont abouti au choix d'une arme qui est tout à fait impropre au service de l'armée anglaise... » (*the Times*, 6 décembre 1890).

combattit avec toutes les ressources et le sang-froid d'un vieux troupier : n'ayant en sa vie jamais vu le feu, il ramena ses troupes sans perdre un homme et infligea des pertes à l'ennemi. On ne l'avait pas choisi; c'est par hasard qu'il se trouvait dans la bagarre. On l'a fait major du coup.

Voyez enfin ce portrait d'un officier de hussards retour de l'Inde, croqué sur le paquebot : « Vingt-six ans : *a splendid young fellow*, un superbe jeune homme. Figure claire, aux traits nets... regard bleu, brillant, plein de hardiesse et de bonté... On devine un élan de jeunesse, la verve, la joie habituelle de l'être librement développé... Il se donne au jeu de tout cœur, et ses mouvements trahissent la souplesse du corps jeune et frais. Au repos, c'est l'allure alerte et simple de l'homme tranquille, maître de soi, habitué à l'indépendance, avec un fonds de gravité sous le pétillement de la vie animale... On sent en lui comme une assise sérieuse et solide. Sur la religion, le devoir, la famille, il est muni d'idées héréditaires très nettes et très profondément enracinées. Physiquement et moralement, il est gentleman de race et d'éducation. « Mes ancêtres, me dit-il « avec un accent de fierté, sont arrivés en Irlande « avec Cromwell. » Né sur le domaine paternel, il est l'héritier d'une lignée de squires. Première enfance passée à la campagne, au milieu des fermiers qui l'aimaient et le respectaient comme le jeune maître; la large vie de famille dans le grand manoir;... puis Rugby,... la carrière militaire... choisie comme la plus digne d'un gentleman. A présent il est lieutenant de hussards dans un régiment d'élite... Dans l'Inde, sa vie a trois grandes occupations : sa femme, dont il est amoureux, son service, le sport. Existence large, coûteuse, celle d'un gentleman qui vit parmi ses pairs... Ils vivent en aristocrates, en nobles; mais généralement ils sont nobles par la fierté et le courage [1]... »

Une armée, encadrée par des sujets de cette trempe, si elle n'est pas une machine de guerre savamment combinée pour l'offensive, peut être au moins un solide rempart à l'ancienne mode.

1. André Chevrillon, *Dans l'Inde*, p. 312, 315.

II. — LA MARINE

En Angleterre, le métier de marin n'a jamais été
considéré, à l'égal du métier des armes, comme une
profession aristocratique. Le corps des officiers de
marine n'en est pas moins un corps fermé, avec sa
place à part, ses privilèges, ses traditions et son originalité. On n'a jamais acheté ni vendu les brevets
de la marine britannique; mais l'entrée de la profession n'était pas gardée seulement par un concours
ouvert à tous. De tout temps, et encore aujourd'hui,
les Anglais ont pensé que le métier de marin exigeait
un long apprentissage, que l'on devait commencer
dès l'enfance, à un âge où les vocations déterminées
sont rares. Comment l'idée d'être marin pourrait-elle
naître dans l'esprit d'un enfant entre six et treize
ans, sinon parce que c'est le métier du père? Seul un
marin peut prendre sur lui d'engager dans une voie
aussi hasardeuse, dès un âge aussi tendre, toute la
vie de son fils. D'autre part, l'hérédité et l'influence
du milieu développent à la longue, dans les familles
où l'on est marin de père en fils, des qualités spéciales
qui rendent le sujet très désirable pour la marine. Il
y a donc par la force des choses des familles mari-

times. La marine anglaise est restée un corps fermé, se recrutant soi-même.

Jusqu'à une époque assez récente, avant que le marin cessât presque complètement d'utiliser les vents et les courants pour ne plus compter que sur les machines, l'homme de mer était un *sailor*, un *voilier*, si l'on peut dire. Aujourd'hui il dirige un mouvement qu'un autre produit; le mécanicien donne l'impulsion, le marin trace la route. Mais l'officier de marine, pour être maître à son bord, comme il convient, doit être lui-même mécanicien, physicien, artilleur, torpilleur : les qualités nautiques sont passées à l'arrière-plan. On peut commencer à vingt ans le métier de marin et devenir quand même, comme Courbet [1], un grand amiral. Au siècle dernier et dans la première moitié de celui-ci, il en allait tout autrement : il fallait avant tout ces sens complémentaires que font apparaître chez l'enfant et que développent chez l'homme les longues croisières à la voile, la pratique du flot, tantôt ami, tantôt ennemi. Ces sens, il fallait les posséder presque en naissant : ils ne sauraient s'acquérir en une seule vie d'homme. Il fallait aussi les larges épaules, les muscles puissants, l'endurance et le sang-froid. Toutes ces qualités qui ne s'épanouissent que dans l'homme fait, comment les distinguer, les deviner chez l'enfant? Les chefs de la marine s'en remettaient à l'hérédité : tel père, tel fils. Les fils de familles maritimes étaient inscrits à l'âge de quatre ou cinq ans sur les contrôles de Sa Majesté.

---

1. On sait que Courbet avait passé par l'École Polytechnique.

C'était dans la marine comme dans l'Église, l'armée, ou la politique, les temps florissants du patronage : la protection d'un amiral valait un brevet de lieutenant, comme celle d'un grand seigneur un siège aux Communes [1].

Thomas Barnes Cochrane était le fils aîné du neuvième comte de Dundonald, du héros de Basque-Roads qui passa à la postérité sous le nom d'amiral Cochrane : il fut inscrit en 1780, à l'âge de cinq ans, comme *captain's servant*, sur les contrôles du *Vesuvius*, que commandait son oncle, Alexander Inglis Cochrane. L'amiral sir Charles Ogle s'était embarqué à treize ans sur l'*Adventure*. De même Cockburn, Hotham et l'amiral sir Willoughby Thomas Lake, qui n'avait guère plus de sept ans quand, en 1780, il prit du service sur le *Roebuck*. Un contemporain de ces grands morts, celui qu'on vénère aujourd'hui comme le « Père de la marine royale », est inscrit depuis quatre-vingt-dix-neuf ans : sir Provo William Parry Wallis, le doyen des amiraux anglais (Senior Admiral of the Fleet). Fils du principal employé (chief clerk) du commissaire de Sa Majesté à l'arsenal de Halifax (Nouvelle-Écosse), il avait quatre ans lorsqu'il fut inscrit, le 1ᵉʳ mai 1795, sur les contrôles de l'*Oiseau*, une frégate prise en 1793 aux Français. En 1804, à treize ans, il embarquait sur la *Cleopatra*, commandée par Robert Laurie.

La marine anglaise est restée fidèle à ses traditions :

---

1. On pourrait établir maints rapprochements entre ces conditions et celles de la marine française à la fin de l'ancien régime. Cf. *La marine Royale en 1789*, par Maurice Loir, chap. II, Paris, 1892.

le futur marin commence de très bonne heure l'apprentissage.

L'enfant destiné au métier de marin doit, entre treize et quatorze ans et demi [1], se présenter au concours limité qui confère le titre de « cadet de la marine royale » et l'admission au *Britannia*, école des cadets. Toutes les places, sauf neuf mises chaque année à la disposition de l'Amirauté et du ministère des colonies pour être attribuées à des fils d'officiers de marine ou de fonctionnaires coloniaux, sont au concours, mais entre les candidats *agréés* : pour être agréé, il faut avoir été désigné (*nominated*) soit par l'Amirauté, soit par un officier de marine (commandant ou capitaine) exerçant le commandement d'un bâtiment ou d'une station navale. Le nombre des candidats agréés [2] ne dépasse guère le nombre des places : le concours n'est dès lors qu'un examen de qualification avec classement par ordre de mérite, comme pour Woolwich. L'examen est fort élémentaire. Ces enfants ne savent guère que lire, écrire et compter. On les envoie en rade de Dartmouth, près de Plymouth à bord du *Britannia*, sorte de collège flottant, comme notre *Borda*. Les cadets y passent deux ans, continuant leur éducation générale et commençant leur instruction technique. Ce stage terminé, ils sont embarqués, comme midshipmen, par petits groupes [3], sur

1. Pour l'admission à notre École Navale, les limites d'âge sont quatorze ans au minimum, et *dix-huit* ans au maximum.

2. Tous passent une visite médicale, destinée à établir si le sujet est bon pour le service à la mer.

3. On sait que, au sortir du *Borda*, nos jeunes aspirants sont embarqués en bloc sur la frégate-école *Iphigénie* pour un voyage de dix mois, au cours duquel ils font l'application de ce qu'ils

les bateaux des diverses escadres. Ils ont seize ans alors, et il leur reste encore beaucoup à apprendre. Ils trouvent à bord de chaque navire un instructeur patenté (naval instructor) qui est généralement l'aumônier. Leur temps est partagé entre l'apprentissage du métier et les cours de l'instructeur. Après quatre ans de service à bord, le midshipman, pour recevoir son brevet d'officier, doit faire un stage au Royal Naval College de Greenwich [1]. Là il reçoit l'instruction technique supérieure, et c'est après un examen qu'il obtient le grade de lieutenant.

Ce système a de nombreux adversaires dans la marine, même parmi les officiers des générations déjà anciennes. Un examinateur d'entrée au *Britannia*, un civil, me dit que l'on se contente d'une instruction tout à fait insuffisante. Il se plaint non moins vivement de l'enseignement sur le *Britannia* et plus tard sur les navires des escadres. A la suite d'une enquête présidée par lord Northbrook, on a réformé le plan d'études du *Britannia*, mais le complément d'instruction donné aux midshipmen est resté très défectueux. Il y eut en novembre 1890, sur ce sujet, à la Royal United Service Institution, une discussion entre officiers de marine. On peut presque conclure des discours tenus que la marine anglaise juge nécessaire une refonte complète du système de recrutement et d'instruction de son corps d'officiers. Les amiraux Cleveland, sir Edward Fanshawe et

ont appris au *Borda* et sont exercés au commandement. Le système anglais, essayé quelques années, n'a pas donné de bons résultats.

1. Ce collège a été fondé en 1873.

Mayne condamnent le *Britannia* : « Mieux vaut, disent-ils, qu'un enfant s'embarque à seize ans, sans avoir passé par une école spéciale, mais après avoir reçu la forte éducation qui doit être donnée à tout fils de gentleman. » L'amiral Bowden-Smith défend le *Britannia*, mais il demande que le concours soit ouvert à tous. L'amiral sir George Willes reconnaît, lui aussi, que le système des « nominations » a fait son temps.

L'Angleterre a produit, autant et plus qu'aucun autre pays, de grands hommes de mer, des navigateurs intrépides, découvreurs et conquérants, cela est incontestable; mais il est permis de se demander si, maintenant que les routes sont tracées et qu'il ne reste plus guère de terres inconnues, les marins anglais d'aujourd'hui sont bien préparés à tous les services qu'on attend d'une flotte dans le monde moderne. L'instinct, l'endurance, la hardiesse, l'expérience sont devenus chez le chef d'armée comme une matière inerte à laquelle il faut un levain, — la science.

C'est pour cela que Greenwich était nécessaire; mais Greenwich suffira-t-il? Un homme qui a toute autorité pour parler des choses de la mer et des officiers de marine anglais me dit : « Presque tout ce que sait un officier de marine anglais, il l'a appris dans la pratique; il ne connaît guère la théorie de son métier. Il lui manque très souvent les plus simples notions de mécanique. Si la machine vient à subir une avarie, il est obligé de s'en remettre entièrement aux mécaniciens; il est incapable de mesurer lui-même l'importance du dommage et ses conséquences, et de diriger les réparations. A la réunion de novembre 1890 à la United Service Institution, où tant d'amiraux ont parlé, il s'est produit un incident significatif que les journaux n'ont pas raconté. Les mécaniciens ont pris la parole, et ils ont déclaré que les marins ne connaissaient rien aux machines [1]. De leur côté, les mécaniciens savent leur métier qui est de diriger la marche des machines; mais rien de plus. — Pour tout ce qui concerne le matériel, l'industrie privée fournit fusils, canons, machines et coques; les fonctionnaires de l'Amirauté, les mécaniciens, les officiers sont incapables de dessiner un plan, de créer un modèle; leur rôle se réduit à choisir entre les plans et modèles que l'industrie privée leur soumet. Aussi le département de la marine fait-il, comme celui de la guerre, de terribles écoles et qui coûtent cher. Pour la guerre, nous avons l'exemple du fusil à répétition; dans la marine, il y a les canons qui éclatent [2]. Il n'existe pas pour les officiers de la marine anglaise un polygone où ils puissent s'exercer et faire des essais de canons. Quand il a fallu remplacer le directeur de l'arsenal et des fonderies de Woolwich, le colonel Maitland, il a fallu s'adresser à

1. « Leur système d'éducation maritime diffère entièrement du nôtre, en ce sens qu'ils se spécialisent volontiers, tandis que nous estimons qu'un officier de marine doit être apte à remplir à son bord toutes les fonctions. » (É. Weyl, *La Marine anglaise*. Paris, 1887.)

2. Weyl, p. 52 et 53 : les accidents du *Collingwood*, du *Thunderer*, etc.

« Il est étrange de constater, dit M. Weyl, que la nation la plus riche, la mieux outillée industriellement, reste toujours, en artillerie, à la remorque des puissances continentales. »

l'industrie privée et prendre le Dr Anderson, à qui l'on a donné 3 000 livres (75 000 francs) de traitement [1]. — Quant à l'instruction générale, j'ai toujours remarqué que les officiers de marine anglais ne pouvaient soutenir la comparaison avec les officiers de vaisseau français. Sans doute, il y a des exceptions : ce sont les rares sujets chez qui le goût de l'étude a triomphé de tous les obstacles. »

Il est très difficile en tout pays de faire une enquête directe sur les choses de la guerre et de la marine; on rencontre sur sa route une foule de causes d'erreur; la vérité ne se découvre que partiellement ou déformée. En Angleterre particulièrement il faut faire la part du pessimisme patriotique. « Il y a quelques années, quand j'étais en Écosse, me raconte un Français qui connaît bien l'Angleterre, je me trouvais avec un vieux capitaine de vaisseau qui, devant plusieurs journalistes et membres du Parlement, soutenait que la marine anglaise déclinait, alors que la

1. Le directeur des constructions navales, M. White, est un ingénieur qui s'était fait un nom dans l'industrie privée et que l'Amirauté s'est attaché en lui offrant un traitement de 75 000 francs. « C'est lui qui, assisté de dix-neuf constructeurs (c'est le titre des ingénieurs des constructions navales anglais) et de treize dessinateurs, conçoit et prépare les plans des bâtiments, en suit l'exécution, qu'elle soit confiée à l'industrie ou aux arsenaux... » (Communication de M. Georges Cochery, chargé d'une enquête en Angleterre par la commission extraparlementaire française d'enquête sur la marine. *Le Temps*, 5 mai 1894.)

marine française lui devenait supérieure, etc. Quand les journalistes et les M. P's eurent le dos tourné, cet excellent homme avoua très franchement : « Je n'en pense pas un mot, mais il faut laisser ces gens-là croire que nous avons beaucoup à faire pour maintenir notre suprématie, sans cela ils demanderaient une réduction du budget. »

CHAPITRE X

Les hommes d'État.

Le personnel dirigeant de l'Angleterre, en ce siècle, est sorti presque tout entier des *public schools* et des universités. Le pouvoir n'a cessé d'être aux mains d'une élite, — aristocratie en partie double, formée des grandes familles whigs et tories, qui poussaient leurs fils ou leurs clients. Bourses aux *public schools*, *scholarships* aux universités, collèges électoraux, disposant de tout par patronage, cette aristocratie pouvait, dans sa toute-puissance, prendre l'enfant au berceau et le mener d'Eton à Oxford, et d'Oxford au Parlement. En retour de cette protection qui fait d'un inconnu un homme « arrivé », le parti exige fidélité et loyaux services. Tel un monarque se constitue une garde du corps, avec des sujets choisis qu'il comble d'honneurs et de privilèges, mais dont il attend un dévouement sans bornes, jusqu'à la mort.

Burke, débutant, est pourvu d'un siège aux Communes par lord Rockingham; Pitt, quoique fils de

Chatham, s'abrite à l'ombre de la grande maison des Lowthers; Canning s'en remet à son beau-frère, le duc de Portland; Gladstone reçoit·des mains du duc de Newcastle son premier mandat.

Fils, neveux ou clients, les cadets de gouvernement, si l'on peut ainsi dire, faisaient d'abord, dans la traditionnelle discipline de la *public school* et de l'université, leur apprentissage d'orateurs et d'hommes d'État : dans cette règle, tout était combiné, entraînement du corps, éducation du caractère et culture de l'esprit, pour former des hommes aptes à persuader et à commander, des *rulers*. La *public school* et le collège, séminaires de la Chambre des Communes, faisaient corps avec l'institution parlementaire. Pitt, Fox, Canning, Gladstone, lord Iddesleigh — sir Stafford Northcote, — lord Salisbury, lord Rosebery ont été élevés à Eton; Palmerston à Harrow. Ils ont fait leurs premières armes de publicistes dans le *school magazine*, et d'orateurs à la *debating society* d'Eton ou de Balliol.

Westminster School, l'une des plus antiques et des plus glorieuses parmi les *public schools*, est située dans Londres même, à deux pas du Parlement. Depuis un temps immémorial, les élèves de Westminster ont eu le privilège d'assister, par groupes, aux séances du Parlement : et ils n'ont jamais manqué d'en user. Quand il fut question, il y a une trentaine d'années, de transférer l'école à la campagne, le grand argument des opposants fut que les *Westminsters* n'auraient plus les moyens de faire leur éducation parlementaire. « Sir James Graham, racontait un témoin, Robert Phillimore, à la commission royale de 1862, déclara un jour, dans un de ses plus brillants *speeches*, que ce fut en assistant, à titre d'élève de Westminster, aux luttes oratoires de Pitt et de Fox, qu'il conçut le désir de devenir lui-même orateur. » Les *old Westminsters* d'aujourd'hui rappellent que leur école a enfanté quatre premiers ministres : Halifax, Newcastle, Rockingham et enfin lord Russell.

En 1827, paraissait à Eton le premier numéro d'un périodique, l'*Eton Miscellany*; son rédacteur en chef, écolier de dix-sept ans, le présentait ainsi au public : « Dans l'entreprise que je tente, je n'ai qu'une crainte, celle d'être englouti par le fleuve du Léthé; je ne redoute qu'une chose, c'est de me trouver impuissant à diriger le courant de l'opinion populaire... » Le jeune écrivain témoigne, en termes enthousiastes, de son admiration pour l'éloquence parlementaire; il affirme que les ambitions des plus ardents esprits sont tournées vers Saint-Stephen; il se sent encouragé, ajoute-t-il, lorsqu'il songe que, parmi les orateurs les plus distingués, des hommes jeunes brillent au premier rang — lord Morpeth, M. Edward Geoffrey Stanley et lord Castlereagh — qui, tous, se faisaient entendre, naguère encore, à la *debating society* d'Eton. L'ambitieux écolier était William Ewart Gladstone [1].

L'année suivante, le jeune politicien d'Eton était à Oxford, et d'emblée il se signalait comme un

1. En août 1766, écrit Macaulay, dans la vie de Pitt, alors que le monde était agité par la nouvelle que M. Pitt était devenu le comte de Chatham, le petit William, son fils, s'écriait : « Je suis heureux de n'être pas l'aîné. Je veux parler à la Chambre des Communes, comme papa. » Il avait sept ans.

orateur de grande allure; c'est du moins ce qu'un camarade affirmait alors : Charles Wordsworth, plus tard évêque de Saint-Andrews, écrivait d'Oxford à son frère Christophe, étudiant à Cambridge[1] : « Notre *debating society* se distingue. La semaine dernière, nous avons eu sur la politique du ministère un grand débat, qui a tenu les esprits en suspens trois soirs de suite. Voici le texte de l'ordre du jour proposé par un fils de Sir E. Knatchbull : « L'assemblée est d'avis que le gouvernement est incapable de diriger les affaires du pays. » Cet ordre du jour fut défendu par le comte de Lincoln (duc de Newcastle, qui devint premier ministre plus tard)..., par l'hon. T. Bruce, fils de lord Elgin... et enfin par un certain Gladstone, qui, après le plus magnifique discours qui ait jamais été prononcé dans notre *debating society*, a proposé un amendement ainsi conçu : « Le ministère a imprudemment introduit et impudemment mis en avant une mesure qui menace non seulement de changer la forme du gouvernement, mais aussi d'ébranler les bases de l'ordre social dans le pays et d'encourager les projets de ceux qui poursuivent le même objet dans tout le monde civilisé. » L'amendement fut voté par 94 voix contre 38. » (Il ne s'agissait de rien moins que de condamner le fameux *Reform Bill* : Gladstone était alors un conservateur renforcé.) « Vois un peu la liste de nos adversaires, ajoute Wordsworth : c'est Lowe, *nobody*; Tait, *nobody*; T. Acland, *nobody*... » Notez que ces incon-

---

1. *Annals of my early life*, by Charles Wordsworth, Bishop of St-Andrews and fellow of Winchester College, London, 1891.

nus, ces *nobodies*, qui défendaient la réforme libérale, sont devenus, l'un lord Sherbrooke, l'autre archevêque, le troisième l'un des vétérans du parti gladstonien d'aujourd'hui. L'évêque de Saint-Andrews, en reproduisant cette lettre dans ses *Mémoires*, reconnaît de bon cœur que la passion politique l'aveuglait quand il traitait ainsi des mérites incontestables. Mais n'est-il pas significatif de voir, dans les débats du Union Club d'Oxford, en raccourci et par avance, un tableau des partis qui se disputeront le gouvernement de l'Angleterre, et comme une répétition générale de leurs luttes futures?

Tous les grands orateurs politiques de l'Angleterre moderne n'ont pas reçu la rude discipline, et n'ont pas grandi dans le milieu aristocratique de la *public school*; témoin Macaulay, Cobden, John Bright.

Le père de Thomas B. Macaulay qui craignait pour son fils les heurts violents de la *public school*, n'en trouvait pas moins fort naturel, comme tous les pères anglais, que son fils se passionnât pour la chose publique. À treize ans, le jeune Thomas, apprenant le succès d'une souscription en faveur d'une mission chrétienne dans l'Inde, écrivait de l'école à son père :

Shelford, 8 mai 1813.

« Mon sang écossais bouillonne dans mes veines quand je pense que 1 753 signatures ont été recueillies dans une seule paroisse rurale. Demandez à maman et à Sélina si, maintenant, elles se rendent à mes arguments en faveur de la supériorité du paysan écossais sur son frère anglais. »

15

A peine un an plus tard, le 11 avril 1814, c'est à sa mère qu'il écrit : « La nouvelle est glorieuse, en vérité. La paix! La paix avec un Bourbon, un descendant d'Henri IV. J'espère que ce sera une paix durable, et que les troubles des vingt dernières années auront assagi les nations et les rois [1]... » Il avait quatorze ans.

Des hommes de la bourgeoisie et même de la petite classe moyenne se sont élevés jusqu'au premier rang par le talent et le caractère, en faisant leur éducation eux-mêmes.

Richard Cobden appartenait à une famille de *yeomen* du comté de Sussex. Son père, ruiné, fut obligé de vendre sa ferme et Richard, tout enfant, resta à la charge d'un beau-frère de sa mère, établi à Londres. L'oncle envoya Richard dans une de ces abominables écoles du Yorkshire, que Dickens a flétries dans *Nicolas Nickleby*. « Ce fut, dans sa vie, dit un de ses biographes, une époque sombre, dont le souvenir même resta une souffrance pour lui... De dix à quinze ans, l'enfant fut mal nourri et maltraité; il n'apprit rien; il ne vit ni parents, ni amis... » A quinze ans, son oncle le fit entrer en qualité de commis dans son entrepôt d'Old-Change. Les rapports entre l'oncle et le neveu étaient assez tendus. L'oncle gourmandait le neveu parce qu'il se levait de bonne heure pour apprendre le français [2] : ce

---

1. Voir *Macaulay's life*, by sir George Trevelyan.
2. On a conservé son petit livre de dépenses qu'il notait en français, sans doute pour s'exercer : « Charité, 1 shilling; donné à un pauvre garçon, 1 penny; à un pauvre garçon, 12 pence. »

goût prononcé pour les livres faisait mal augurer de son succès dans les affaires. Richard, ayant trouvé une place de représentant d'une maison belge, se trouva enfin délivré de ses bienfaiteurs. Ses affaires l'amenèrent à voyager : en parcourant le monde, il se prépara à écrire le célèbre pamphlet — son début — sur *l'Angleterre, l'Irlande et l'Amérique*.

John Bright était né d'une famille de quakers, originaire du Wiltshire. Vers le milieu du XVIII⁰ siècle, la famille alla s'établir à Coventry. C'est là que naquit, en 1775, Jacob, père de John. D'abord simple ouvrier de filature, mais intelligent et énergique, Jacob réussit à s'établir pour son propre compte en 1809; et, en 1823, il était l'unique propriétaire d'une importante usine. Dans l'intervalle, en 1811, était né son fils John. L'éducation de John fut très irrégulière et incomplète : en six ans, il changea quatre fois d'école. A quinze ans, il entrait en apprentissage; le temps d'école était fini; pour apprendre désormais il n'avait plus à compter que sur ses seules forces, et l'on peut dire qu'il a été presque entièrement autodidacte. Ce qui ne l'empêcha pas de faire à vingt ans son premier discours. Un collaborateur bien connu de l'*Athenæum*, Silk Buckingham, était venu faire à Rochdale une conférence populaire sur les « Voyages en Orient ». John Bright fut chargé de remercier le conférencier; et il s'en tira, dit-on, fort bien.

*
* *

Aujourd'hui, les bourgs pourris ont disparu, les circonscriptions électorales ne sont plus la propriété

incontestée de quelques puissantes dynasties; mais
la richesse, du moins l'aisance est presque une condition essentielle de l'entrée dans la vie politique.
On ne voit guère d'hommes besogneux parmi les
membres des Communes; sauf dans quelques cas
exceptionnels [1], la situation ne serait pas tenable. Le
Parlement est encore dans la main d'une élite, celle
de la richesse et du talent. La richesse peut aller
seule, mais le talent non pas. Grands propriétaires
terriens, riches commerçants, grands industriels,
avocats dont les honoraires dépassent 75 000 francs
par an, opulents squires [2], en 1874 et en 1880, le
corps électoral a nommé les hommes les plus riches
de l'Angleterre; et les deux cabinets qui eurent la

1. Les députés ouvriers sont payés par leurs électeurs ou par
les Trade-Unions. Il est vrai qu'il commence à être sérieusement question de donner une indemnité aux membres du
Parlement. Dans sa séance du 24 mars 1893, la Chambre des
Communes a repoussé par 276 voix seulement contre 229 une
proposition en ce sens. Il est à remarquer que le gouvernement, par l'organe du chancelier de l'Échiquier, avait accepté
le principe de l'indemnité, sous cette réserve qu'il ne serait
pas applicable immédiatement, mais seulement dès qu'on
aurait trouvé les moyens de l'appliquer.

2. D'après M. Edmond Desmolins (*Science sociale*, janvier
1889), les deux parlements français et anglais étaient composés en 1886 de la façon suivante :

Chambre française :

Agriculture, 72 députés; industrie, 41; commerce, 22; professions libérales, 270 (53 médecins et pharmaciens, 17 notaires,
7 ingénieurs civils, 59 journalistes, 107 avocats, 6 professeurs
de droit); armée, 6 députés; clergé, 2; fonctionnaires, 95; sans
profession, 43.

Chambre des Communes :

Fonctionnaires, 47 membres; armée, 66; professions libérales, 107; commerçants, 100; industriels, 131; agriculteurs, 132.

confiance de ces deux assemblées étaient composés d'hommes possédant tous de grosses fortunes [1].

Par les réformes électorales de 1867, de 1872 et de 1884, l'aristocratie de la naissance ou de l'argent a ouvert les portes à la démocratie, mais elle sait se maintenir malgré tout. Pour se préparer à la lutte avec les enfants du peuple, elle a recours aux mêmes moyens dont elle usait quand ses propres fils rivalisaient entre eux : les *public schools*, les universités restent toujours les pépinières du Parlement. Comme Gladstone, il y a plus de soixante ans, les écoliers d'aujourd'hui rédigent des *school magazines*, discutent les questions les plus graves dans leurs *debating societies*. Et vous auriez pu voir il y a trois ou quatre ans encore à Saint-Stephen des groupes de *Westminsters* traversant le *lobby* pour se rendre à la séance, comme au temps de Fox et de Burke. « Parmi les membres du Parlement élu en 1888, 237, c'est-à-dire plus d'un tiers, avaient passé par Oxford ou Cambridge, et l'on en pouvait compter 200 qui avaient été élevés dans les *public schools*, dont 100 venaient d'Eton et plus de 50 de Harrow [2]. » Le prestige de l'éducation traditionnelle n'a pas encore souffert des progrès de la démocratie. Après les dernières élections de 1892, les journaux, en publiant la biographie des nouveaux élus, ne manquaient pas de relater leurs succès académiques. Un *honneur* à l'université « reste, pendant la vie entière, une distinction hors ligne pour les titulaires [3]. »

1. Escott, *England*, p. 561.
2. Escott, p. 298.
3. Montalembert, *De l'avenir politique de l'Angleterre*, Paris,

Libéraux ou conservateurs, vétérans ou débutants, les hommes qui au cours des six dernières années furent appelés au pouvoir, ont presque tous reçu ce viatique indispensable. Dans le dernier cabinet Salisbury, à côté de M. W.-H. Smith et de M. Ritchie, qui n'avaient aucun titre que celui de *merchant*, on voyait M. Goschen, qui vient de Rugby et d'Oriel, M. Raikes, de Shrewsbury et de Cambridge; M. Stanhope, de Harrow et d'Oxford (fellow); sir William Hart-Dyke, d'Oxford; le baron de Worms, de King's College, Londres; enfin un ancien etonien et étudiant de Trinity College, Cambridge, M. Arthur J. Balfour, qui cultivait, étant ministre, avec autant d'ardeur, la *coercion*, le *golf* et la philosophie. Dans le présent cabinet libéral : M. Shaw-Lefevre passa par Eton et Cambridge; sir William Harcourt enseigna à Cambridge le droit international de 1864 à 1887; M. James Bryce fut professeur de droit civil à Oxford et fellow d'Oriel; sir George Trevelyan gagna des *honneurs* à Cambridge, en venant de Harrow; M. Campbell-Bannerman est maître ès arts; M. John

1856, p. 179. — En 1894, de même qu'en 1856, le *Parliamentary Companion* de Dod, qui est l'annuaire des deux Chambres et publie la biographie de tous leurs membres, note avec soin dans quelle école chacun a été élevé, s'il est passé par une université, s'il y a pris des grades et remporté des succès. Dans les articles nécrologiques des journaux, on mentionne toujours, à côté des prouesses littéraires ou oratoires de l'homme public, ses exploits athlétiques : quand Bright meurt, on rappelle qu'il prit à l'école et garda toute sa vie le goût de la pêche; de Fawcett on a bien soin de dire que, jusqu'à sa mort, il fut passionnément amateur d'exercices corporels; pour le vicomte Sherbrooke — M. Lowe — on regrette d'avoir à reconnaître que, dès l'école, sa vue trop faible lui interdit de prendre part aux jeux.

Morley passa par Cheltenham et Oxford; — enfin, parmi les débutants, M. Arthur Acland est un sujet distingué d'Oxford; M. Asquith est fellow de Balliol; M. Arnold Morley est B. A. de Cambridge.

Spectacle peut-être unique dans l'histoire : pendant ces dix dernières années, pour ne citer que celles-là, l'Angleterre gouvernée successivement par deux hommes qui appartiennent à la plus haute aristocratie de la naissance et de la fortune, l'héritier des Cecil et le fils du riche marchand de Liverpool, tous deux comblés d'honneurs académiques, dont les plus glorieux furent conquis au temps où l'un était un cadet de famille sans fortune, et l'autre un débutant sans nom, un *nobody* [1]; — et le *nobody* de 1829, Gladstone, premier ministre vétéran, mais toujours plein d'ardeur, entre deux conférences sur la terrible question du Home-Rule, revenant à Oxford, dont le chancelier d'aujourd'hui est justement son rival en politique, lord Salisbury, et, dans le Sheldonian Theatre, prononçant, à quatre-vingt-trois ans, sans une défaillance, une de ses plus magnifiques harangues. Ce politicien parla de l'histoire des universités depuis le moyen âge jusqu'à la fin du XVIIIᵉ siècle; et son érudition minutieuse sur un sujet immense réussit à étonner un auditoire académique,

---

1. Lord Salisbury est fellow d'All Souls, Oxford. On connaît ses brillantes polémiques dans la *Saturday Review*, sa collaboration à la *Quarterly*.

M. Gladstone, étudiant de Christ Church, Oxford, obtenait un « double first-class » en 1831. Il a continué toute sa vie, à travers les vicissitudes de la politique, à étudier Homère et à discuter théologie, la plume à la main.

pour qui l'étude des textes et la science sont le but et non pas seulement le délassement de la vie [1].

Le 8 août 1894, lord Salisbury, chancelier de l'université, inaugurait à Oxford, dans ce même Sheldonian Theatre, le congrès annuel de l'association britannique pour l'avancement des sciences; et pour saluer de pareils hôtes, le politicien tory, qui est aussi, comme chacun sait, un chimiste exercé, prononça un discours sur la situation actuelle de la science vis-à-vis du darwinisme. Huxley, qui était présent, ne dédaigna point de discuter les conclusions de ce profane qui venait de parler sur un des grands problèmes de la science comme eût fait un savant de métier.

1. C'est le 24 octobre 1892 que M. Gladstone fit à Oxford la *Romanes lecture*, la première d'une série dotée par M. Romanes, le célèbre disciple de Darwin. Au cours de cette lecture, M. Gladstone, parlant de la participation des universités à la vie politique du pays, dit : « The usual practice of both Universities has been to choose a chancellor from an order not lower than that of peers. In the year 1772, Oxford selected from among her *alumni* to be her chancellor Frederick lord North. From that day to this — from the election of lord North to the election of lord Salisbury (loud cheers) — every one of her chancellors, six in number, has also been or become prime minister of the country.... » Le lendemain de cette étonnante « performance », le *Times* qui, d'habitude, n'est pas tendre pour le promoteur du *home-rule*, le *Times* écrivait : « On a souvent dit que, si M. Gladstone n'avait pas été premier ministre d'Angleterre, il aurait dû être archevêque de Cantorbéry ; mais s'il n'avait pas été archevêque de Cantorbéry, il aurait dû être « Dean of Christ Church » et vice-chancelier de l'université d'Oxford. »

CHAPITRE XI

Des causes aux effets.

Nous allons passer de l'étude monographique des éléments qui composent la société à l'étude de la société même; mais avant de rechercher les effets de l'éducation décrite, nous résumerons les principaux traits.

Commerce, industrie, agriculture, toutes les professions qui entretiennent la vie économique, forment le royaume de l'apprentissage purement pratique. La grandeur commerciale et industrielle de l'Angleterre est l'œuvre d'hommes sans culture première, mais qui, sachant manier les hommes, s'étaient, en outre, rendus maîtres de la matière et des forces naturelles. Presque tous ceux qui ont fondé des industries, de grandes maisons, sont fils de leurs œuvres et autodidactes.

Dans la « profession légale » une grande part reste encore à l'apprentissage pratique, mais réduite méthodiquement depuis cinquante ans au profit de

l'instruction générale et de la préparation scientifique spéciale. Car l'élite des *solicitors*, formée en
association, a relevé la masse. Les *barristers* ont
abandonné l'apprentissage, mais avant d'avoir solidement organisé à sa place la préparation scientifique. Ce qui frappe chez les uns et les autres c'est
le souci de la dignité professionnelle et la cohésion
des membres de la profession dans des groupes
vivants, d'où sort l'élite dirigeante. L'élite du barreau produit une toute petite élite, unique au monde
par son prestige, par le respect qui l'entoure, par
son pouvoir, son salaire et sa compétence : la magistrature anglaise.

La profession médicale est celle qui souffre le plus
de la persistance de l'apprentissage pur et simple
dans un temps où la science réclame une place prépondérante. Mais on peut noter une tendance à exiger
plus de culture générale et à rendre la préparation
au métier moins empirique.

Dans la société anglaise, presque tout étant donné
à l'effort utile, à la vie pratique, il restait très peu
pour la science. Les universités, partout ailleurs
laboratoires de la science, furent surtout pépinières
d'hommes d'État et séminaires d'hommes d'Église.
La science n'avait point d'asile reconnu, de ressources assurées et de disciples enrôlés. Malgré tout
elle a grandi ; des savants se sont formés. L'Angleterre a produit plusieurs des plus grands génies
scientifiques du siècle, et des plus originaux : mais
ils ne durent rien qu'à eux-mêmes.

Les hommes de lettres aussi doivent plus à eux-
mêmes, à leur mère et à la vie qu'à l'école. L'école

n'absorbe pas les talents pour les ranger à l'alignement académique comme l'Université de France. La floraison littéraire anglaise s'est épanouie au plein air, dans la vie libre.

Le clergé et le corps enseignant se recrutent aux universités. Le clergé y reçoit la même culture et la même éducation que l'aristocratie gouvernante, dont il est en quelque sorte l'auxiliaire spirituel. Le corps enseignant y recueille les principes qui servent de base à l'éducation morale et intellectuelle et à l'entraînement physique des gentlemen, et qu'il a mission de transmettre de génération en génération. Le clergé et le corps enseignant empruntent leur caractère propre non pas à tel grade, à tel concours ou à tel diplôme, mais à la vie d'école et d'université.

Après une longue période où régna l'arbitraire, tempéré cependant par la responsabilité sociale et politique des classes qui l'exerçaient, le recrutement des fonctionnaires a été soumis par la loi à des règles fixes. Ces règles sont fidèlement observées; le concours est impartial. Le service civil est une carrière aussi sûre et régulière, aussi à l'abri de la politique que l'armée. Les fonctionnaires sont empruntés, pour la masse, à la petite bourgeoisie peu cultivée, pour l'élite, aux gradués universitaires. Mais l'apprentissage professionnel est dans tous les cas l'objet des plus grands soins. Une race de grands fonctionnaires, assidus et compétents, est le produit de cette sélection. — Le service civil de l'Inde offre l'exemple de la sélection la plus perfectionnée qu'il y ait : à combiner ce recrutement, les Anglais ont appliqué leur expérience ancienne et profonde de l'art de gouverner les hommes et de dominer les peuples. — Dans tout le système métropolitain et colonial deux caractères ressortent : 1° parfaite adaptation des moyens au but : on sait trouver et préparer ceux qui seront les plus utiles collaborateurs des gouvernants; 2° résistance heureuse aux politiciens qui, dans toute démocratie, veulent troubler à leur profit les sources de recrutement.

Dans l'armée et dans la marine, régime ancien tant bien que mal adapté aux exigences modernes : bon surtout pour une armée de mercenaires commandée par des gentlemen, et pour une marine à voiles. L'armée reste une aristocratie spéciale avec des qualités d'entrain, de vigueur, de courage, d'endurance; la marine, un corps fermé avec des traditions très fortes et une longue hérédité d'expérience maritime.

Le Parlement est dirigé, l'État gouverné par une élite sociale et intellectuelle, dont les membres ont presque tous reçu l'éducation traditionnelle. La profession d'homme public est classée; on s'y prépare, on y est destiné par des traditions, des aptitudes et des devoirs. Les hommes d'État anglais sont le produit le plus direct et le plus parfait de l'éducation physique et morale dans la *public school* et à l'université.

DEUXIÈME PARTIE

A. — LA VIE ÉCONOMIQUE
B. — LES MŒURS ET LES IDÉES

DEUXIÈME PARTIE

A. — LA VIE ÉCONOMIQUE

L'Angleterre économique avant le XIXe siècle et au début du XIXe siècle.

L'Angleterre d'il y a cinq cents ans et l'Angleterre d'aujourd'hui sont tellement différentes qu'il semblerait à les comparer, l'une endormie, fermée, arriérée, et l'autre débordante de vie expansive et d'activité intelligente, que la différence soit dans l'essence même, et que celle-ci n'était pas en germe dans l'autre. « Au moyen âge, écrit Thorold Rogers [1], nous nous contentions de tondre nos moutons et de vendre leur laine aux Flamands, qui étaient devenus les tisserands de l'Europe... Ils nous apprirent à tisser la laine, mais nous fûmes les élèves les plus lents qu'on puisse imaginer... Les seules industries qui aient à cette époque été florissantes en Angleterre,

---

1. *Interprétation économique de l'histoire*, chap. XIII, trad. Castelot.

sont la fabrication du papier et celle du verre à vitres, mais je suis certain qu'elles furent implantées et exploitées par des étrangers. » Vers la fin du XIIIe siècle, « les indices du travail du fer en Angleterre son^t insignifiants ». « Quelque répandus que soient sous notre sol les minerais de fer, nous allions chercher ce métal en Biscaye et en Suède... Nous ignorions l'art de raffiner le sel... ayant perdu cet art que les Romains avaient pratiqué avec succès sur notre territoire et que nous n'avons retrouvé qu'à la fin du XVIIe siècle... Ne sachant exploiter ni nos mines ni nos salines, nous avions encore oublié un autre art, celui de faire des briques, que les Romains avaient poussé à un haut degré de perfection... » Ainsi « les Anglais du moyen âge n'étaient pas un peuple inventif et ils n'adoptaient même pas volontiers les inventions des autres nations ». Pas de grandes entreprises unissant les hommes dans un même effort, mais une vie lente, monotone, vouée tout entière aux travaux des champs. « Chacun vivait renfermé dans sa paroisse : l'usage d'inscrire les nouveau-nés au rôle du manoir, de repousser les étrangers ou de rendre leur hôte responsable, l'administration toute locale de la justice, isolaient absolument les villages les uns des autres .. Cet isolement arrêtait tout esprit d'invention et de progrès. »

« Au commencement du XVIIe siècle les Anglais sont encore, autant ou plus qu'aucun autre peuple de l'Europe civilisée, une société sédentaire, agricole et pastorale, qui tend même à devenir plus pastorale qu'agricole. La nation qui devait un jour se montrer si ardente à émigrer, si habile à créer des établissements sur des territoires vierges, n'a aucune possession hors d'Europe avant les dernières années d'Élisabeth [1]... » Vers la fin du XVIIᵉ siècle le commerce avec les Indes Orientales, en se développant, pousse à la fabrication de certains articles d'échange, active la manufacture lainière et arrête l'importation des draps d'Espagne. Les relations avec les pays d'outre-mer deviennent partout plus fréquentes et plus fructueuses, à l'ouest avec les pays de l'Amérique du Sud, avec les Antilles et les Barbades, comme avec l'Hindoustan. Peu à peu, l'Angleterre se trouve à ce point engagée dans les entreprises lointaines que sa politique européenne et sa politique coloniale se confondent : ce sont « les aspects divers du même grand développement national [2] ». La guerre de Marlborough, l'avènement de la maison de Hanovre, la révolte jacobite et même la lutte contre la révolution française ne sont en réalité que des moments successifs du développement de la Plus-Grande-Bretagne. En lançant l'Armada contre les côtes et les ports anglais, l'Espagne avait par ses craintes révélé au monde qu'elle pressentait une rivale, et marqué la grande place que l'Angleterre allait prendre. Cromwell s'allie avec la France papiste pour réduire la Hollande protestante parce que celle-ci est « la grande rivale de l'Angleterre dans le commerce sur l'Océan et dans le Nouveau-Monde ». La paix d'Utrecht trahit le caractère foncièrement commercial de la guerre de la succession d'Espagne, qui fut, « plus

---

1. É. Boutmy, *Le développement de la constitution en Angleterre*, p. 169.

2. Seeley, *L'expansion de l'Angleterre*, lecture II, trad. Baille.

que toutes les autres, une guerre d'affaires; car elle a été faite dans l'intérêt des marchands anglais et hollandais dont le commerce et les moyens d'existence étaient mis en péril ». Enfin, en 1763, le traité de Paris donne à l'Angleterre un empire colonial d'une étendue et d'une puissance telles qu'aucune nation européenne, même l'Espagne, n'en a jamais possédé de pareil [1].

Cependant l'Angleterre reste surtout agricole; elle n'est pas encore entraînée vers la grande industrie. C'est la découverte des engins mécaniques et l'application de la vapeur aux métiers qui donnent le branle : de 1769 à 1792, du *water-frame* d'Arkwright à la *self-acting mule* de Kelly et à la chaudière de Watt, le mouvement se dessine et gagne en amplitude : la fabrication du fer, l'exploitation des mines s'étendent; des canaux unissent le Trent à la Mersey et un autre canal relie entre eux Hull, Liverpool et Bristol; les routes de terre se multiplient. De 1760 à 1785 le nombre des ouvriers employés dans les filatures passe de 40 000 à 80 000. « Pendant les cinquante premières années du xviii° siècle la quantité de coton exportée par l'Angleterre avait à peine doublé; pendant les vingt dernières années cette quantité devient huit fois plus grande et sa valeur se multiplie par quinze [2]. » D'agricole, l'Angleterre est en train de devenir industrielle. Une foule d'hommes quittent les champs pour les manufactures, la charrue pour le métier et les travaux rustiques au grand

1. Seeley, *passim.*
2. A. Chevrillon, *Sydney Smith et la renaissance des idées libérales en Angleterre au XIX° siècle.* Paris, 1894, p. 100.

soleil pour l'obscurité des houillères. « C'est comme une Angleterre nouvelle qui s'ajoute à l'ancienne [1]. » Mais des deux nations qui d'abord coexistent, la nouvelle annihilera l'ancienne : la manufacture triomphera du manoir.

Autre révolution : l'Angleterre n'a pas été de toute antiquité puissance maritime. Si elle avait été possédée du génie de la navigation, elle n'aurait jamais cessé d'avoir une marine nombreuse, depuis les invasions saxonnes, danoises, normandes. « Nous sommes arrivés dans cette île sur des vaisseaux, puis nous avons été conquis par une nation d'écumeurs de mers... », dit Seeley ; or, « à l'époque des Plantagenets, l'Angleterre n'était pas maîtresse des mers ; et, en fait, *elle n'était pas du tout une nation maritime...* Non seulement dans la guerre maritime, mais dans les découvertes maritimes, la grandeur de l'Angleterre est moderne. » Sur mer, comme dans les industries mécaniques, « ce n'est pas une vocation naturelle, fondée sur des aptitudes innées, qui assura nos succès... Ainsi, passant en revue tous les éléments de la grandeur de l'Angleterre, nous arrivons, ajoute Seeley, à cette conclusion que l'Angleterre que nous connaissons, avec sa suprématie maritime, commerciale et industrielle, est tout à fait moderne ; que ses traits caractéristiques ne se sont dessinés clairement qu'au XVIIIe siècle et que c'est pendant le XVIIe siècle qu'elle a pris graduellement cet aspect. Si nous demandons l'instant précis où cette transformation commença, la réponse est remarquablement nette et

1. E. Boutmy, *op. laud.*, p. 306.

facile. C'est à l'époque de la reine Élisabeth. Or c'est l'époque où le Nouveau-Monde commença à exercer son influence, et ainsi les faits les plus évidents suggèrent cette conclusion que *l'Angleterre, dès le commencement, a dû au Nouveau-Monde son caractère moderne et sa grandeur particulière.* Ce n'est pas le sang des Vikings qui a fait de nous les dominateurs de la mer, ce n'est pas le génie industriel des Anglo-Saxons qui nous a rendus puissants par les manufactures et le commerce, c'est une circonstance bien plus spéciale qui ne se manifesta que lorsque, depuis bien des siècles, nous étions agriculteurs, pasteurs, guerriers et indifférents à la mer. »

Tous les arguments que nous avons accumulés nous-même tendent au même point où Seeley aboutit : les Anglais, pas plus que l'Angleterre, n'ont toujours été tels qu'ils sont aujourd'hui ; sédentaires, soignant leurs champs et leurs troupeaux, hostiles aux étrangers, fermés aux nouveautés, vivant sur eux-mêmes, apathiques, sans ingéniosité, ils avaient laissé se perdre tous les arts des ancêtres, et négligeaient d'exploiter les richesses naturelles de leur contrée : or ils sont devenus une nation d'industriels, de navigateurs, de colons, et dans toutes ces spécialités la première du monde. Et j'ajoute : ils se sont *faits* ce qu'ils sont aujourd'hui. Seeley attribue cette transformation complète à l'intervention d'une « circonstance spéciale », la découverte du Nouveau-Monde. Mais pourquoi les Portugais, les Espagnols et les Français, qui ont eu dans la découverte du Nouveau-Monde la plus grande part, n'ont-ils ressenti la bienfaisante influence qu'à un degré beaucoup moindre? Pourquoi le Portugal, nation agricole, n'a-t-il pas été, après les découvertes de ses capitaines, poussé au développement de l'industrie? Et la France, qui baptisa les fleuves, les lacs et les plaines du Far-West, et colonisa la Louisiane, pourquoi ne fut-elle pas, elle aussi, conquise par sa conquête? Mais la France actuelle, avec ses colonies, ses usines et tout ce qui stimule l'activité d'une grande nation moderne, voit sa population augmenter exactement avec la même lenteur que fit l'Angleterre de la première moitié du xviiie siècle, l'Angleterre d'avant la transformation décisive.

La découverte de l'Amérique et l'accroissement continu des relations entre l'Ancien-Monde et le Nouveau ne suffisent donc pas à expliquer la révolution qui s'est accomplie en Angleterre. Il y a plus, et c'est cela qu'il faut chercher. Étudions comment s'est fait le développement matériel de l'Angleterre et l'évolution morale du peuple anglais, et tâchons d'en découvrir les causes profondes.

§ 1. — Le développement au dedans.

---

1. — La production et les échanges.

Quand on va d'Oxford à Birmingham, on traverse
les provinces du centre (*Midland counties*) entièrement agricoles. Sous un ciel moutonneux, lentement parcouru par d'immenses troupeaux de nuages
grisâtres, au travers d'une lumière très douce de
printemps se déroulent de belles prairies, vertes
de cette éternelle verdure fraîche, uniforme, d'un
vert aigu; une herbe drue, tout ou presque tout en
pâturages, des prés enclos de haies vives, couronnées
de la neige des aubépines fleuries; de loin en loin,
dans les fonds ou sur les sommets de ce pays légèrement ondulé, au penchant de douces collines,
des arbres isolés, opulents, puis des colonies de
ces arbres sains en pleine sève, véritables patriar-
ches de la campagne anglaise. Ils sont là pour le
plaisir, par tradition. Ils ne rendent d'autre service
que de donner une belle ombre opaque et d'attacher
ou reposer le regard. Du bétail de belle race paît au
milieu des boutons d'or, enfoncé jusqu'au jarret dans

l'herbe. Par moments un petit cottage en briques rouges, au toit de tuiles vermeilles, éclate au milieu de ce vert uniforme...

Au loin, une brume plane très bas sur un coin de l'horizon ; une grosse tache grise adhérente au sol semble être l'ouverture enfumée d'un souterrain : c'est Birmingham. Et dans cette nature tranquille et douce, surgit tout à coup l'enfer industriel, avec son cortège de supplices civilisateurs : files de trains chargés de houille, de minerai de fer, de fonte ; innombrables cheminées d'usines, pareilles à de grands bras noirâtres brandissant vers le ciel des torches fumeuses ; puis une armée immobile de maisonnettes à deux étages, toutes pareilles, toutes uniformément laides et noires, montent et descendent les collines, et rien ne vient rompre la monotonie de cette armée sans chef. C'est la cité industrielle dans toute son horreur...

Birmingham, la ville de fer, est à la frontière du « pays noir » ; elle en tire son fer et son charbon. De Birmingham à Wolverhampton, trois quarts d'heure de trajet en chemin de fer d'un bout à l'autre du pays noir. Des maisons, des usines à l'infini et sur tout cela, à fleur de terre, sous le ciel clair, balayé par un vent violent, une couche uniforme, grisâtre de fumée. Le sol est bouleversé, sillonné d'étroits canaux où circule lentement une eau douteuse aux reflets blanchâtres : tels les vaisseaux d'un sang anémié dans un corps malade. Au sommet d'un monticule la roue d'une benne se profile sur le ciel, comme la croix de pierre sur la fosse commune : des milliers d'êtres vivants sont ensevelis là-dessous.

Le train roule sur des catacombes; la voie rend un son creux; les gares sont de fragiles et légers édifices construits en bois comme les habitations des pays perpétuellement menacés d'un tremblement de terre et d'un écroulement soudain. Des hauts fourneaux en activité vomissent de longues flammes bleuâtres : autant de lampadaires éclairant, de loin en loin, une immense nécropole. Il y a là, tout autour, un grouillement de demi-vie, comme la respiration lourde et le cauchemar inquiet d'une armée qui somnole, agitée, entre deux combats. Quelques cheminées dardent des flammes rouges; des forges, des laminoirs, des hauts fourneaux encore sont assis sur la houillère et la mine de fer, et du pied des hauts fourneaux, par une petite ouverture, un jet de métal éclatant s'échappe en lançant des éclairs; un canal serpente tout autour, dont l'eau souillée frissonne encore du contact de l'ennemi et fume entre deux rives de débris sans nom. Des maisons, toujours des maisons, des édifices informes, des silhouettes fantastiques, des dômes percés d'yeux flamboyants. Une fournaise en plein travail rougeoie comme la porte de l'enfer, et des damnés s'agitent autour de grandes pièces de métal d'un rouge blanchâtre. Au bout, Wolverhampton, un village de cent mille habitants : des rues hideuses, des maisons borgnes ou aveugles, un amas de pierres ou de briques, rien d'une ville. C'est la fin du « pays noir. »

Après Wolverhampton, tout à coup, sans transition, la plantureuse campagne anglaise reparait sous un coup de baguette magique : les prés verts et jaunes, avec les haies vives toutes poudrées des aubépines fleuries; des collines naturelles couronnées d'arbres séculaires, une atmosphère pure...

L'extraction du charbon est aujourd'hui l'une des
plus grandes industries nationales. En 1837, d'après
des évaluations approximatives, on aurait extrait
40 millions de tonnes. En 1854, année où commence
à fonctionner le service de la statistique minérale du
Royaume-Uni, le total relevé est de 64 millions de
tonnes; en 1892, on arrive à 182 millions de tonnes
environ, soit une augmentation de 450 pour cent en un
demi-siècle. 721 000 personnes sont employées dans
les houillères; au total, avec les femmes et les enfants,
3 millions de personnes vivent des mines. On évalue
à 3 750 millions de francs le capital placé dans l'industrie houillère. — Dans l'industrie du fer, même
accroissement. En 1837, la production totale annuelle
était évaluée à 1 250 000 tonnes; en 1889, elle montait à plus de 8 millions de tonnes.

*
* *

Entre Manchester et Leeds, dans le Lancashire et
une partie du Yorkshire, s'étend la région cotonnière.
C'est là le siège d'une autre des grandes industries
britanniques. Le pays, légèrement accidenté, se
déroule en collines de craie, recouvertes d'une herbe
parfois assez maigre; mais les prés sont innombrables, divisés en petits carrés et entourés de murs
en pierres sèches, qu'ont noircies le temps et la suie.
Sur plusieurs dizaines de lieues, dans les moindres
replis des vallées, des usines cotonnières (*cotton*

mills), filatures et tissages, bordent les hautes cheminées faites de pierre et non plus de briques comme dans le Midland. Mais dans ces agglomérations humaines rien qui ressemble à une ville ou à un village; cela donne l'impression d'une chose tout artificielle et indéfinissable : l'industrie est encore comme une étrangère dans ces contrées agricoles, malgré un siècle de séjour. Au premier coup d'œil ces bourgs ruraux diffèrent complètement du village qu'on croyait trouver, où les chaumières se sont groupées lentement, sans symétrie, avec un art inconscient autour du clocher ou de la maison commune. Là on ne trouve guère que la machine industrielle avec ses organes indispensables : l'usine et les maisons ouvrières géométriquement alignées. Les hommes n'emploient pas leurs loisirs à cultiver leur jardin ou leur champ : ils ne sont pas mi-ouvriers, mi-paysans. L'usine les a pris tout entiers. Tout dans ce qui les entoure rappelle la vie intense et le but unique : produire sans cesse [1]. 850 000 personnes vivent et peinent dans un rayon de 8 kilomètres autour du centre de la métropole industrielle, Manchester; et 7 millions et demi dans le district de 19 500 kilomètres carrés qui l'enveloppe. « Ce district comprend presque toute la région cotonnière du Lancashire et du Sud-Yorkshire, les salines du Cheshire, les usines métallurgiques et les poteries du Staffordshire et une grande partie du commerce des produits chimiques

---

1. Vers 1840, l'Angleterre consommait environ 400 millions de livres de coton brut par an. En 1891, les filatures en absorbaient 1 812 millions de livres.

du Lancashire [1]. » Il renferme cent cinquante villes dont cent comptent plus de 10 000 habitants : sur ces cent villes, cinquante et une ont de 10 000 à 20 000 âmes; vingt-neuf de 20 000 à 50 000 âmes; huit de 50 000 à 100 000 âmes, et onze plus de 100 000 habitants. Dans la partie immédiatement voisine de Manchester, sur une superficie de 1 850 kilomètres carrés, la population a une densité de 2 090 habitants par kilomètre. La fourmilière humaine est là treize fois plus dense qu'en Belgique et en Hollande, les deux pays qui passent pour être les plus peuplés du monde.

* * *

Le commerce est allé de pair avec l'industrie : au reste l'un n'aurait pu se développer sans l'autre. L'Angleterre a couvert les mers de ses vaisseaux et les continents de ses produits. Sa marine a transporté non seulement ses marchandises, mais encore celles de toutes les autres nations. En 1820, l'Angleterre importait pour 800 millions de francs; elle exportait pour 900 millions de francs. En 1837, les exportations s'élevaient déjà à 1 125 millions de francs. De 1860 à 1889, les importations ont passé de 5 263 millions de francs à 10 690 millions, et les exportations de 4 113 millions de francs à 7 889 millions. En 1837, l'Angleterre vendait à l'étranger 1 million de tonnes

1. Voir J. de Pulligny, *Mémoire sur le canal maritime de Manchester*. Paris, Imp. Nat., 1892.

de charbon ; en 1887, elle en vend plus de 24 millions
de tonnes, et en 1891 31 millions de tonnes. Les exportations de fer ont passé de 200 000 tonnes en 1837 à
4 millions en 1890 ; et dans le même temps la vente
des cotonnades à l'extérieur de 600 millions de yards
à 5 000 millions de yards.

L'Angleterre, grâce à sa politique libre-échangiste,
forme un immense port franc. Elle est l'entrepôt du
monde entier et le marché régulateur par excellence.
Pour transporter cette masse énorme de marchandises qu'elle produit ou concentre, elle a dû construire sans cesse de nouveaux navires : il y a quarante-cinq ans, elle ne possédait qu'un tiers des
navires du monde, sa flotte de commerce en représente maintenant environ les sept douzièmes ; et en
1887 les steamers battant pavillon britannique repré-
sentaient 70 pour cent du tonnage universel de la
marine à vapeur [1]. Le mouvement des ports britanniques par vaisseaux anglais et étrangers, chargés
et sur lest, qui était en 1820 de 4 millions de tonnes,
dont 2 648 000 sous pavillon britannique, puis en 1860
de 24 600 000 tonnes, s'élevait en 1892 à 75 867 000
tonnes [2].

1. Wells, *Recent economic changes*. New-York, 1890, p. 457.
2. Article de G. François, dans le *Journal des Economistes*,
janvier 1894. — Bristol, qui fut un port de premier ordre aux
xviie et xviiie siècle, avait été rejeté au second rang par la
prospérité de Liverpool ; il a repris de l'importance dans ces
dernières années et le tonnage à l'entrée a suivi une marche
ascendante ininterrompue : 317 386 tonnes en 1862, 374 488 en
1872, 514 920 en 1882, et 700 133 en 1892.

* *
*

Dans l'espace d'un siècle, l'usine a tué le manoir, l'industrie a exproprié l'agriculture; la proportion des travailleurs agricoles et des artisans dans le corps de la nation a été renversée; et l'agriculture qui, en se transformant dans le courant du xviiie siècle, avait fait d'immenses progrès, puis avait traversé une période de prospérité extraordinaire, est, dans la seconde moitié de ce siècle, tombée au plus bas.

Vers la fin du xviie siècle la société rurale est fortement constituée de trois éléments associés : une noblesse, la *gentry*, une classe moyenne, les *yeomen*, et une plèbe, la *peasantry*. On évalue à 160 000 ou 180 000 le nombre des *yeomen* à cette époque, jouissant d'un revenu moyen de 60 à 70 livres et formant avec leurs familles le septième de la population du royaume [1]. Ils vont disparaître au xviiie siècle; la *gentry* fondera sa toute-puissance sur leur ruine. Au xviie siècle, les travailleurs agricoles vivent en tutelle, mais sont heureux. Les salaires s'élèvent peu à peu, et « quand commence le xviiie siècle, les salaires agricoles sont, absolument et relativement, beaucoup plus élevés qu'ils n'ont été antérieurement. L'usage du froment est général. Le travailleur rural consomme du fromage et même de la viande. C'est son âge d'or [2]. » Mais la *gentry* systématiquement élimine les *yeomen* et concentre dans ses mains le monopole de la propriété terrienne. La classe moyenne

1. É. Boutmy, p. 212.
2. *Id.*, p. 221.

agricole décline de plus en plus. « Le dernier coup lui est porté à Waterloo... La baisse (du prix des denrées) qui succède à la paix... prend au dépourvu la plupart des *yeomen*; ils se trouvent obérés et vendent pour se liquider... La classe moyenne rurale a péri [1]. »

Devenue maîtresse d'immenses territoires, la *gentry* applique des méthodes nouvelles, elle adopte la quadruple rotation des récoltes, dite du Norfolk, et les prairies artificielles : en elle-même cette transformation de l'agriculture ne fut pas moins importante que la révolution industrielle qu'elle précéda d'un demi-siècle. Mais « si les propriétaires fonciers du XVIIIe siècle firent du fermier anglais le premier agriculteur du monde, leurs successeurs le ruinèrent par leurs extorsions [2] ». Les fermages furent augmentés de 23 1/2 pour cent de 1854 à 1879. D'autre part, en maints endroits les salaires agricoles étaient d'une façon absolue plus bas en 1850 qu'en 1750. Il n'est pas étonnant que les prolétaires aient délaissé l'agriculture pour l'industrie. En 1890, le nombre de personnes vivant de l'agriculture n'est plus que de 1 337 333, soit moins de la moitié du nombre absolu de la population agricole d'il y a cent ans; et d'une façon relative, par rapport au reste de la population, la différence est plus grande encore, puisque en 1790 sur cinq Anglais on comptait un travailleur agricole, et qu'en 1890 on n'en comptait plus que un sur vingt-cinq [3].

1. É. Boutmy, p. 242, 243.
2. H. de B. Gibbins, *The industrial history of England.* London, 1890, chap. VI.
3. H. de B. Gibbins, p. 206.

2. — La population : nombre, condition matérielle.

Le mouvement ascensionnel de la population fut très lent aussi longtemps que l'Angleterre resta purement agricole : mais, dès les premières années de la révolution industrielle, très vite il s'accélère pour ne plus se ralentir qu'à une date toute récente : la population ne s'accroît que d'environ un sixième dans les cinquante premières années du xviiie siècle ; elle augmente de plus de moitié de 1750 à 1800, de près de 90 pour cent de 1800 à 1850 ; enfin, dans l'Angleterre et le pays de Galles pris à part, de 90 pour cent pendant les cinquante premières années du règne de Victoria. Le taux d'accroissement annuel, après avoir atteint son maximum en 1878 (35,5 pour 1 000), descend à 30,5 pour 1 000 en 1889. Le dernier recensement a montré que la population totale du Royaume-Uni s'élevait en 1891 à 29 002 525 personnes, représentant encore un accroissement de 3 028 086 sur le chiffre relevé dix ans plus tôt : les comtés ruraux continuent à se dépeupler, les villes à grossir avec une rapidité extraordinaire. Le déchet accusé par la différence entre le taux d'accroissement de 1878 et le taux de 1889 et des années suivantes provient de deux causes : la diminution des naissances et le mouvement d'émigration. L'émigration, beaucoup plus active pendant les années de crise que l'industrie vient de traverser, est la principale cause; la diminution des naissances est en partie compensée par une diminution de la mortalité.

En même temps que s'accroissait la population, la richesse allait s'étendant. Dans ces dernières années le bien-être a crû plus vite que le nombre puisque, en même temps que la natalité diminuait (ce qui indique généralement que le bien-être se répand dans les couches profondes d'une nation), la mortalité s'abaissait, effet naturel d'une meilleure hygiène qui sauvegarde la première enfance et prolonge la vieillesse. M. Giffen a calculé [1] que la fortune privée qui était de 150 livres sterl. par tête en 1827 s'élevait en 1887 à 256 livres. Cet accroissement est d'autant plus notable que dans le même temps le montant de la dette publique par tête d'habitant avait au contraire diminué d'un tiers, étant passé de 30 à 20 livres. Les recettes de la poste peuvent aussi servir à mesurer le développement de la richesse : elles ont passé de un million et demi de liv. sterl. en 1837 à 10 millions de livres en 1887. En résumé, dans le Royaume-Uni, au cours du dernier demi-siècle, d'une part la population a augmenté de 44 pour cent, de l'autre la fortune et le revenu ont augmenté de 70 pour cent par tête d'habitant.

1. *The Reign of Queen Victoria*, II, 11.

*
* *

Si l'on compare la condition matérielle et morale des classes populaires en Angleterre il y a quatre-vingts ans et leur condition présente, il semble qu'une révolution totale dans les mœurs et dans la société s'est accomplie. La première moitié du siècle a été pour ces classes alors misérables et asservies une période de souffrances continues au prix desquelles elles ont acheté leur affranchissement. Avant la révolution industrielle, la population rurale vivait tranquille dans un état de demi-barbarie : grossière de mœurs et lourde d'esprit, elle avait du moins la vie matérielle assurée. Mais quand l'industrie eut attiré dans les villes par des avantages d'ailleurs précaires le peuple des campagnes, elle ne tarda pas à l'opprimer par un esclavage pire que la mort. Les historiens les plus impartiaux et les témoins les plus éclairés n'ont pas de termes assez forts pour la condition qui fut faite alors aux travailleurs. « Des milliers d'individus étaient accablés par une effroyable misère, qui était la honte d'un gouvernement civilisé et un danger permanent pour la société... Après les grèves et les émeutes de 1842, les classes ouvrières retombèrent dans le morne désespoir, éternel compagnon de leur existence. On a établi qu'en 1841, sur dix mille personnes, deux mille gagnaient en moyenne 30 sous par semaine et par tête, et quatre mille 28 sous seulement. Et ce n'était en aucune façon une exception; or le blé était alors à 60 et

70 shillings le quarter [1]. » L'existence même de la nation anglaise fut menacée alors d'un danger tel qu'elle n'en eut jamais à craindre d'aucun conquérant.

L'usine a pris les hommes, les ouvriers de la petite industrie, « ces ouvriers patients, persistants, soigneux du détail, qui marquaient chaque produit de leur personnalité, supérieure à celle du reste du monde » ; non seulement elle va « supprimer cette race d'hommes incomparables », mais elle ne la supprimera qu'« après l'avoir irrémédiablement déformée », car elle prend aussi la mère et l'enfant. Celui-ci, au moment où il atteint l'âge viril, « est déjà affaibli, usé... » : brisé par l'excès du travail précoce, il devient infirme à quarante ans [2]. Dans les rapports officiels des commissions d'enquête qui siègent entre 1833 et 1842, on trouve les éléments d'un tableau fidèle : « des enfants et des jeunes gens surmenés dans les usines et battus comme des esclaves ; des maladies et des infirmités qu'on ne rencontrait que dans les districts manufacturiers ; pour abris, d'immondes repaires où ils gisent entassés comme des bêtes sauvages... Partout la cruauté et l'oppression... Les ouvriers, très mal payés, étaient souvent obligés d'acheter leurs aliments à une boutique tenue par leur employeur, où on leur fournissait les plus mauvaises marchandises au plus haut prix pos-

1. (*Reign of Queen Victoria*, Introd. par Humphry Ward citant Spencer Walpole.) 1 quarter : 2,88 hectolitres. Le prix du blé était en décembre 1892 de 26 shillings 3 pence le quarter (*Stat. Abstract*) ; en septembre 1894 de 18 sh. 9 pence (*Labour Gazette*).

2. Michelet, *Sur les chemins de l'Europe*, p. 160-162 (voyage accompli en 1834). Paris, 1893.

sible [1]. » La misère affreuse poussa la population aux pires excès : crimes contre les personnes, émeutes. C'étaient des alternatives d'abattement et de révolte. Les usines étaient pillées, incendiées; les machines brisées. En 1842, il y eut 31 000 poursuites criminelles, alors que, en 1890, avec une population presque double l'on n'en compte que 13 000. Dans l'année 1834, 480 condamnations à mort furent prononcées; en 1890, il y en eut 35.

Les patrons trouvaient dans les lois et usages de puissants complices pour leur œuvre d'asservissement : loi sur la fixation des salaires; système d'allocations complémentaires du salaire; loi sur le domicile de secours; loi prohibant les associations. Une loi d'Elisabeth (1563) avait accordé aux *justices of the peace*, magistrats locaux, le droit de fixer le taux des salaires (assessment of wages) dans leur district. Presque exclusivement recrutés parmi les grands propriétaires fonciers et les chefs d'industrie, les *justices of the peace* de la fin du XVIIIe siècle et du commencement du XIXe siècle fixèrent les salaires aussi bas que possible. Le système des allocations complémentaires (allowance system of relief) les poussait dans cette voie : ce système avait pour origine un usage inauguré en 1795 dans le Berkshire où les magistrats avaient décidé que, toutes les fois que les patrons, refusant d'appliquer le tarif établi par les *justices of the peace*, ne paieraient point aux

_____

1. Gibbins, p. 193, 194. Les ouvriers recevaient leur salaire sous forme de bons de consommation qui ne pouvaient être donnés en paiement que dans certains magasins désignés par le patron : c'était le *truck system* qu'une loi prohiba en 1870.

ouvriers un salaire suffisant pour vivre, ceux-ci recevraient en complément une allocation prélevée sur le fonds des pauvres (poor rate). Bien peu de patrons résistaient à la tentation de se décharger sur le public du soin de rétribuer suffisamment leurs ouvriers. Par surcroît, une loi (law of settlement) de 1662 interdisait à l'indigent (pauper) de changer de résidence; et comme les ouvriers étaient presque tous, par suite du système d'allocations, considérés comme indigents, il leur était interdit, si le travail manquait ou si le patron était tyrannique, d'aller louer leurs bras ailleurs. Enfin des lois sévères (combination laws) leur interdisaient de s'associer pour la défense de leurs intérêts ou pour obtenir des salaires plus élevés [1].

*

Les maux de toute espèce qu'enfanta l'industrie exercée sans moralité et sans hygiène furent tels que dès 1802 une première loi intervint « pour protéger la santé et la moralité des apprentis et autres personnes travaillant dans les filatures de coton et autres

1. Gibbins, *passim*. Le système de fixation officielle des salaires dura jusqu'en 1835; l'abus des allocations complémentaires ne fut rendu impossible qu'en 1834 par la nouvelle loi d'assistance (new poor law), qui adoucit en outre les stipulations relatives à l'interdiction de changer de résidence ; les *Combination Laws* furent abolies en 1824, mais le droit d'association resta précaire longtemps encore : les *trade unions* ont grandi sous un régime de tolérance qui les tenait sous la menace perpétuelle des *Conspiration Acts*, et elles n'eurent une existence légale qu'à partir de 1871.

usines ». Cette loi fut votée après une effroyable épidémie qui avait éclaté à Manchester et dans les environs : une maladie étrange causée par l'excès de travail, la mauvaise nourriture, les détestables conditions hygiéniques des ateliers et des habitations, par la misère physiologique, en un mot, ravageait les districts manufacturiers. Les heures de travail furent réduites à 12 par jour. Mais les générations qui suivirent furent encore décimées ou déformées par la misère ou l'excès de travail. Southey, dans une lettre en date du 1er mars 1833 adressée à M. May, disait en parlant des conditions du travail dans les manufactures : « La traite des nègres est une bénédiction auprès de cela, — the slave trade is mercy compared to it. » Quelques hommes de cœur et d'énergie poursuivirent l'abolition de l'esclavage des blancs : lord Ashley, qui devint le comte de Shaftesbury, et Richard Oastler prirent la tête du mouvement[1].

Après la loi de 1802, une deuxième loi en 1819 interdit d'employer les enfants au-dessous de neuf ans et fixa à douze heures la journée maxima pour les ouvriers au-dessous de seize ans. En 1831, nouvelle loi interdisant le travail de nuit pour les ouvriers et apprentis au-dessous de vingt et un ans et portant de seize à dix-huit la limite d'âge pour la journée maxima de douze heures (et neuf heures seulement le samedi). Mais toutes ces lois ne s'appliquaient qu'à l'industrie cotonnière. Une loi de 1833 interdit le travail de nuit dans toutes les industries pour les ouvriers au-dessous de dix-huit ans[2], et

1. Gibbins, *passim.*
2. En France, le travail de nuit n'a été interdit pour les

fixe à quarante-huit heures par semaine le maximum de la durée du travail pour les enfants au-dessous de treize ans, et à soixante-huit heures entre treize et dix-huit ans. Cette loi de 1832 instituait des inspecteurs des manufactures. En 1847, la loi dite de dix heures fixait à cette durée maxima la journée pour les femmes de tout âge et pour les enfants au-dessous de dix-huit ans [1]. Cette loi a été appliquée strictement depuis près de cinquante ans; la limitation du travail des femmes et des enfants a entraîné une réduction correspondante de la journée de travail pour les hommes adultes. Depuis 1847, dans aucune usine anglaise, la journée de travail n'a duré plus de dix heures [2]. Cette loi, avec celles qui l'ont précédée et celles qui l'ont suivie, a sauvé la race d'une destruction probable ou d'un épuisement certain, et elle a assuré la prééminence incontestable de l'industrie anglaise. L'industriel anglais, pour lutter contre les autres pays où la journée demeurait plus longue, a sans cesse perfectionné ou renouvelé son outillage; il a pu demander davantage à l'ouvrier qui travaillait moins longtemps; l'ouvrier, moins

enfants des deux sexes jusqu'à dix-huit ans que par une loi toute récente (2 novembre 1892). La loi française du 19 mai 1874 n'avait défendu le travail de nuit qu'aux enfants au-dessous de seize ans et aux filles mineures.

1. Par cette loi de protection sociale l'Angleterre s'est trouvée en avance de cinquante ans sur le reste du monde civilisé, y compris la France. La loi française du 2 novembre 1892 fixe le maximum pour les enfants au-dessous de dix-huit ans à dix heures et pour les femmes à onze heures; encore est-elle jugée intolérable par un grand nombre de chefs d'industrie, et l'on est en train de la modifier pour leur donner « le temps de se préparer. »

2. Gibbins, p. 181 à 186.

fatigué, a pu travailler avec plus d'intensité et de soin : au bout d'un demi-siècle de ce régime loyalement pratiqué [1] et méthodiquement amélioré, l'industrie anglaise s'est trouvée avec une avance considérable la première du monde par l'outillage et par le personnel [2].

Il avait fallu aux législateurs de 1819, de 1831, de 1833 et de 1847 passer outre aux sombres prophéties des économistes orthodoxes et réduire l'opposition des manufacturiers coalisés. John Bright, qui devint l'ami du peuple, mais ne cessa jamais de professer les théories de l'école du laisser-faire, lança dans la séance du 10 février 1847, aux Communes, des anathèmes, aujourd'hui tellement oubliés qu'ils paraissent invraisemblables, contre le projet de loi

1. En Angleterre, depuis longtemps les lois protectrices du travail sont strictement appliquées. Dans un seul mois de 1894, il y a eu plus de poursuites intentées en vertu des *Factory and Workshop Acts*, que de procès-verbaux dressés par les inspecteurs du travail en France pour toute l'année 1893. (En août 1894, 148 poursuites ayant amené 141 condamnations à des amendes de 30 francs en moyenne : cf. *Labour Gazette*, septembre 1894, p. 281. — En France, 98 procès-verbaux dressés en 1893 : le total des amendes prononcées s'élève pour toute l'année et pour toute la France à 3054 francs : voir *Bull. de l'office du travail*, septembre 1894, p. 461.)

2. On sait que plusieurs patrons anglais, dans l'industrie de la construction mécanique surtout, c'est-à-dire dans l'industrie qui exige chez l'ouvrier la plus grande dose d'habileté technique, ont appliqué d'eux-mêmes et sans réduction de salaire la journée de huit heures. De même l'Etat anglais : les départements de la guerre et de la marine (Amirauté) appliquent depuis plusieurs mois dans les arsenaux, magasins, chantiers de construction, etc., la journée de huit heures, et ils prétendent que, la réduction du temps étant compensée par une plus grande intensité de production, il n'en résultera pas de perte pour le budget de l'Etat.

de dix heures, « l'une des pires mesures que l'on ait jamais proposée au Parlement de voter sous forme de loi [1] ». Un homme qui professait l'économie politique aux universités d'Oxford et de Londres et qui, outre le présent, connaissait à merveille le passé économique de l'Angleterre, a donné la meilleure justification historique des principes qui triomphèrent en 1847; et la prospérité de l'Angleterre en a fourni d'autre part la meilleure justification économique [2]. « Nous avons à extirper, enseignait Thorold Rogers [3], les conséquences mauvaises des lois antérieures; la moitié de notre législation doit avoir pour objet non de corriger le présent, mais de remédier

1. Cité par Gibbins, p. 184.

2. « Pendant les débats (de la loi de 1847), on affirmait couramment que les salaires diminueraient au moins de 16 pour cent. Sir James Graham et M. Cardwell pensaient tous deux que la baisse serait de 25 pour cent... En 1859, M. Baker, qui avait acquis une grande expérience comme inspecteur du travail, déclarait au congrès des sciences sociales, tenu à Bradford, que, malgré la diminution des heures de travail, les salaires avaient augmenté dans certains cas de 40 pour cent, et généralement de 12 pour cent, sans que cette réduction des heures de travail et cet accroissement des salaires eussent diminué en rien la production textile ni causé le moindre tort à la production nationale... » En 1860, fut présenté un bill pour étendre cette législation aux imprimeries pour étoffes. A cette occasion... Sir James Graham prononça les paroles suivantes : « J'ai une confession à faire à la Chambre. L'expérience a montré, à ma grande satisfaction, que beaucoup des prédictions faites contre le *Factory Bill* ne se sont pas réalisées et que, en somme, cette grande mesure a contribué à l'amélioration des classes laborieuses, sans faire tort aux patrons. Par mon vote de ce soir, je m'efforcerai de réparer l'opposition que j'ai faite autrefois au *Factory Bill*. » — *Bull. de l'Office du Travail*, février 1894, Les effets de la limitation de la durée du travail, p. 79.

3. *Interp. écon. de l'hist.*, chap. XVI.

aux maux qu'a engendrés le passé... L'histoire économique nous démontre que la misère des classes
ouvrières est l'œuvre propre et préméditée de la légis-
ture, et qu'il est très difficile d'améliorer leur sort par
le simple jeu de la libre concurrence et par les
efforts combinés des ouvriers... » « Je frémis, a dit
Arnold Toynbee, en pensant à ce que serait devenu
ce pays si les lois protectrices du travail n'avaient
pas été votées [1]. »

Il reste encore beaucoup à réparer des torts du
passé et beaucoup à adoucir des maux du présent.
Les lois n'ont pu supprimer les crises périodiques
qui pèsent aussi lourdement sur le travail que sur le
capital; mais les classes ouvrières sont plus à même
de les supporter qu'autrefois. Cependant il faut
mettre à part un déchet social, car la classe ouvrière
n'a pas été sauvée tout entière de la décadence physique et morale : les misérables qui pourrissent dans
les bouges malsains des faubourgs de Liverpool et
de l'East-End de Londres, les affamés qui s'écrasent
aux grilles des docks de ces grands ports en sup-
pliant qu'on leur donne du travail, ceux-là sont les
déclassés du quatrième état, victimes de l'adversité,
d'une erreur de jugement, d'une faute de conduite,
ou bien encore descendants dégénérés d'ouvriers de
1840 auxquels le secours social est arrivé trop tard.
Il n'en reste pas moins que pour l'immense majorité
des classes ouvrières anglaises les conditions du travail et de la vie se sont améliorées depuis un demi-
siècle; et pour préciser : M. George Lord, dans son

1. Cité par Gibbins, p. 185.

rapport à la commission sur la dépression de l'industrie, constate que de 1860 à 1883 les salaires ont augmenté dans huit des principales industries sur neuf, à raison de 10,30 pour cent au minimum et de 49,53 pour cent au maximum, et que ces augmentations de salaires ont toutes coïncidé avec des diminutions considérables des heures du travail [1].

L'ouvrier travaille moins longtemps [2], donc il s'épuise moins vite ; à salaire égal il peut se procurer une plus grande quantité de choses nécessaires à la vie, le prix de la plupart des principales denrées ayant baissé. Avec moins de travail il gagne au moins autant et souvent plus ; en tout cas il peut consommer davantage : il est donc incontestable que son bien-être a augmenté. Dans les cinquante dernières années le prix du pain a baissé de 20 pour cent, le sucre de 60 à 70 pour cent, les vêtements de 50 pour cent ; seul le prix de la viande a augmenté ; néanmoins, les classes ouvrières, qui n'en consommaient point ou guère il y a cinquante ans, peuvent en faire aujourd'hui un usage quotidien. La consommation des principales denrées a augmenté de 1840 à 1887 dans les proportions suivantes par tête d'habitant : beurre, de 1 liv. 05 en 1840 à 8 liv. 14 en 1887 ; farine et blé, de 42 liv. 47 à 220 liv. 75 ; thé, de

1. Cité par François, *Journal dés Economistes*, janvier 1894.
2. D'après Giffen, les heures de travail ont diminué de 20 pour cent dans les cinquante dernières années.

1 liv. 22 à 4 liv. 95. La consommation d'un seul
objet a diminué, celle de l'alcool : le produit des
taxes sur l'alcool a diminué de plus de 100 millions
de francs de 1876 à 1887, alors que, si la consommation était seulement restée la même par tête d'habitant, le produit des taxes aurait dû au contraire
pendant la même période monter de 50 millions de
francs, la population n'ayant cessé de s'accroître [1].
N'est-ce pas là l'indice d'un état social meilleur,
d'une règle de vie plus saine adoptée par les classes
populaires [2] ?

Les générations, plus vigoureuses et mieux nour-
ries, ont été aussi mieux défendues contre les maladies, non seulement par la force de résistance des
tempéraments refaits, mais encore par toutes les
précautions extérieures qui constituent l'hygiène.
Après les terribles ravages exercés dans Londres au
début du siècle par des épidémies successives, on
prit quelques mesures qui abaissèrent la mortalité.
Mais les grandes réformes décisives ne datent que de
1872 et 1875 (*Public Health Acts*) : les bons effets en
furent presque immédiats. Le taux de la mortalité
qui était de 30 pour mille en 1858 à Birmingham est
tombé à 20 pour mille en 1871 ; de même ailleurs.
De 1840 à 1870, la mortalité annuelle était à Londres de 24 pour mille ; dans la décade de 1880 à

---

1. Wells, p. 356 et 361.

2. Depuis 1890, la consommation de l'alcool a été en augmentant légèrement, mais le produit des taxes pour l'année 1893
ne dépasse guère le produit de 1879, malgré la différence dans
le chiffre de la population. Cette légère augmentation n'infirme donc pas notre conclusion. (Voir *Stat. Abst.*, 40th number, p. 16.)

1890, elle tombe à 20,5 pour mille; la moyenne de 1851 à 1860 était dans les grandes ville de 24.7, dans les campagnes de 19,6; la moyenne de 1881 à 1890 fut dans les villes de 20,4, dans les campagnes de 17,5. Non seulement la mortalité diminue, non seulement on sauve des existences, autrefois condamnées à une mort certaine, mais on prolonge la durée de la vie. La population de l'Angleterre a une plus grande longévité que la population de la France, de l'Allemagne, de la Russie, de l'Italie et de l'Espagne, et cela malgré une proportion plus grande de vastes agglomérations urbaines (10 millions 1/2 d'habitants vivant dans les grandes villes sur 25 millions) [1].

La vie au jour le jour pour la masse est devenue plus large : c'est déjà une grande part du bien-être; en outre, le lendemain pour beaucoup est assuré : la fortune totale a augmenté, et la richesse est plus répandue. La dette nationale diminue : elle s'élevait [2] en 1837 par tête d'habitant à 19,5 pour cent de la fortune nationale; elle n'est plus en 1880 que de

---

1. Sanitary Institute Congress, inaugural address by Sir Charles Cameron, president (*the Times*, 13 septembre 1892).

En France, nous avons des lois sur l'hygiène qui pourraient, comme les lois anglaises, abaisser le taux de la mortalité, mais elles ne sont pas appliquées : même résistance de la population française à l'application des mesures hygiéniques qu'à l'application des lois protectrices des travailleurs. Voir, dans la *Revue d'hygiène* du 20 février 1894, le discours du Dr A. Pinard, président de la Société d'hygiène et de médecine publique, réclamant l'application de la loi Roussel : c'est par dizaines de mille qu'il faut compter les enfants qui meurent en France faute de soins appropriés.

2. D'après Wells.

8,8 pour cent. Pendant que l'État britannique, seul entre tous les États civilisés, car les États-Unis sont en déficit depuis trois ans, amortissait constamment sa dette, le peuple britannique augmentait son capital de réserve. Les épargnes confiées aux *Savings Banks* passent de 350 millions de francs en 1837 à 700 millions en 1889. Les 1 656 sociétés coopératives comptant 1 205 244 membres, en 1891, ont, avec un capital-actions de plus. de 430 millions de francs, réalisé dans l'année un bénéfice de près de 118 millions de francs [1]. Lord Rosebery disait au congrès des sociétés coopératives tenu à Glasgow en mai 1890 : « Votre capital est aussi considérable que la dette nationale de l'Angleterre à l'avènement de la reine Anne, et votre revenu est égal au revenu de l'Angleterre pendant le règne de Guillaume III. » En 1894, d'après Drage, les 28 400 sociétés de secours mutuels ont un capital de 552 millions de francs. Autre indice : de 1843 à 1885, la richesse soumise à l'income-taxe a augmenté de 140 pour cent ; en 1886, le revenu total du pays peut être évalué à 31 milliards 750 millions de francs [2]. Si d'une part le capital a augmenté d'une façon absolue, de l'autre le nombre relatif des capitalistes, de ceux entre lesquels il se répartit, s'est accru. Puisque depuis 1843 le rendement de l'income-taxe a augmenté pour l'ensemble de 100 pour cent, tandis que le capital moyen par tête n'augmentait que de 15 pour cent, il en

---

1. En 1871, il y avait 746 sociétés coopératives de consommation avec 262 188 membres et un capital de 63 millions de francs.

2. D'après Wells.

faut conclure que le nombre des petits capitalistes a
augmenté proportionnellement. En effet, si l'on compare les revenus inscrits sur les registres de l'impôt
de 1877 à 1886, on constate que le nombre des
revenus au-dessous de 25000 francs a augmenté de
19,26 pour cent pendant cette période, tandis que
celui des revenus au-dessus de 25000 francs n'augmentait que de 2,4 pour cent[1]. La richesse est donc
répartie sur un plus grand nombre de têtes.

1. Wells, p. 357, 358.

§ 2. — L'expansion au dehors.

Les Anglais ne devinrent que très tard un peuple
industriel; ils ne furent pas moins lents à se lancer
dans les entreprises maritimes. « Au XVe siècle, ils ne
dépassaient pas Bayonne, risquant parfois une pointe
jusqu'à Lisbonne... Deux expéditions seulement sont
à signaler à cette époque : des armateurs de Bristol
poussèrent jusqu'en Islande; d'autres découvrirent
Terre-Neuve, sans d'ailleurs en tirer aucun avantage.
Sous Henri VIII, les Anglais allèrent jusqu'à Séville,
mais sans oser s'aventurer dans la Méditerranée...
Tandis que nos pères, ajoute Thorold Rogers[1], ne se
hasardaient pas à perdre la terre de vue, les Portugais avaient conquis les Canaries et les îles du Cap
Vert, doublé le cap de Bonne-Espérance et fondé leurs
établissements dans la mer des Indes. Les Espagnols
avaient découvert le Nouveau-Monde et s'étaient
emparés de l'Amérique centrale et du littoral de
l'Océan Pacifique. » Le commerce d'outre-mer n'était
pas encore stimulé par l'industrie. Les grands hommes

1. *Interprét. écon. de l'hist.*, chap. XV.

de mer de la fin du xvᵉ siècle, Drake, Frobisher, Hawkins, Ralegh, furent non pas des navigateurs ouvrant des routes commerciales ou fondant des colonies, mais simplement, brutalement « des braconniers ou des pirates en quête de pillage aux dépens des marins et des ports de l'Espagne et du Portugal [1]. »

L'État n'a aucun plan d'expansion raisonnée. Des colonies naissent au hasard et comme par accident : ici, des forçats qu'on abandonne sur un littoral peu connu pour en débarrasser la mère-patrie; là, des puritains qui fuient les persécutions de Laud et fondent malgré eux la Nouvelle-Angleterre. L'Angleterre a pu devenir la plus grande puissance coloniale, non parce qu'elle a « montré dès le début la vocation la plus forte pour la colonisation, ni surpassé les autres puissances en audace, en invention ou en énergie, mais parce qu'elle s'est le moins laissé empêtrer dans les complications de l'ancien monde »; parce qu'elle n'a pas eu à maintenir une suprématie en Europe, comme l'Espagne et la France; parce qu'elle n'a pas été forcée, comme la Hollande, le Portugal ou même l'Espagne, de résister à une telle suprématie dans un combat mortel sur son propre territoire [2].

Jusqu'à la fin du xviiiᵉ siècle, les hommes d'affaires et les hommes d'État anglais fondaient la prospérité de la métropole sur la création, le maintien et l'extension d'un marché exclusif dans les colonies : acheter à haut prix les produits de la métropole, et

1. Th. Rogers, *ibid.*
2. Seeley, lect. V.

les siens seulement, en retour lui fournir, et à elle
seule, les épices et les matières premières à bas prix,
tel était à leur sens le rôle des colonies dans le
système colonial. « L'établissement de manufactures
fut interdit dans les colonies, le travail du fer et de
l'acier absolument prohibé en Amérique : pas un
clou, pas un fer à cheval, dit Rogers, n'était forgé dans
nos possessions transatlantiques, qui même ne pouvaient commercer entre elles. » Quand les colonies
d'Amérique proclamèrent l'indépendance, l'erreur
du système colonial était si fortement enracinée dans
tous les esprits en Europe que, « aux yeux des con-
temporains, cet événement devait être le signal de la
décadence du commerce anglais ». Cette révolution
économique, d'où l'on attendait la ruine de l'Angleterre, fit au contraire sa grandeur. Tandis que les
autres nations européennes se tenaient à ce fatal système, l'Angleterre, instruite par l'expérience, l'aban-
donnait partout, et depuis lors son empire n'a cessé
de s'étendre et de prospérer. L'extraordinaire fortune
des colonies anglaises de l'Amérique du Nord, con-
stituées en États-Unis indépendants, fut pour l'Angleterre un événement heureux. Ce jeune peuple,
de même langue et de même race, par les relations
maintenues et accrues avec la métropole, exerça sur
elle une action rénovatrice.

Aux erreurs du système colonial survécurent tou-
tefois des préjugés extrêmement tenaces : d'abord le
peuple ignorant, attelé à la dure besogne quotidienne,
en proie au souci poignant du lendemain, restait
indifférent à ce que d'autres Anglais entreprenaient
au delà des mers; de plus une nombreuse école de

politiciens doctrinaires professait qu'un vaste empire colonial était nuisible à la métropole, et qu'il fallait en préparer le démembrement. Pour James Mill les colonies n'ont guère d'autre avantage que de faire naître ou de prolonger le désordre dans le gouvernement. L'école de Manchester, en vertu de sa pure doctrine de la liberté commerciale, prédisait, après l'abaissement de toutes les barrières internationales, la paix et le désarmement : qu'importait qu'un pays d'outre-mer fût à l'abri de tel ou tel drapeau, puisque les relations commerciales allaient être libres partout et la guerre abolie? Cobden affirmait que l'empire de l'Inde était « une calamité et une malédiction pour le peuple anglais », et il appelait le jour où les liens entre les colonies et la métropole seraient rompus. Jusque dans le haut personnel du Colonial Office, vers 1863, des fonctionnaires [1] tenaient les colonies de l'Amérique du Nord pour un fatal héritage et souhaitaient qu'on pût au plus tôt se séparer à l'amiable. Mais l'Angleterre eut toujours des hommes d'État assez prévoyants et assez forts pour résister à ces tendances alors même qu'elles dominaient dans leur parti et dans le public, lord John Russell, lord Palmerston.

Mais dans l'espace de moins de vingt ans une évolution complète se fit dans l'esprit public : de l'indifférence ou de l'hostilité on passa à l'enthousiasme. L'impérialisme était né.

Jusqu'en 1830 environ, la plupart des colonies ne

---

1. Henry Taylor et sir Frederick Rogers, qui fut sous-secrétaire d'État permanent aux colonies. Voir conférence faite par M. W.-E. Lecky, à l'Imperial Institute, le 20 novembre 1893.

sont que des dépotoirs sociaux, bons tout au plus pour les condamnés qu'on déporte et les misérables qui s'y réfugient. Soit ignorance, soit mauvaise volonté, les hommes d'État méconnaissent les véritables conditions d'une colonisation heureuse : les terres coloniales sont distribuées à de pauvres hères incapables d'en tirer parti ; les colonies, gouvernées de loin sans souci des nécessités locales, sans connaissance des climats et des hommes, n'ont ni routes ni police. A partir de 1840, on abandonne peu à peu cette fâcheuse politique ; les terres sont vendues, et les fonds ainsi recueillis subviennent aux premiers travaux publics. Malgré ces traverses, plusieurs colonies ont grandi, se sont peuplées ; elles ont ébauché une organisation locale, elles réclament plus d'indépendance, aspirant à se gouverner elles-mêmes : une constitution parlementaire est accordée au Canada en 1846, aux diverses colonies australiennes successivement de 1842 à 1850, au Cap et à la Nouvelle-Zélande en 1852. Ces concessions ont été arrachées à la métropole par les efforts d'un petit nombre d'hommes énergiques et clairvoyants, administrateurs ou publicistes : Durham, Wakefield, Charles Butler [1].

L'attention du grand public a été jusqu'alors détournée des colonies : la guerre de Crimée, la révolte de l'Inde, la lutte pour les réformes intérieures l'absorbaient tout entière. Cependant le courant d'émigration raisonnée commence vers 1830 ; les misères de l'industrie le grossissent et l'accélèrent ; il

---

1. *The Reign of Queen Victoria*, vol. I, article : Colonial policy and progress, by Humphry Ward.

atteint son maximum d'intensité de 1840 à 1859. Les Irlandais en masse fuient la famine, les ouvriers cherchent à s'émanciper du servage industriel ; beaucoup d'autres partent avec un petit capital, pressés de faire fortune, attirés aussi par l'inconnu et poussés par ce besoin de mater les forces naturelles et d'embrasser l'univers qui est né dans l'âme anglaise au cours du siècle. De 1853 à 1893 sept millons de sujets britanniques quittent la mère patrie pour aller s'établir au delà des mers.

Ainsi pendant plusieurs décades ce mouvement se propage sans bruit au-dessous de la surface. Par l'action de forces ignorées le peuple anglais étend à son insu ses prises sur le monde ; les colons attirant les colons, ils gagnent du terrain partout à la fois, et la patrie commune, après trente ans d'efforts de ses enfants dispersés, se trouve en possession de l'empire universel [1]. Alors un homme d'État sémite, qui s'est hissé au gouvernement de la chrétienne Angleterre et qui joint à l'adresse du metteur en scène une imagination orientale, ramasse en un faisceau éclatant toute cette gloire éparse et obscure, et proclame l'empire.

Cet empire occupe un cinquième de la surface ter-

---

1. Dans la chronique de Saint-Bede's College, Manchester, pour l'année 1889-90, on lit : « Cuthbert de Tafford est ingénieur dans les Straits Settlements ; William Flavin, retour de Californie, part pour faire des travaux hydrauliques à Bombay ; Vincent Furniss est électricien au Transvaal ; les deux Alton sont à Los Angeles, en Californie ; les deux Saint-Ruth et Cuthbert Richardson font de l'élevage et de la culture au Manitoba ; John O'Neill, aux dernières nouvelles, était dans Rhode-Island ; les deux Latham, en Nouvelle-Zélande ; George Knox dirige une banque à Trinidad ; etc. »

restre [1] : il s'étend sur 11 millions de milles carrés; il est trois fois grand comme l'Europe, presque aussi grand que l'Afrique. Au recensement de 1891, sa population fut évaluée à 372 millions d'âmes au total : 39 millions et demi pour les pays de protectorat ou soumis à l'influence britannique, 240 millions et demi pour les colonies et dépendances, et 37 732 000 pour le Royaume-Uni.

Dans ces possessions une foule d'Anglais se sont enrichis pour rentrer ensuite dans la métropole. Mais un bien plus grand nombre se sont établis à demeure. L'Empire est la nouvelle patrie de plus de dix millions d'hommes qui autrement eussent peut-être été condamnés à périr sur l'étroit radeau perdu dans les mers brumeuses du Nord : ils ont trouvé dans les pays nouveaux l'espace, la lumière et la vie. Transplantée sous tous les climats, dans les solitudes canadiennes, sur les pâturages de l'Afrique australe, dans les îles désertes de l'Océanie, cette race vivace a pris partout racine; elle s'est adaptée à ses nouvelles existences, elle a formé des souches indépendantes et fécondes. En même temps que les populations émigrées croissaient en nombre, elles croissaient en activité et en richessse : les échanges avec la seule métropole en sont la preuve [2].

Deux créations de l'activité coloniale sont caractéristiques : l'industrie moderne dans l'Inde et une société nouvelle en Australasie. L'Inde, pays vieux,

1. *Census* de 1891.
2. Le commerce de l'Angleterre avec les possessions britanniques représentait en 1892 une somme totale de 4 475 millions de francs.

dont il semblait que l'énergie et les ressources dussent être épuisées, fait actuellement par son industrie mécanique une concurrence redoutable aux broches et aux métiers d'Europe. Galvanisée par l'exemple de la métropole, l'Inde est devenue en dix ans, après des siècles de somnolence, une grande puissance industrielle à la façon moderne. Vers 1854, s'ouvre la première usine mécanique pour le traitement du coton : en 1891, l'Inde occupait 111 000 ouvriers avec ses 3 351 000 broches et ses 24 500 métiers; de 7 millions de livres en 1877 l'exportation des fils de coton était passée à 169 millions de livres [1]. Mais l'Inde n'en reste pas moins pour l'Angleterre un marché d'approvisionnement et un débouché commercial de premier ordre [2].

Vers 1840, l'Australie était un continent presque désert; la Nouvelle-Galles du Sud comptait au total 85 000 habitants, la plupart *convicts*. Le territoire de Port-Phillip, où devait s'élever Melbourne quelques années plus tard, était à peu près inhabité. Aujourd'hui on calcule [3] que, au taux d'accroissement de la dernière décade, l'Australie aurait 190 millions d'habitants avant la fin du xxᵉ siècle. En moins de cinquante ans, dans un pays sauvage, aux antipodes de la mère patrie, un État civilisé complet, pourvu de

1. Voir, sur l'évolution industrielle de l'Inde, l'étude de M. Henri Brenier dans les *Annales de l'Éc. des sc. pol.*, 15 juillet et 15 septembre 1894.

2. Mouvement des importations dans l'Inde : 1836-37, 13 millions 1/2 de livres sterl.; 1885-86, 85 millions environ. Mouvement des exportations de l'Inde : 1836-37, 7 millions 1/2; 1885-86, 71 millions.

3. Wells, p. 454.

tous ses organes, depuis les bourses jusqu'aux universités, a été créé de toutes pièces : c'est l'une des plus étonnantes réussites de la race anglaise [1].

Pour tous ces rejetons coloniaux, la métropole fut la source originelle de vie. Mais elle a recueilli des fruits. Liverpool, avec son demi-million d'âmes, ses quais longs de six kilomètres et demi, ses docks, ses usines, ses navires et son immense trafic, Liverpool ne serait rien sans les entreprises de la race anglaise au delà de l'Atlantique, dans les mers du Sud et de l'Extrême-Orient. Au temps de la reine Élisabeth, Liverpool abritait 138 ménages. Pendant une seule heure de juin 1891 le mouvement du port dépassa le tonnage de l'année 1744 [2].

1. La carrière d'un homme qui a débuté avec la colonie et qui s'est élevé avec elle, lui devant tout et contribuant à sa grandeur, montrera bien avec quelle rapidité ce monde nouveau s'est formé : Henry Parkes débarque en 1839 à Sydney avec sa femme et son enfant ; il a vingt-quatre ans. Il est sans amis, presque sans ressources. Il prend d'abord du service dans un établissement agricole à raison de 750 francs par an et une ration et demie par jour : on l'emploie à laver les moutons et à faucher le blé. Il devient ensuite commis quincaillier à Sydney ; puis il travaille dans une fonderie de fer. Après ces débuts, Henry Parkes, depuis le jour où le premier parlement de la Nouvelle-Galles du Sud fut ouvert (mai 1856), a été cinq fois premier ministre : pendant son passage aux affaires, il a remanié complètement le système foncier, organisé la police, l'instruction publique, la défense nationale, maté les brigands qui ravageaient la campagne, établi les finances sur des bases solides et, couronnement de son œuvre, réalisé, ou à peu près, sa grande idée, la fédération australienne. — Voir *Fifty years in the making of Australian history*, by sir Henry Parkes, 2 vol., London, 1892.

2. 23 000 tonneaux pour 4 grands steamers en 1891 ; et 20 937 tonneaux en 1744 (lettre de Liverpool au *Times*, 3 juin 1891).

*
* *

Quelle intensité de vie et quelle accumulation de forces dans cet empire, l'esquisse d'une maison de commerce qui l'a couvert de ses branches et de ses rameaux comme le lierre couvre le chêne, en donnera l'impression.

La maison R... vend à Liverpool, en cargaisons de blé et de coton, de quoi nourrir des villes entières et alimenter des millions de broches; à Londres, à l'aide de quelques écritures très simples, ses opérations d'importation et d'exportation roulent sur des millions; à Calcutta, à Kurrachee, à Bombay, à New-York, à Savannah, à la Nouvelle-Orléans, elle achète le blé et le coton, et vend des cotonnades blanches, écrues, imprimées, qu'elle a achetées à Manchester. Le coton de l'Inde et de la Louisiane importé en Angleterre y est transformé en tissus qui sont exportés et revendus, sur les lieux où il a poussé, aux hommes qui l'ont récolté; le blé de la Californie et du Bengale sert à nourrir les millions d'ouvriers qui dans les filatures et tissages du Lancashire transforment le coton. La succursale de la maison R... qui, à Manchester, centralise les cotonnades pour l'exportation, est à elle seule tout un monde. Dans les caves trois énormes chaudières fournissent la vapeur pour la presse hydraulique. A l'étage supérieur, la force distribuée dans plusieurs machines réduit en ballots d'immenses piles de cotonnades. Les ballots s'entassent sur des camions, qui, dans un va-et-vient perpétuel, entrent chargés de pièces de coton arrivant de la fabrique, et sortent chargés de pièces timbrées, étiquetées et réduites en ballots. Ainsi l'Inde nourrit les ouvriers du Lancashire et l'Angleterre habille des Indiens par millions.

... Ces colonies, le plus souvent si lointaines, avec des habitudes et des nécessités si nouvelles, si étrangères à la métropole, restent cependant en communication constante avec elle : liens de l'affection et de l'intérêt continuent d'unir la mère et les filles malgré tant de causes qui tendent à les séparer; par les steamers, par les câbles [1], c'est un perpétuel échange d'idées, d'ordres et de souhaits. La malle-poste qui arriva du Cap à Londres le 22 décembre 1893, apportait 32 000 lettres de Christmas : deux jours plus tard l'Inde et l'Australie en envoyaient 183 000; les malles de la métropole avaient emporté 119 000 lettres au Cap et au Transvaal et 200 000 dans l'Inde.

D'autres liens, invisibles ceux-là, sont formés par le patriotisme impérial, par l'orgueil sentimental de tous les citoyens britanniques. Ajoutez l'intérêt qui lie les colonies créancières à la Bourse de Londres : les finances coloniales vivent du crédit que leur accorde la métropole; c'est avec les capitaux métropolitains que les hommes d'État du Cap, d'Australie et du Canada ont accompli les grandes entreprises d'intérêt public. Les pays jeunes, pour préparer l'avenir, ont sans cesse à l'escompter par des emprunts. Il faut enfin mettre en ligne de compte la protection de la flotte la plus puissante qu'il y ait.

1. Dans les 25 dernières années une seule compagnie anglaise a jeté dans les mers 51 000 milles de câbles, représentant un capital de 225 millions de francs.

L'Angleterre n'a pas seulement essaimé des comptoirs, des hommes d'affaires et des colons, elle a aussi répandu des idées : Oxford et Cambridge ont des sœurs cadettes sous toutes les latitudes. Aux fêtes du troisième centenaire de l'université de Dublin on a vu défiler les représentants des universités coloniales, du Cap, de Sydney, de Melbourne, d'Adélaïde, et de l'université néo-zélandaise; puis les quatre universités du Dominion canadien, Kingston, Montréal, Nouveau-Brunswick et Toronto; enfin les quatre universités indiennes de Bombay, Calcutta, Madras et du Penjab. C'était la revue imposante de l'armée pacifique qui, avec la langue anglaise, répand la culture moderne dans le monde.

§ 3. — La vie économique : conclusion.

Cette prodigieuse évolution au dedans, cette étonnante fortune au dehors furent réalisées dans l'espace d'un siècle à peine, « au milieu de circonstances défavorables » et sans l'intervention d'aucun « spécifique violent » [1], par le jeu naturel des volontés toujours tendues vers un même but. Pour accomplir pareille œuvre, le peuple qui l'accomplit dut avant tout lutter de sa pleine énergie pour refaire son tempérament et susciter la vocation absente. Comparez le point de départ et le point d'arrivée : la distance qui les sépare est immense. On se demande si, pour atteindre au même point, aucun autre peuple européen aurait eu plus de chemin à parcourir. Quand l'évolution commença, la nation anglaise n'avait, comme on l'a vu, ni aptitudes industrielles, ni vocation maritime.

1. Wells, qui est Américain, énumère les circonstances défavorables (chap. viii) : la terre concentrée dans quelques mains ; une dette nationale énorme, qui fut jusqu'à une date récente la plus forte qu'ait connue l'histoire ; des taxes très lourdes frappant les objets de consommation ; la plaie du paupérisme qui faillit envahir et dévorer la société entière ; etc.

Dans les industries et le commerce, comme dans les affaires navales, « ce n'est pas une vocation naturelle, fondée sur des aptitudes innées, qui assura ses succès [1] ». Le peuple était épais, bestial, tenace, mais peu actif; les hautes classes, jouisseuses et insouciantes. On s'est appliqué à réformer tout cela. Les générations qui ont ébauché l'évolution industrielle ont acquis le premier fonds d'esprit pratique : transmis par l'éducation et l'atavisme, l'esprit pratique est devenu « la première des qualités nationales »; ainsi fut vaincue « l'inertie héréditaire [2]. »

L'éducation est donc une grande affaire : pour la vie nouvelle si pleine d'inconnu grandiose qu'on entrevoit, pour les luttes certaines et les conquêtes désirées, on veut des hommes et des chrétiens. Former des hommes et des chrétiens, c'est le but que, depuis soixante ans, par un complet accord des maîtres et des familles, on poursuit dans le *home* et à l'école [3]. L'éducation, telle qu'on l'a comprise et pratiquée, développe l'énergie physique et trempe le ressort moral; en outre elle réserve le goût d'apprendre, cette « fraîcheur de curiosité », cette « intégrité de vocation », qui entraînent le jeune homme vers « les choses vierges avec une ardeur candide et féconde [4] ». L'Anglais, quelle que soit sa condition, apprend le *self-help* et se soumet à une discipline librement acceptée : dès l'école ceux que le caractère et le talent désignent

1 Seeley, p. 103.
2. Rogers, p. 254.
3. Voir l'*Éducat. des classes moyen. et dirig. en Anglet.*, en particulier le chap. I.
4. *Ibid.* Introd., par É. Boutmy.

pour le rôle de chefs se dégagent et se forment. Ainsi refondu d'abord par l'éducation seule, puis par l'action combinée de l'éducation et de l'hérédité, l'Anglais a du nerf et des muscles : et l'on voit d'une part des classes moyennes et dirigeantes pleines d'initiative et d'entrain, aimant la lutte et préparées à leur rôle; de l'autre, dans les classes ouvrières, santé et vigueur préservées ou refaites grâce aux mesures de protection dans l'atelier et d'hygiène dans les habitations privées et les services publics.

L'éducation nationale s'est modifiée d'abord sous l'influence de la révolution industrielle et coloniale. Puis il est arrivé un moment où l'éducation renouvelée a secondé, activé, multiplié dans tous les sens cette poussée de sève. L'effet est devenu la cause et réciproquement; il y a eu une sorte de choc en retour, ou plus exactement encore un phénomène comparable à celui des courants d'induction, qui déterminent l'effet cherché, n'étant eux-mêmes que des accidents secondaires.

Dans toute profession, dès l'entrée, une part est faite à la vie, à l'expérience directe des choses vues, une très petite à l'enseignement moins fort de la lettre écrite.

Les hommes d'État, grâce à leur apprentissage méthodique du métier et à leur large connaissance de la vie active sous toutes ses formes, ont admirablement secondé les hommes d'affaires : tous avaient avec des ambitions particulières un idéal commun; tous voulaient pour l'Angleterre la suprématie universelle fondée sur la réussite des entreprises individuelles. Cet idéal a été atteint par la continuité des efforts, par la ténacité des volontés [1]. Les fonctionnaires et les hommes d'État de l'Angleterre sont peut-être moins brillants, moins cultivés, moins savants que les nôtres, — et cela encore serait à démontrer, — mais ils ont obtenu de bien autres résultats. Leurs moyens, simples, grossiers même, ont donné des résultats palpables et solides [2].

Les médecins, formés par une méthode quasi barbare, ont plus fortement agi sur l'opinion publique, ils ont réalisé plus de progrès pratiques que les

[1]. M. de B..., qui a représenté la France dans le conseil de contrôle à deux en Égypte avant 1884, a été souvent frappé de ce fait que les fonctionnaires anglais, même les plus élevés, savent fort mal les principes de leur métier. Le chancelier de l'Échiquier égyptien, un Anglais désigné par l'Angleterre, n'avait aucune idée de la comptabilité publique, ignorait les opérations de trésorerie et ne connaissait que son carnet de chèques; les ingénieurs anglais commettaient des fautes énormes : « Il y a eu, ajoute M. de B..., des gaspillages fous; malgré tout les Anglais réussissent à dominer, parce qu'ils laissent les mêmes hommes dans les mêmes places pendant dix, quinze et vingt ans. »

[2]. Nous ne recherchons le plus souvent que les satisfactions d'amour-propre, et nous nous en contentons; c'est ce qui fait que nous ne nous comprenons pas la plupart du temps quand nous discutons affaires coloniales avec les Anglais. Un Anglais écrivant au *Times* (30 sept. 93) se plaignait que les prétentions des Français en Extrême-Orient fussent impossibles à définir; que, par exemple, la France, avant d'avoir fondé des industries et développé son commerce en Indo-Chine, voulût fonder un grand empire indo-chinois, et il ajoutait: « What, in fact, constitutes our chief difficulty with the French in the four quarters of the globe, wherever we meet them, is precisely the untangible, the undefinable character of their pretensions, and our contrary way of looking at the same things... Were it possible for the French to establish on such solid ground a genuine rivalry to British trade in the East, Englishmen would have no reason to complain; for rivalry is the very soul of commerce... »

médecins, plus savants peut-être, d'aucune autre
nation : au peuple comme aux classes dirigeantes ils
ont enseigné ce qui est sain et malsain, ce qu'il faut
pour se bien porter, et ils ont obtenu des lois sani-
tairesqu'on applique ; ils ont fortifié les tempéraments
affaiblis par les horribles souffrances des débuts du
siècle industriel ; ils ont sauvé des générations. Pour
une pareille œuvre, il a fallu non seulement des
hommes de science, mais encore et surtout des
hommes d'action [1].

Si le commerce anglais est le plus fort du monde,
c'est qu'il est entre les mains d'hommes formés par
eux-mêmes, qui ont su grandir avec leurs affaires,
s'adapter aux circonstances et les dominer au besoin.
L'industrie, par sa puissance de production, sa perfection d'exécution et ses progrès constants, défie
toute concurrence. Pourtant elle a été créée, elle est
dirigée et sans cesse transformée par des hommes
presque entièrement dépourvus d'instruction générale, que nos ingénieurs considèrent comme des
ignorants. Ignorants sans doute, si leur ambition
devait être de se faire élire membres d'une académie,
mais vraiment supérieurs par ce qui est leur raison
d'être, leurs œuvres. Ces chefs, sortis du rang, ont
réussi parce qu'ils savaient manier les outils et les
hommes, et parce qu'ils avaient le génie du métier,
le coup d'œil qui mesure juste la difficulté, l'adresse
qui tire parti des matériaux. La science vient par

---

1. Il est à remarquer que le Parlement anglais qui, le premier sans doute, a voté des lois sanitaires complètes, compte
parmi ses membres très peu de médecins, beaucoup moins que
le Parlement français.

surcroît, et ils l'acquièrent quand il faut[1]; mais tous furent, avant tout, des hommes d'action.

Au reste, c'est l'esprit qui règne dans toute la société anglaise : vivre pour agir, non pour jouir. L'on admire surtout le travail récompensé par la fortune, la hardiesse utile et heureuse. « Le fondement de la société anglaise est essentiellement sérieux : conséquence naturelle de cette tournure héréditaire de l'esprit anglais qui le porte à prendre la vie et les choses avec une sorte de gravité ardente[2]. » L'esprit national est le total des énergies expansives des individus : loin d'être menacé de s'affaiblir comme dans les pays qui le font reposer sur les conquêtes de la force brutale, il ira en se fortifiant puisqu'il vit d'action pacifique et que sa vigueur croît avec ses succès.

---

1. On peut cependant citer des industries auxquelles l'insuffisante culture scientifique du personnel dirigeant a causé un sérieux préjudice : l'industrie du goudron et des sous-produits de la houille est née en Angleterre, mais c'est en Allemagne surtout qu'elle s'est développée et est devenue une grande source de richesse. Cette industrie doit être servie par une armée de chimistes solidement préparés; ils manquaient à l'Angleterre; l'Allemagne au contraire les possédait.

2. Escott, *England*, p. 331.

---

§ 1. — Évolution de la société politique. — Les classes. — Les rapports entre les classes. — L'éducation politique.

Avant la grande révolution agricole du xviiiᵉ siècle, une classe se dégage et s'élève pour dominer, « la plus originale et la plus puissante des institutions qui ont formé le caractère national », la *gentry* [1], sorte de noblesse ouverte à laquelle donnent accès la richesse foncière et la science juridique. Cette classe se renouvelle sans cesse : quiconque devient riche, acquiert un bien foncier considérable et assume les charges et magistratures locales, en fait partie de droit; quiconque perd sa fortune et le moyen de soutenir son rang s'en trouve exclu. Cette noblesse rurale est plutôt une haute bourgeoisie censitaire et dirigeante. Mais par l'absorption des petits domaines agricoles dans les grands, la chaîne des trois classes, *gentry, yeomen, peasantry,* est rompue. La *gentry* a

---

1. É. Boutmy, p. 182.

fait le vide autour d'elle : elle devient une « oligarchie tyrannique » [1]. Mais elle paie la rançon de son monopole agraire en supportant les charges locales : soulagement des pauvres, police, travaux publics, etc., elle paie tout ; et elle ne croit pas que c'est acheter trop cher le droit de tenir le peuple en tutelle. Pendant que la noblesse française mendie des pensions et des faveurs à la cour, la *gentry* règne dans ses terres. Par le cens électoral qui écarte les petits, elle tient la Chambre des communes et règne sur l'État [2]. A la fin du XVIIIe siècle, six grands seigneurs propriétaires envoyaient quarante-cinq députés aux Communes, « quatre-vingt-quatre personnes nommaient cent cinquante-sept députés et cent cinquante autres étaient choisis par soixante-dix gentlemen [3]. »

Des réformes électorales successives au cours du XIXe siècle ont préparé l'avènement de la démocratie : sans révolution et presque sans heurts l'Angleterre est passée du régime oligarchique au gouvernement populaire. La loi de 1832, chèrement disputée, fit la première brèche : devenait électeur dans les bourgs quiconque payait un loyer annuel de 10 livres ; dans les campagnes, en dehors des *freeholders* et des possesseurs de baux emphythéotiques dont le cens était fixé également à 10 livres, le vote n'était accordé qu'aux fermiers (tenants) payant au moins un loyer

----

1. Boutmy, p. 226.

2. « A partir de 1711 les représentants des comtés doivent justifier d'un revenu de 600 livres, et les représentants des *boroughs* d'un revenu de 300 livres en terres, en sorte que, pour représenter un comté, il faut être un grand propriétaire terrien. » Chevrillon, *Sydney Smith*, p. 97.

3. Chevrillon, p. 98.

de 50 livres. La *gentry*, atteinte dans son monopole, demeurait puissante encore puisque, après la nouvelle loi, « 31 familles pesaient dans la balance politique autant que Londres et les 40 villes qui viennent après Londres [1] ». Ce régime dura jusqu'en 1866 : les efforts de lord John Russell et de Disraeli s'étaient brisés contre la résistance invincible de lord Palmerston, dernier défenseur de l'ancienne oligarchie. Palmerston mort, M. Gladstone veut abaisser le cens à 7 livres pour les bourgs et à 14 livres pour les comtés; mais il est battu par la minorité conservatrice et les libéraux dissidents. Arrivés au pouvoir, les conservateurs, pour enlever à leurs rivaux une arme dangereuse, accordent l'année suivante le droit de vote, dans les villes, à tout locataire d'une maison, quel que soit le montant du loyer, mais maintiennent dans les comtés à 12 livres le cens pour les fermiers : deux millions de citoyens se trouvent encore exclus du droit de vote. En 1872, les fermiers obtiennent avec le scrutin secret (ballot) l'indépendance : le vote jusqu'alors devait être proclamé publiquement par l'électeur à l'appel de son nom. Enfin, douze ans plus tard, M. Gladstone fait admettre à l'électorat le travailleur agricole, en assimilant les comtés aux bourgs. Les districts électoraux sont remaniés et l'Angleterre est désormais partagée en circonscriptions à peu près égales. Le peuple anglais possède le suffrage quasi-universel.

Réformes purement politiques, les lois de 1832, 1861 et 1884 n'ont absolument rien changé à l'admi-

1. Sanford cité par Boutmy, p. 283.

nistration locale qui reste aux mains des grands propriétaires : la *gentry* rurale s'est retranchée dans les comtés qu'elle administre; elle règne encore dans les campagnes et à la chambre des pairs où les parvenus de la finance et du haut commerce forment une infime minorité. En 1888, l'un des derniers retranchements tombe : le *Local Government Act* transfère à des conseils de comtés élus les pouvoirs locaux des *magistrates*. La *gentry* en perdant les pouvoirs reçoit, comme compensation, décharge des dépenses locales. Elle cesse de régner, mais cesse de payer seule ou presque seule [1]. Enfin la loi de 1894, en créant des conseils de paroisse élus (*Parish Councils Act*), achève l'évolution : le peuple des campagnes est appelé à gérer ses propres affaires. La démocratie a définitivement exproprié l'oligarchie séculaire.

Deux partis, *whigs* et *tories*, se succédant au pouvoir, s'empruntant souvent leurs armes, ont collaboré à la reconstruction de l'Angleterre. Il y a cent ans à peine, les électeurs dans le pays et les députés aux Communes étaient divisés en deux fractions groupées autour des chefs de quelques familles prépondérantes. Ces grandes familles se disputaient le pouvoir, et leur clientèle, les suffrages des électeurs. Mais le cens abaissé enleva le corps électoral agrandi à l'action personnelle de l'aristocratie locale : les luttes politiques s'élevèrent ou s'élargirent. Les partis commencèrent à se distinguer autrement que par les couleurs des chefs, par des tendances sinon par des

---

1. Voir, dans les *Annales de l'École des sc. pol.* (1889), l'article de M. É. Boutmy sur la réforme de l'administration locale.

principes; les *whigs*, les premiers, vers 1825, conçurent la société comme un individu vivant qui doit s'adapter aux milieux qu'il traverse; ils firent voter des réformes, mais leur libéralisme, tout contingent et opportuniste, restait conservateur au fond. Le libéralisme des radicaux anglais d'aujourd'hui, élevés à l'école de la révolution française, est aussi loin du whiggisme des réformateurs de 1832 que celui-ci l'était du torysme d'alors [1]. Les whigs, loin de souhaiter la démocratie égalitaire, en étaient au contraire les pires ennemis; hommes d'affaires et de bon sens, ils voulaient avant tout, par des concessions opportunes, servir les intérêts de leur pays. Mais, dès 1823, les philosophes préparent les voies au nouveau radicalisme : les deux Mill, en fondant la *Revue d'Édimbourg*, énoncent son programme, repris soixante-dix ans plus tard par un homme de lettres nourri de nos encyclopédistes et par un homme d'État qui fit ses débuts à l'ombre d'une vieille dynastie tory, John Morley et Gladstone.

Les progrès, puis l'avènement de la démocratie ont changé, mais lentement, l'attitude et le langage des hommes d'État. En 1846, Cobden dans la discussion sur les lois céréales se vante de n'avoir jamais cité au Parlement le « jugement supérieur » des classes ouvrières et leur « droit supérieur » à décider en ces graves questions; en 1878, Gladstone propose d'étendre le droit de suffrage dans les comtés : « D'où sont venus au Sauveur ses apôtres et les premiers, les plus nombreux, les plus zélés de ses

1. A. Chevrillon, chap. IV et chap. VI.

catéchumènes, de la classe des scribes et des pharisiens ou de celle des bergers et des pêcheurs? Le sauvage, avec ses organes grossiers, est incapable de distinguer les fins détails et les nuances, mais il entend et voit à des distances que les sens des hommes civilisés ne sauraient dépasser; de même, pour juger des grandes questions politiques qui reposent sur les vérités primordiales et les lois naturelles, il semble que ces classes mêmes peuvent exceller qui, si elles n'ont pas autant d'occasions de s'exercer que les riches, échappent du moins aux périls de leurs raffinements [1]. »

Pendant les longues années d'attente, avant les conquêtes définitives et pour les préparer, l'éducation politique du peuple s'est faite dans les clubs et par les meetings. Le club, au début sorte de taverne coopérative, n'a pas seulement fourni à l'ouvrier et au paysan sa boisson favorite à prix réduit. C'est dans le club que le peuple a commencé à étudier les questions économiques et l'histoire de son pays; c'est là qu'il a appris pour la première fois à se servir de cette arme irrésistible, l'association. Les trade-unions et les conciliabules des partis ont achevé, et fait de l'Anglais le citoyen le plus discipliné et le plus libre, le plus intelligent de ses intérêts et le mieux renseigné. L'homme d'État aujourd'hui, pour lancer une idée ou un plan de campagne, s'adresse au peuple, à tous les travailleurs d'Angleterre : ce n'est pas aux Communes, comme autrefois, après dîner, entre

---

1. Ce rapprochement a été fait par sir William R. Anson dans l'article « Constitutional development » (*the Reign of Queen Victoria*, 1, 139).

neuf heures et minuit, qu'on entend les discours historiques, mais dans les meetings populaires parmi les mineurs de Newcastle ou les forgerons de Birmingham.

Ce bouleversement de la vie publique s'est réalisé sans violences, sans révolutions : rien d'essentiel n'a été sacrifié. L'esprit a évolué lentement de même que les institutions. L'éducation du peuple, à laquelle les classes dirigeantes ont travaillé, s'est trouvée faite quand le peuple a été appelé à se gouverner lui-même. Aujourd'hui encore, libre de son choix, il élit le plus souvent les fils des anciennes classes dirigeantes, ayant plus de confiance dans leur expérience héréditaire qu'en lui-même. Par un bonheur unique, la vieille discipline et le respect de l'autorité traditionnelle ont survécu aux réformes démocratiques.

L'éducation politique du peuple anglais a été faite à l'exemple et au contact de l'aristocratie. Les nouveaux riches se disputent pour leurs fils les placés dans les *public schools*; ils les envoient achever leur éducation de gentleman sur les pelouses et les rivières de Cambridge et d'Oxford. Ils sentent bien que, si la richesse ouvre les portes de la *gentry*, l'éducation, qui manque aux fondateurs de la nouvelle dynastie, peut seule consacrer le *gentleman*. C'est dans la *public school* et à l'université seulement qu'un fils de parvenu prétentieux et gauche deviendra le gentleman sachant tenir son rang avec aisance, commander et se faire obéir sans brutalité, bref manier les hommes en véritable chef. La société anglaise, dans son évolution vers la démocratie, n'a jamais perdu de vue cette vérité d'expérience qu'un peuple, même appelé à se gouverner lui-même, doit avoir des chefs, que ces chefs ne s'improvisent pas, qu'ils se forment, et qu'il faut deux générations au moins pour réunir toutes les aptitudes nécessaires : car le vrai *gentleman* est « un homme physiquement et moralement différent de la foule, analogue à un cheval de sang que sa race, son entraînement, son régime, ont fait différent du cheval vulgaire [1] ». Par une sorte de paradoxe le peuple anglais émancipé met son orgueil à posséder une aristocratie qui « concentre presque tout l'acquis du travail de la race », et dont les services justifient l'attachement populaire. En effet ces *gentlemen* formés dans les grandes écoles se sont adaptés aux nécessités nouvelles : quoique le peuple ait singulièrement changé depuis cinquante ans, ils savent aujourd'hui lui parler le langage qu'il comprend, ils n'ont pas cessé de faire œuvre de chefs, et c'est pourquoi le peuple anglais, encore aujourd'hui, veut des *gentlemen* pour l'encadrer.

La petite bourgeoisie ne fournit pas de chefs : tout absorbée par les affaires, elle ne s'est pas élevée au-dessus des intérêts matériels : elle aime l'argent, un certain confort physique; elle a peu de goût pour la culture intellectuelle. Exclue des grandes écoles, ne pouvant se résoudre à partager l'école primaire du

1. Chevrillon, p. 227.

peuple, les moyens d'éducation lui ont manqué pour ses enfants [1]. Elle a travaillé en silence : son labeur probe et entêté a rendu des services, mais elle n'a donné à la nation ni une originalité ni une direction.

Par contre, la classe ouvrière, se transformant et s'élevant, n'avait pas moins d'action sur les destinées du pays que l'aristocratie, pépinière des chefs. Sauvée du grand péril qu'elle courut au début de l'ère industrielle, elle a conquis la dignité, le loisir et, avec le vote, l'influence prépondérante : sagement elle s'est contentée de contrôler le pouvoir sans chercher à l'exercer. Même radical en politique, l'ouvrier anglais restait conservateur au fond : fidèle aux traditions de discipline sociale, il a appris à discerner les qualités qui font les chefs; et quand, pour ses unions de métier et fédérations, il a fallu choisir des chefs dans les rangs de la classe ouvrière, il a su prendre les meilleurs [2]. Car la classe ouvrière anglaise a donné

1. Voir *l'Éd. des class. moy. et dir. en Angl.*, p. 199.
2. Exemple : Thomas Burt, aujourd'hui sous-secrétaire d'État au Board of Trade. Pendant de longues années il travailla à la mine : chaque jour, après douze ou treize heures de travail dans les galeries, il prenait sur le temps du repos et du sommeil pour étudier : seul, sans maîtres, presque sans livres, il se donna une solide instruction élémentaire qu'il compléta par l'étude du latin et des langues vivantes. Les mineurs du Northumberland l'élirent délégué, puis secrétaire de leur Union, enfin ils le désignèrent pour les représenter au Parlement; mais Burt n'accepta ce nouveau mandat que sous la réserve formelle qu'il ne sacrifierait aucune de ses idées personnelles; et il s'est tenu parole. En plusieurs circonstances graves il tint tête courageusement à la foule. « Vous saurez, dit-il un jour à ses électeurs, que je suis au nombre de ceux qui réclament une loi permettant d'interdire la vente de boissons spiritueuses. Une semblable déclaration, je ne l'ignore pas, est faite pour soulever une vive opposition, peut-être

naissance à une véritable aristocratie de l'intelligence et du caractère : un grand nombre d'ouvriers ont employé à cultiver leur esprit et à fortifier leur personne morale les loisirs conquis ; par les conférences, par les missions universitaires les classes dirigeantes les ont aidés. Combien dans les cottages rangés en longues lignes monotones aux cités ouvrières du Lancashire et du Yorkshire se sont formés de penseurs comme le tisserand Gutteridge [1], et de savants comme tels autres épris de grec ou d'astronomie [2].

*
* *

En 1843, Carlyle, dans son *Past and Present*, prédit la guerre de classes : il ne peut croire que ces deux millions d'artisans prisonniers du *workhouse* ou du *poor-law*, avec une si faible lueur d'espérance devant eux, ne se révoltent pas un jour pour tout

même pour mettre ma candidature en péril. Mes amis m'en ont prévenu, et ils m'ont engagé, sinon à modifier mes vues, du moins à ne pas vous les faire connaître. C'est ce que je ne puis admettre. Il y a des choses que j'estime plus qu'un siège à la Chambre des Communes ; et je me soucie bien autrement de ne pas porter atteinte à l'honorabilité et à la dignité de mon caractère en aliénant le droit de parler librement et de défendre mes convictions. Si ma franchise doit m'empêcher d'être envoyé au Parlement, je le regretterai, mais j'aurai agi selon ma conscience, et personne ne pourra m'accuser de vous avoir trompés. » Il fut réélu.

1. Gutteridge a écrit ses mémoires : *Lights and shadows in the life of an artisan*, by J. Gutteridge. Coventry, Curtis and Beamish. — Ce livre a été analysé par M. Augustin Filon dans le *Journal des Débats* du 19 septembre 1893 (édit. rose).

2. Voir *le Rôle social des universités*, par Max Leclerc, Paris, 1892, pages 43 et suiv.

briser. Déjà les ouvriers de Manchester ont risqué l'émeute aux cris lamentables : « Qu'allez-vous faire de nous? » Le Mammonisme, allié au Dilettantisme, étouffe l'âme de la nation; pour la sauver, il ne faudrait rien moins qu'une miraculeuse résurrection. — Les prophéties du voyant de Chelsea ne se sont pas accomplies : les classes dirigeantes ont vu le danger et l'ont écarté par des mesures énergiques. Elles se sont réformées elles-mêmes d'abord. Éveillées par l'expérience au sens du devoir social, elles ont réalisé le rêve de Carlyle; toutes les réformes de son programme idéal ont passé dans les faits : « l'intervention législative; l'inspection des usines par des agents publics; de l'air à discrétion sous des plafonds de vingt pieds de haut dans les manufactures; des prairies plantées d'arbres pour la récréation et la santé du peuple ouvrier des faubourgs; une bonne loi sur l'instruction publique; un corps enseignant organisé; un bureau d'émigration. » Il n'est pas jusqu'à cette chevalerie du travail, où le maître ouvrier accorderait à son artisan un intérêt permanent dans son entreprise, qui n'ait été instituée par la participation aux bénéfices; et le contact permanent que demandait Carlyle au lieu de la rencontre fortuite, ne le trouve-t-on pas dans les conseils permanents de conciliation et d'arbitrage qui rapprochent et départagent les patrons et les ouvriers des plus grandes industries [1]?

La gentry whig rurale donne l'exemple : exerçant intelligemment sa tutelle, elle procure plus de bien-

1. Carlyle, *Past and Present*, chap. III et chap. V, *passim*.

être à ses paysans et cherche à les relever. Elle les traite d'abord comme de grands enfants. Lisez l'*Avis* que Sydney Smith adresse à ses paroissiens ruraux de Foston : « Ne restez pas assis dans des habits mouillés. Vite, enlevez-les! Pas de santé qui résiste aux habits mouillés... Otez votre chapeau quand vous croisez un gentleman! Les gentlemen remarquent ces choses-là. Ils sont mécontents si la politesse n'est pas faite, et quelle peine vous coûte-t-elle?.. Je ne veux pas qu'on jure. Il y a du plaisir à boire une pinte d'ale, mais quel plaisir y a t-il à jurer? » Dans une lettre écrite il y a environ vingt ans sir T. A., grand propriétaire whig du Devonshire, fait part « aux paroissiens de B... et à leurs femmes » des mesures qu'il compte prendre pour améliorer leur sort, et tout de suite il les met à l'aise : on sent bien qu'il ne parle pas à des égaux, mais il ne les traite pas en inférieurs. Il sait, en accordant ses bienfaits, respecter la liberté et la dignité des hommes. « Mes voisins et amis, j'ai plus d'une fois exprimé dans mon langage public mon désir de faire quelque chose pour encourager les habitudes de prévoyance parmi les travailleurs de cette paroisse, hommes, femmes et enfants. Cette fois, je veux m'expliquer complètement et être clairement compris; et je voudrais vous voir aussi examiner et discuter ce que j'ai à dire. Si vous pensez que mon plan n'est pas bien combiné et que vous pouvez l'améliorer, j'espère que vous me direz ce que vous croyez devoir répondre mieux aux besoins de la communauté... » Et il passe en revue les moyens de procurer aux travailleurs une habitation saine, de l'eau pure, des aliments, des vêtements et du combustible; de faire l'éducation des enfants et de les placer ensuite; d'assurer les soins médicaux aux malades, les secours en cas de maladie ou de mort des chefs de famille; il parle enfin du bien-être à procurer aux vieillards : tout cela clairement exposé en langage simple sur le ton de la causerie familière dans quatorze petites pages, sans fausse sensiblerie, sans un mot inutile. — Grâce au dévouement intelligent, à la charité active de la gentry rurale, des progrès nombreux ont été réalisés dans les campagnes; les gentlemen ont « construit des fermes modèles, introduit de nouvelles races de bétail, de nouveaux engrais, de nouvelles machines, bâti des cottages confortables, parfois une école ou une église, drainé et assaini le pays, ouvert leur parc aux fêtes des villageois, aménagé des lieux de récréation pour faire concurrence aux cabarets, fondé des associations locales de jeu ou de travail [1]. »

Les fermiers, conservant des préjugés de classe longtemps après que la gentry les a perdus, affectent de mépriser leurs ouvriers et se refusent à envoyer leurs enfants à l'école paroissiale avec les enfants des paysans; mais, faute de mieux, ils finissent par se résigner, et l'école primaire est en train de rapprocher les classes.

Le vote des *Factory Acts*, charte des ouvriers de l'industrie, fut enlevé par les grands seigneurs whigs : propriétaires terriens, désintéressés dans la question, ils étaient poussés par une compassion naturelle pour le peuple et peut-être aussi par un reste de rancune

1. A. Chevrillon, p. 232.

nobiliaire à l'égard des nouveaux dirigeants. La doctrine inhumaine du laisser-faire, qui assimile le travail de l'homme à une marchandise inerte, est définitivement tenue en respect. A l'abri de la liberté conquise, une élite dans la classe ouvrière a entraîné et relevé la masse. Les patrons ont résisté pied à pied, enseignant ainsi à cette jeune armée la tactique, la discipline et l'usage raisonné de la force. Après quelques grands accès de violence, coupant de longues périodes de travail et de réflexion, l'éducation s'est trouvée faite de part et d'autre. Patrons et ouvriers se respectent, se rencontrent, débattant de pair à égal leurs intérêts [1]. La forte discipline qui a groupé les hommes par centaines de mille contre les résistances des patrons n'est plus seulement une arme de guerre, mais un instrument de paix [2].

Les fédérations gigantesques, unies pour la grève sous le commandement de quelques hommes, ont

1. Voir plus haut, p. 19 et 20.

2. « Les trade-unions interdisent à leurs membres de se servir de propos insultants pour le patron; elles infligent des amendes à tous ceux de leurs membres qui menacent les patrons de la vengeance de l'union; elles n'accordent aucune allocation aux ouvriers renvoyés pour avoir rompu leur engagement... Il existe au moins une puissante union qui paie aux patrons des indemnités pour l'ouvrage défectueux de ses membres, et récupère les sommes sous forme d'amendes infligées à ceux-ci. » (*Eton and the labour question*, by Geoffrey Drage. Eton, 1894.)

D'après les dernières statistiques, il y a en Angleterre 599 trade-unions avec 1 237 367 membres et un revenu de 44 771 050 francs. Les 594 trade-unions qui ont fourni des renseignements sur leurs dépenses en 1892 ont dépensé d'une part 23 millions et demi de francs en secours de chômage, de maladie, d'accidents, retraites à la vieillesse, secours funéraires, etc., contre 11 millions et demi en secours de grève. (Voir *Bull. de l'Office du Travail*, septembre 1894, p. 474.)

toute autorité pour signer et faire respecter les traités de paix ou les conventions qui préviennent la guerre. Pendant la terrible grève houillère de 1893-94 qui plongea dans la misère plus de trois cent mille mineurs, la fédération des ouvriers mineurs se rencontra avec le comité des patrons et, la paix signée, il fut décidé que les deux délégations constitueraient un comité chargé d'écarter pour l'avenir toute nouvelle cause de conflit. En effet, le 14 juillet 1894, six mois après la crise, les patrons proposaient et faisaient accepter un salaire minimum pour deux ans : l'arrangement conclu fut confié à la bonne foi des deux parties. C'était la stabilité assurée pour deux ans dans la plus importante des industries nationales. Dans la séance où cet accord fut signé, l'un des délégués ouvriers prit la parole : « A mon avis, messieurs, dit-il [1], nous avons fait en ce jour de meilleure besogne que dans toutes nos précédentes réunions; les bons sentiments qui se sont manifestés aujourd'hui entre les camps opposés ont dans une large mesure adouci l'amertume restée de nos rapports dans les années écoulées; j'espère qu'ils pourront durer longtemps encore... »

Le sentiment de la solidarité entre les classes, qui donne à la charité sa forme la plus respectueuse de la dignité humaine, a pénétré peu à peu toutes les classes, et la vie sociale en a été profondément modifiée, humanisée. En 1894, à la conférence annuelle de la Fédération des mineurs de la Grande-Bretagne, le

---

1. C'était M. Pickard, président de la Fédération britannique des présidents mineurs.

secrétaire, dans son rapport, rappelant la grande grève et les secours aux grévistes dans leur cruelle misère a pu dire : « Jamais en aucune autre cause, jamais en aucune autre occasion, la fraternité humaine qui unit le pauvre et le riche ne s'était manifestée avec autant d'éclat. Les pauvres donnèrent leurs pauvres sous; la classe moyenne apporta ses shillings et ses livres sterling, et les gens opulents donnèrent des chèques et des billets de banque; des femmes abandonnèrent leurs bijoux pour soulager la souffrance et la détresse... Tous les journaux sans distinction de parti, libéraux, radicaux et tories, firent effort pour adoucir cette cruelle épreuve [1]. »

Que de chemin parcouru depuis les émeutes de Manchester et les prophéties de Carlyle! Cette transformation profonde et, pour ainsi dire, totale n'eût pas été aussi durable, si elle avait été accomplie par violence et révolution; mais l'éducation avait fait reculer progressivement l'ignorance et l'égoïsme [2].

---

1. Les souscriptions produisirent près d'un million de francs.

2. L'esprit de tolérance et de transaction s'est étendu jusqu'à la politique courante. On sait avec quelle violence la politique et même la personne de M. Gladstone furent attaquées par ses adversaires, les tories, pendant son dernier passage au pouvoir; or, le 3 décembre 1892, en pleine lutte autour du *home rule*, l'une des villes les plus solidement tories du royaume, Liverpool, conférait solennellement le titre de citoyen honoraire au premier ministre; la mesure avait été proposée par un maire tory et votée par un conseil municipal en majorité tory.

§ 2. — La culture.

1. — Le savoir.

Si le jeune Anglais sait peu en quittant l'école, il emporte intacts le goût et la faculté d'apprendre; il n'a pas, comme le bachelier français, l'illusion de tout savoir; il ne connaît pas la courbature cérébrale que laisse aux plus ardents la course trop rapide à travers nos programmes encyclopédiques. Le temps d'école est déjà l'apprentissage de la vie. A plus forte raison, dans l'apprentissage du métier n'a-t-on pas mis plus de livres que de démonstrations pratiques. Mais pour s'élever au-dessus de la pratique courante, l'apprenti saura bien trouver les livres qui recèlent la théorie et le temps pour les lire. L'esprit français, si humble que soit sa tâche, cherche à se rattacher aux vastes ensembles : toujours en route vers les généralisations ambitieuses, il avance suivant un vaste plan de conquête universelle, à la manière napoléonienne; — l'esprit anglais gagne du terrain pied à pied; une série d'acquisitions

modestes mais solides, dispersées, d'importance iné-
gale, sans ordre apparent et sans symétrie, lui donnent à la fin un grand empire, complexe et vivace
comme l'empire britannique. Il en est ainsi dans
toutes les avenues du savoir. Étudions cette marche;
recherchons jusqu'où le savoir s'est répandu, sur
quelle étendue et à quelle profondeur.

La science a eu fort à faire pour conquérir seulement le droit de vivre : il n'y a guère plus de quarante ans, l'enseignement scientifique n'existait pas
et rien n'était plus étranger à l'Anglais de toute condition que le respect de la science. Huxley, déjà
célèbre, avait trois auditeurs à son cours[1]; de riches
bourgeois de Manchester amenaient à Roscoe[2] leurs
fils pour faire d'eux en six mois des brasseurs ou des
imprimeurs sur étoffes. Sir Henry Roscoe reconnaît
qu'aujourd'hui il ne recevrait plus de semblables
propositions, et Huxley aurait plus d'auditeurs. De
l'aveu même de l'illustre chimiste, « l'esprit scientifique, le goût de la recherche et de la spéculation
qui n'existaient pas il y a trente ans commencent à
naître », mais ils rencontrent encore dans les préjugés du public de sérieux obstacles. Les physiolo-
gistes surtout ont lieu de se plaindre : suivant
l'expression de sir Andrew Clark, « ils ne peuvent
égratigner le cou d'un lapin sans devenir des crimi-
nels devant la loi. »

La science anglaise contemporaine est l'œuvre de
quelques hommes énergiques qui, par leur fond

---

1. Il professait à l'école des mines de Jermyn Street.
2. Il occupait la chaire de chimie à Owens College.

moral autant que par leur indépendance intellectuelle, ont vaincu tous les obstacles : tous les grands
savants anglais de ce siècle sont des autodidactes.
Pareillement les grands écrivains valent surtout par
eux-mêmes, par leur expérience de la vie, et ne doivent rien aux cénacles ni aux salons. Dans le domaine
de l'intelligence, comme dans le champ de l'activité
matérielle, l'Anglais a pratiqué par nécessité le *self-
help*. Il en est de la masse comme de l'élite : on
compte les autodidactes par milliers dans toutes
les conditions sociales, dans toutes les professions,
de l'ouvrier de filature au savant de laboratoire,
du colon australien au gentleman-farmer gradué
d'Oxford.

Le peuple qui travaille dans les mines du Midland, —
du Northumberland ou du Durham, dans les *cotton-
mills* du Lancashire et du Yorkshire, dans les usines
métallurgiques de Birmingham ou de Newcastle s'est
relevé non seulement par le bien-être accru et par le
droit électoral conquis, mais aussi et surtout par l'affranchissement intellectuel. Depuis près d'un siècle
les ouvriers du Lancashire et du Yorkshire se sont
mis à la besogne. De toute leur âpre et froide énergie,
ils voulaient savoir, ayant senti que pour être vraiment libres, il fallait d'abord apprendre. Ils ont augmenté l'intensité du travail manuel pour en diminuer
la durée : le loisir ainsi obtenu, ils l'ont employé à la
culture de leur esprit. Ils ont construit de leurs
deniers de vastes bibliothèques, organisé des cours
du soir, des écoles du dimanche, des sociétés d'enseignement mutuel. Quand le Science and Art Department était encore à naître, avant que les universités,

vivant sur elles-mêmes, songeassent à leur envoyer
des missionnaires, les ouvriers du Nord se groupaient
déjà pour s'instruire dans les Mechanics' Institutes.
Sentant qu'ils avaient tout à apprendre, ces hommes
faits se remirent à l'école; au début, les écoles du
dimanche fournirent surtout aux adultes les rudi-
ments que les écoles primaires trop peu nombreuses
et très insuffisantes encore ne leur avaient pas donnés. La reine Victoria visitant Manchester en 1842
fut reçue par 80 000 élèves des écoles du dimanche :
tous les âges et toutes les conditions étaient mêlés.
Aujourd'hui, mieux préparés, les ouvriers peuvent
atteindre aux études désintéressées. Ils s'associent
pour l'étude en commun d'une science qui n'a aucun
rapport avec leur métier. La Société linnéenne d'Ash-
tonunder-Lyne, entièrement composée d'ouvriers des
filatures et tissages du district, a pris comme maître
un spécialiste pour qui la botanique est aussi un
délassement : M. B... est gérant de l'une des plus
grandes maisons de Manchester; tout le jour il correspond avec l'Amérique, l'Inde, le Maroc et la Perse,
achetant du blé et du coton, ou vendant des cotonnades. Parti du plus bas, il a quitté l'école à treize
ans pour entrer en apprentissage comme *clerk*. En
complétant lui-même son instruction, il s'est pris de
passion pour la botanique; dans les cours du soir
d'Owens College, il est devenu l'élève favori du professeur Williamson. Aujourd'hui il dépense tous ses
loisirs et toutes ses épargnes à recueillir des plantes :
son herbier gigantesque a envahi toute sa maison.
Membre de sociétés savantes, secrétaire de plusieurs
congrès scientifiques, il correspond avec les bota-

nistes du monde entier, il est au courant de tout ce qui se publie en botanique dans toute l'Europe. Les ouvriers d'Ashton-under-Lyne l'ont pris pour maître de préférence à un professeur de métier, pensant qu'un homme qui s'est instruit lui-même saura mieux leur communiquer la science [1].

Le peuple lit beaucoup de journaux, de revues et de livres, moins pour se distraire que pour s'instruire; il recherche non les livres élégants de forme et légers de fond, mais les ouvrages solides, pleins de faits; sa littérature reflète le monde entier vivant et agissant, dans les plus menus détails : relations de voyage, livres d'histoires, biographies, mémoires, enquêtes. Des livres comme ceux de sir Charles Dilke sur la Plus-Grande-Bretagne, bourrés de faits et traitant minutieusement toutes les questions politiques et économiques de toutes les parties de l'Empire, n'auraient pas eu — écrits en France sur des questions françaises — plus de deux mille lecteurs; ils en ont recueilli plusieurs dizaines de mille dans les pays de langue anglaise. Le peuple a suivi avec passion les péripéties de l'expédition du *Challenger*. Le goût de la lecture, le besoin de l'information précise accompagnent l'Anglais dans ses entreprises les plus hasardeuses. Dans la métropole comme aux colonies, il est servi par une presse admirable et par de nombreuses et excellentes publications populaires à bon

1. Le conseil directeur de l'université Victoria n'a pas craint de confier à cet employé de commerce la suppléance du professeur Williamson dans la chaire de botanique d'Owens College.

marché [1]. Le *settler* lit sous la tente ou dans le *log-house* les éditions hebdomadaires des grands journaux de Sydney, Melbourne, Cape-Town, Toronto, Montréal : des tondeurs de moutons ont pu devenir des hommes d'État cultivés [2].

Concrète dans une large mesure l'éducation traditionnelle des écoles; concrète à plus forte raison l'éducation instinctive des autodidactes : aussi quiconque, littérateur, savant ou publiciste, veut parler au peuple anglais, doit surtout observer la vie et manier la matière vivante. Un homme par le verbe et l'écriture a puissamment agi sur l'opinion [3] : Sydney Smith est resté vingt ans, pendant toute sa période de production, sans acheter un livre [4]; toutes ses idées essentielles — politiques, sociales ou religieuses — étaient fondées sur l'expérience. C'est le type de cette littérature anglaise que Taine a définie « une enquête instituée sur l'homme, toute positive... très exacte, très minutieuse, très utile, en outre très morale [5]. »

Ce sens du concret, les Anglais l'ont appliqué même aux sciences qui semblaient appeler nécessairement l'abstraction : en physique par exemple, ils

1. Voir, dans *l'Éducation des classes moyennes et dirig. en Anglet.*, le chap. xx.

2. Il y a une littérature coloniale qui se perd dans le vaste courant de la littérature anglaise. Mais on peut citer tout l'œuvre de l'Anglo-Indien Rudyard Kipling; et le beau roman d'Olive Schreiner : *the Story of an African farm*. Les poètes australiens forment déjà une pléiade.

3. Exemple, sa campagne finalement victorieuse pour la défense des catholiques.

4. A. Chevrillon, p. 65.

5. *Hist. de la litt. angl.*, t. V, Avert., p. II.

ont délaissé la déduction mathématique universellement admise pour des procédés tout opposés que leur suggérait leur imagination réaliste. « Extrême puissance à voir le concret, extrême faiblesse à saisir l'abstrait », telle est, suivant un physicien français, la caractéristique de leur génie [1]. Pour construire la science, comme pour l'exposer, ils font usage de ce qu'ils appellent le *modèle*, d'une représentation concrète de leurs hypothèses scientifiques. « Là où le physicien français ou allemand concevait une famille de lignes de force, le physicien anglais va imaginer un paquet de fils élastiques, collés par leurs deux extrémités aux divers points des surfaces conductrices, distendus, cherchant à la fois à se raccourcir et à grossir... » Dans le livre de O. Lodge, où sont exposées les théories modernes de l'électricité, « il n'est question que de cordes qui se meuvent sur des poulies, qui s'enroulent autour des tambours... de tubes qui pompent l'eau, d'autres qui s'enflent et se contractent [2]... » « Il me semble, a dit le grand physicien W. Thompson (lord Kelvin)[3], que le vrai sens de la question : Comprenez-vous ou ne comprenez-vous pas un sujet particulier en physique? est : Pouvez-vous faire un modèle mécanique correspondant?... Je ne suis jamais satisfait, tant que je n'ai pu faire un modèle mécanique de l'objet; si je puis faire un modèle mécanique, je comprends; tant que je ne puis pas faire un modèle mécanique, je ne com-

---

1. L'école anglaise et les théories physiques, par P. Duhem (*Revue des questions scientifiques*, octobre 1893).
2. P. Duhem, *loc. cit.*
3. *Lectures on molecular dynamics.*

prends pas. » Les théories des physiciens anglais ne sont pas des produits simples et logiques de la faculté raisonnante, mais des agencements irréguliers et complexes construits par l'imagination créatrice [1]. C'est en ce sens que le physicien allemand Hermann Hertz dit de la théorie de l'Anglais Maxwell sur le champ électro-dynamique : « La *théorie* de Maxwell, c'est le *système* des équations de Maxwell [2]. » Les plus grands savants anglais n'abordent qu'à regret les grands problèmes qui résument tout un système; mais même sur ces hautes cimes, ils portent leurs habitudes d'esprit et construisent une théorie de la matière par les procédés qu'ils appliquent à une question spéciale d'électricité. « Le Français et l'Allemand exigeront de tout essai tenté pour expliquer mécaniquement l'univers qu'il soit *simple*... ils demanderont que l'on réduise la matière, en dernière analyse, à un petit nombre d'espèces d'atomes élémentaires, deux ou trois au plus; que ces atomes aient des formes géométriques simples... Non seulement les édifices par lesquels les physiciens anglais cherchent à représenter la constitution de la matière sont compliqués; mais encore les matériaux qui les forment... sont des corps concrets, semblables à ceux que nous voyons ou que nous touchons, des solides

---

1. Dans les applications pratiques de l'art de l'ingénieur ils visent et atteignent à la plus grande simplicité (voir plus haut, p. 32 et suiv.). Au contraire nos savants ingénieurs, élevés à l'école de la logique exacte et de la simplicité théorique, aboutissent dans la pratique à des solutions compliquées.

2. De même encore l'Américain Edwin-P. Whipple a pu dire en parlant du génie politique anglais : « Ses théories sont des institutions. » (*Character and characteristic men.* Boston, 1866.)

rigides ou élastiques, des fluides compressibles ou non [1]... »

J'ai cité cet exemple de la physique. Mais qui ne sait, de même, que la philosophie anglaise a produit nombre de psychologues et de moralistes, et pas un métaphysicien.

*
* *

La diffusion du savoir parmi le peuple, ou plus exactement l'acquisition du savoir par le peuple — car le peuple fut actif et non passif — date du mouvement libéral de 1825. Pour les classes dirigeantes, la renaissance intellectuelle, après une longue somnolence, sort du *Tract XC*, des écrits de Newman, des paroles de Pusey et de Keble, en un mot du « mouvement d'Oxford ». Les disputes théologiques sont rouvertes et la science profane bénéficie de l'activité ainsi réveillée. Quant à la petite bourgeoisie, elle reste en arrière, assez indifférente. Sans les traditions des classes dirigeantes, sans les nobles ardeurs de la classe ouvrière, elle se contente des connaissances strictement nécessaires pour la pratique du métier, n'y ajoutant rien de ce qui élève l'homme

1. P. Duhem, *loc. cit.* Le même auteur fait remarquer que « notre besoin de ne rien admettre qui ne se déduise clairement des principes reçus nous rend méfiants à l'égard de toute découverte inattendue; de ce besoin découle l'esprit routinier hostile aux nouveautés... On s'explique ainsi que les inventions écloses sur le continent ne soient ni aussi nombreuses, ni surtout aussi audacieuses que les inventions nées en Angleterre ou en Amérique; que les inventeurs ne soient pas, en Angleterre et en Amérique, aux prises avec les mêmes difficultés, en butte aux mêmes hostilités qu'en France ou en Allemagne. »

22.

au-dessus de la tâche quotidienne : d'où un état d'esprit qui confine à la barbarie, moins la simplicité primitive : c'est le philistinisme [1]. Mais, depuis vingt ans surtout, la culture scientifique et, partant, l'esprit de tolérance ont fait des progrès considérables [2]. Le sens littéraire s'est répandu et, par un phénomène quasi merveilleux, affiné en se vulgarisant. L'immense popularité de Tennyson en est une preuve :

[1]. Un grand brasseur de Manchester, membre du conseil d'administration du canal maritime de Manchester, — un parvenu de la petite bourgeoisie, — qui a beaucoup voyagé, en particulier dans l'Amérique du Sud, me demandait : « Est-ce que le Brésil n'a pas été colonie française? Est-ce que Napoléon III n'y a pas envoyé Maximilien? » Je dois dire à sa décharge qu'un étudiant d'Oxford, qui n'était ni un philistin, ni un ignorant, mais qui n'avait encore fait ni le tour du monde, ni le tour d'Europe, m'adressa une question de la même force : « Genève n'est-il pas en France? »

[2]. M. Huxley m'en donnait en décembre 1890 la preuve suivante : « Il y a une trentaine d'années, le premier livre où j'ai traité de l'évolution (*De la place de l'homme dans la nature*) allait paraître : j'y montrais les liens qui unissent l'homme aux animaux inférieurs. Un de mes amis, au courant de mon entreprise, vient me trouver et me représente que sur ce livre je joue imprudemment mon avenir, qu'il peut me fermer toutes les avenues du succès, bref qu'il y a là de quoi tuer son homme tout net. Il faut dire que, à cette époque, il était presque criminel de ne pas croire au déluge et à toute la cosmogonie mosaïque. — Je réponds que je n'ai aucune bonne raison de m'abstenir de publier ce que je crois être la vérité, que j'ai la conviction de servir la science et que rien ne saurait prévaloir là-contre. — Et le livre parut; il souleva les polémiques les plus vives qui durèrent sept ans. Je fus maltraité de toutes les manières, traîné aux gémonies. Enfin, les idées ont fait leur chemin, et je viens de publier dans le *Nineteenth Century* un article sur les races aryennes qui m'aurait valu le pilori il y a dix ans et qui a passé comme une lettre à la poste. Aujourd'hui les clergymen eux-mêmes admettent l'évolution, et toute leur malice consiste à la concilier avec la Bible. »

ses œuvres ont eu plus de cent éditions. « C'est la musique délicate, éolienne, si peu touchée par les passions du jour, si dédaigneuse des aventureux artifices de popularité, c'est elle qui par-dessus toutes les autres conquit et garda, sans lassitude ni satiété, l'oreille du peuple tout entier [1]. » Le public qui lit, — et c'est un très grand public, — ayant complété son éducation et atteint sa majorité, s'est émancipé : il veut maintenant former et rendre lui-même ses jugements; il n'est plus d'humeur à abdiquer, comme le public de 1820, entre les mains d'un grand-prêtre comme Jeffrey de la *Revue d'Édimbourg*. Le pouvoir du *reviewer* est singulièrement diminué : la fortune d'un livre ne dépend plus de lui.

Si la démocratie plus éclairée a exigé de la presse une nourriture moins grossière et si, par une sorte de paradoxe, les journaux, en élargissant leur clientèle, ont fait une place plus grande à la littérature [2], comme tout progrès exige sa rançon, la dispersion de la culture, en exhaussant le niveau général, a ravalé les sommets. La demi-barbarie d'autrefois favorisait le développement des fortes originalités. La réforme des universités, en profitant à la masse, a dans un certain sens nui à l'élite [3] : dans de petits

1. Edmund Gosse, *Questions at issue*. London, 1893, p. 39.
2. « When an eminent man of letters dies, the comments which the London and country press make upon his career and the nature of his work are often quite astonishing in their fulness : space being dedicated to these notices such as, but a few years ago, would have been grudged to a politician or to a prizefighter. » (E. Gosse, p. 56, 57.)
3. Elle lui a servi aussi : voir *l'Éd. des cl. moy. et dir. en Angl.*, p. 313 et suiv.

groupes paisibles et étroitement unis, les esprits se
fortifiaient et s'affinaient par un contact et un
commerce constants; aujourd'hui le grand courant
entraîne tout, confond et nivelle. Mais il y aura toujours, et en Angleterre plus que partout ailleurs, de
vigoureux génies qui sortiront du courant et se fixe-
ront où il leur plaira pour se développer à leur guise.
Le passé garantit l'avenir. Au premier rang, dans la
science et dans les lettres, on a vu toujours des
hommes à forte personnalité morale et intellectuelle :
d'un côté chez les Faraday, les Tyndall, les Darwin,
les Huxley, les Spencer, de l'autre « chez les Milton,
les Addison, les Hobbes, les Johnson, les Wordsworth, les Byron, les Macaulay, les Ruskin, on
reconnaît un axe précis qui maintient l'homme à
travers toute la vie dans la même attitude et l'em-
pêche de se laisser déformer par la pression des
choses environnantes [1]. »

L'homme de science et l'écrivain anglais s'adres-
sent au plus vaste auditoire que l'histoire ait jamais
connu : leurs écrits ou leurs idées pénètrent dans le
Far-West canadien, dans le *bush* australien et sous
la tente du *settler* africain, à Londres où la nation la
plus cosmopolite, la plus au courant de ce qui se passe
sur la terre, vit pour ainsi dire de la vie du monde
entier [2], et dans toute l'Angleterre : ainsi le rayon-
nement direct atteint non plus quelques milliers de
privilégiés, mais les millions. Chacun d'eux sait
qu'il pense, cherche, écrit pour un peuple immense.

1. A. Chevrillon, p. 185.
2. Hamerton, II, p. 243.

Formés par la vie à l'école de l'expérience, le savant et l'écrivain ne font pas deux parts, l'une pour la science ou la littérature, et l'autre pour la morale : à leurs yeux « les pensées sont des actes [1] ». Ils ont une mission ; ils se sentent responsables.

✱
✱ ✱

2. — Le goût.

Un art conventionnel et froid, un public au goût bizarre, recherchant dans le costume les arrangements compliqués, les couleurs hurlantes, dans le mobilier les ornements poncifs et lourds : voilà ce qu'on découvre dans les témoignages de la vie anglaise d'il y a un demi-siècle.

Ruskin paraît et avec lui dans l'art et dans la vie le retour à la nature simple, à l'expression sincère, à la vérité intimement sentie. « Allez, dit-il aux artistes, allez à la Nature, en toute simplicité de cœur [2], accompagnez-la, confiez-vous à elle et travaillez ; que votre unique pensée soit d'en pénétrer le sens caché, sans rien écarter, rien négliger ni rien mépriser [3]. » Il parle comme un chef de religion ; des disciples le suivent et se font apôtres pour

1. Le mot est de l'Américain E. P. Whipple (*op. laud.*, p. 167).
2. « Toujours partir du dedans pour aller au dehors, dans la vie et dans l'art qui est encore la vie. » Élisabeth Browning (cité par Taine, *Notes sur l'Angl.*, p. 363).
3. *Modern painters*, t. I, *in fine*... La première édition parut en 1845.

répandre la parole et l'exemple : Rossetti, Millais, Holman Hunt. Réunis un soir chez Millais, l'art nouveau qu'ils cherchent se révèle à-eux dans les fresques du Campo Santo de Pise : là est « l'affranchissement de toute corruption, orgueil et maladie »; de ce côté s'ouvre la voie qui les appelle : ils fondent la confrérie préraphaélite [1]. Le nom était gauche peut-être, mais l'esprit droit, sain, « éternellement et inaltérablement vrai ». Ruskin, par ses écrits, « arrache les artistes à la routine des ateliers, à l'idolâtrie imbécile et stupéfiante des procédés; il leur crée une atmosphère morale dans laquelle ils respirent l'excitation créatrice [2]. » L'école nouvelle est pleine de pensée; elle veut toucher l'âme autant que plaire aux yeux : l'art pour les Rossetti, les Holman Hunt, les Burne-Jones, les Watts, est le symbole de la vie intérieure. Mais son prophète Ruskin le ramène à des fins plus pratiques. Ruskin pense que l'art doit embellir, purifier la vie du peuple tout entier · l'artiste ne doit pas être un dilettante égoïste, mais un fidèle serviteur du peuple, prompt à le servir en l'élevant. L'art doit rendre la vie de tous plus douce, plus belle, plus *vraie*. On ne l'abaisse point en l'appliquant à tous les objets d'usage journalier, au vêtement, au mobilier, à l'habitation. Ainsi parle Ruskin, et il est entendu des artistes et du public. Les grands peintres ne dédaignent point de dessiner des costumes, de choisir des nuances, de chercher dans la nature des motifs de décoration pour la plus humble

1. The preraphaelite Brotherhood, by Holman Hunt. *Contemp. Rev.*, 1886.

2. Aug. Filon, *Journ. des Débats*, éd. rose, 11 avril 1893.

maison. L'architecture, retrempée, se prête à tous les besoins de la moderne civilisation. L'on conserve ou l'on recrée dans les villes « des parcs qui ne sont pas des jardins, mais des prairies et des bois, des morceaux de nature vivante jetés, comme des oasis, au milieu de ce désert de pierre [1]. »

On ouvre des cours de dessin, des musées dans tous les grands centres industriels. Les cours de dessin du Science and Art Department sont suivis par plus d'un million d'élèves de tous âges et de toutes conditions; dans les musées chaque jour, une foule de visiteurs attentifs reviennent aux heures de loisir [2]. Birmingham, Manchester, Sheffield deviennent, par une paradoxale révolution, des centres artistiques : elles ont tour à tour chaque année des fêtes musicales uniques au monde comme le festival Hændel. Watts et Burne-Jones prêtent leurs plus belles œuvres à Toynbee-Hall, où viennent se reposer, s'instruire et apprendre à goûter le beau les pauvres travailleurs de l'East-End londonien.

Cette collaboration des artistes et du public a produit une renaissance, par une pénétration, jusqu'alors inconnue, de l'art et de la vie pratique : dans l'architecture des maisons, dans la forme du mobilier, dans la couleur et l'emploi des étoffes, on

1. A. Filon, *ibid.*
2. Sur les musées d'art appliqué à l'industrie, voir *l'Éd. des cl. moy. et dir.*, p. 227, 228.
3. J'ai pu voir à Birmingham il y a quelques années une exposition de tableaux modernes, prêtés par quelques amateurs de la ville et du voisinage, où les ouvriers des usines venaient admirer dévotement des Daubigny, des Rousseau, des Troyon, et des Corot, comme la France en possède trop peu.

a créé un genre de beauté, résultant de la parfaite appropriation de chaque chose à son objet et réalisant le vrai dans l'utile [1]. Le mobilier simple de l'ouvrier aisé de Birmingham et le hall magnifique du riche manufacturier portent la trace des mêmes influences, l'effet produit par cette éducation nationale [2].

Cette évolution du goût, étonnamment rapide et complète, que tout un peuple accomplit, commence par une campagne d'éducation populaire que mène un homme au langage ardent : il traite des sujets qui semblent n'intéresser qu'une élite; il chante les « Pierres de Venise », il célèbre les « Sept flambeaux de l'Architecture », et il est compris, suivi de tous. Ses enseignements viennent à point pour compléter

1. « L'Angleterre, dit Jean Lahor, est devenue très artiste, je veux dire très soucieuse d'introduire le plus de beauté possible dans sa vie privée ou publique, plus soucieuse même que ne l'est la France de trouver des formes de beauté qui soient neuves et en accord avec les besoins de l'esprit moderne. » — Le principal artisan de cette réforme pratique, celui qui, par son talent merveilleusement souple, original, fécond et multiforme, réalisa le rêve de Ruskin, c'est William Morris, un poète qui s'est fait maître verrier, ornemaniste, dessinateur et fabricant de papiers peints, tapis et tapisseries, d'étoffes et de meubles dans ses ateliers de l'abbaye de Merton, imprimeur à la façon des vieux maîtres par sa Kelmscott Press de Hammersmith. Plusieurs l'ont aidé, parmi lesquels il faut citer surtout Walter Crane. (Voir, sur *William Morris et l'art décoratif en Angleterre*, l'article de Jean Lahor dans la *Revue encyclopédique* du 15 août 1894.)

2. Le goût du public a évolué parfois plus rapidement que les moyens d'exécution, main-d'œuvre et outillage industriel : les dessins de beaucoup d'étoffes anglaises dont nous admirons l'originalité, sont achetés à Paris; les nuances rares des gazes, des satins, des velours de soie sont obtenues par les teinturiers lyonnais : mais ces produits ne trouvent guère acheteurs qu'en Angleterre.

l'harmonie ébauchée. Les maîtres de la jeunesse ont trempé les caractères; les corps se sont fortifiés par les jeux athlétiques : on a refait des générations vigoureuses, énergiques et droites. Il reste à embellir la vie, à renouer le lien rompu entre ces millions d'hommes enfermés dans les villes noires et la nature libre qui, autour d'eux, continue de tourner dans son cycle éternel. Grâce à Ruskin, grâce à tous les grands artistes qui l'ont compris, à tous les éducateurs populaires qui l'ont aidé, il s'est établi une harmonie entre le « dedans » et le « dehors », entre la civilisation compliquée et la nature simple. L'art exprimé dans un chef-d'œuvre de Burne-Jones ou dans un humble cottage orné avec amour, cet art est un, il est puisé à une source unique : il est la visible expression de la vie intérieure.

§ 3. — La morale.

---

1. — Morale individuelle.

La première qualité de l'Anglais, la dominante, c'est l'activité intense et continue. L'homme civilisé a des besoins moraux, comme il a des besoins physiques : le besoin moral que l'Anglais ressent le plus vivement, c'est le besoin d'agir. Son âme n'est satisfaite que dans l'effort de sa vigueur tendue par son énergie morale. La difficulté l'éperonne, la résistance l'excite et jamais ne le lasse [1]. Une continuité non pareille dans les entreprises les plus ardues, sans lubies ni désespérance. « La stabilité de la race anglaise est la sécurité du monde moderne », a dit Emerson [2]. L'œuvre de l'Anglais, immense déjà, s'étend toujours : « rien ne lui résiste, ni marais, ni montagnes, ni obstacles, ni désordre, ni sauvage-

---

1. « Goût naturel pour l'effort physique et la lutte morale : nulle aversion pour la monotonie du labeur insipide. » (Taine, *Notes sur l'Angl.*, p. 83.)

2. *English traits*, chap. VIII.

rie [1]. » Il a élevé l'effort au rang d'un acte religieux : travailler, c'est prier [2].

L'Anglais pousse son amour de l'effort jusqu'à un excès, l'horreur de l'épargne : la petite et lente épargne sans autre objet que d'assurer le lendemain, l'épargne-assurance, il la dédaigne et presque la méprise. Il dépense tout ou presque tout son salaire à mesure qu'il le gagne ; il le transforme en force active pour augmenter sa puissance productrice. Il craint le repos prolongé, définitif : la retraite du petit rentier, loin de le séduire, l'éloignerait. Il ne se décide à épargner que du jour où son petit capital a un emploi actif ; il ne veut pas que son argent dorme dans quelque immense caisse publique [3]. Mais le plus souvent il est tout entier à la lutte contre le climat, les intempéries, les circonstances adverses, la maladie et la misère qui guettent le vaincu : « d'exister est déjà un problème si difficile pour un Anglais qu'il ne s'arrête jamais à considérer quelle serait la vie la plus agréable [4]. »

Pour être propre, décent et nourri il faut une dépense déjà considérable. Le pauvre ne peut se soutenir au milieu de cette foule brutale qui s'écrase dans les rues des villes enfumées ; fatalement il roule dans la boue. Pour être fort, pour maintenir sa dignité et conserver l'estime des autres, il faut de l'argent, plus que partout ailleurs. D'où il s'ensuit

1. Carlyle, *Past and Present*, chap. v.
2. Laborare est orare, work is worship. *Ibid.*, chap. xii.
3. Voir plus haut, p. 20, les filatures coopératives d'Oldham.
4. *Essays and Tales*, by John Sterling, vol. II, p. 43. London, 1848.

pour l'Anglais, à qui l'on enseigne de bonne heure
les soins du corps et le souci de la dignité personnelle, la nécessité de gagner de l'argent. Sans argent
pas de respectabilité; la richesse est presque une
vertu et la pauvreté un vice [1]. L'âpre poursuite de
la richesse est une autre forme du culte de l'effort;
la richesse est une force nouvelle : la fortune n'est
jamais une fin, mais un moyen.

Cet amour de l'effort utile a pénétré la littérature
même : la pitié des philosophes et des poètes s'émeut
à « l'idée du désaccord qui existe entre la valeur des
âmes humaines et leurs destinées ». « Les grandes
choses que j'aime, je ne puis les faire, a dit Mary
Robinson; les petites choses que je fais, je ne puis
les aimer. » Tout l'œuvre de George Eliot est im-
prégné de cette pitié pour les âmes supérieures à
leur destinée. « L'Angleterre croit que le déchet de
l'énergie humaine est ce qui mérite le plus de larmes ;
elle croit que la condamnation d'une grande âme à
l'inutilité est la misère des misères, digne de la misé-
ricorde des miséricordes [2]. »

L'indépendance achetée au prix de tant d'efforts
continus, l'Anglais en use : sa franchise est entière,
brutale même ; sa sincérité sans une ombre ; sa
loyauté absolue. Ce qu'il promet, il le tient et même

1. « The being poor, the one impardonable sin. » (Ibid.,
p. 26.) — « The middle class well typified by a certain Mr Smith,
a secretary to an insurance company, who laboured under
the apprehension, that he could come to poverty and that he
was eternally lost. » (M. Arnold, Civiliz. in the Unit. States,
p. 84. Boston, 1888.)

2. Paul Desjardins, Grandes âmes et petites vies (Journal des
Débats, 27 février 1891).

au delà. Rien plus sûrement qu'un mensonge ne
disqualifie un gentleman. Dans l'éducation morale
de l'enfant le principal effort porte sur la fidélité
inébranlable à la vérité et à la parole donnée.
L'homme est tout d'une pièce, confiant en soi et ins-
pirant confiance [1].

L'Anglais, sincère avec autrui, l'est aussi avec lui-
même : il porte dans sa vie intérieure ce même sens
du devoir et cette même gravité ardente qu'au dehors
dans la lutte pour la vie. Tout homme indépendant
se doit de se former une opinion, de la conquérir au
besoin de haute lutte sur le doute et l'ignorance, et,
une fois conquise, il se doit de la défendre de toute
son énergie. Les hommes instruits ne se contentent
pas à peu de frais; ils ont « une très haute idée du
genre et du degré de preuve qui emportera leur
assentiment » en théologie, en politique et en science.
Et s'ils ne trouvent pas les preuves substantielles
qu'ils cherchent, comme la nécessité d'agir subsiste,
« ils adoptent dans la pratique des principes qu'ils
n'admettent qu'à demi : mais ils agissent confor-
mément à ces principes avec une vigueur qui provient autant de leur colère contre leurs propres

1. « English people impress you first of all by a sense of the
genuineness of their actions and of their speech. Warm or
cold they may be, gracious, arrogant or considerate, but you
see that they are sincere... If an Englishman makes you wel-
come, you feel at home... If he meets you and gives you two
fingers, it means only two fingers : if his whole hand grasps
yours, you have his hand, and you have it most warmly at
your parting. His speech is like his action. His social word
is his social bond; you may trust him for all that it promises,
and commonly for more. » (R.-G. White, p. 244.) — White est
Américain.

doutes que de leur conviction de la vérité de leurs prémisses [1]. » L'Anglais, autodidacte très souvent, aime à former aussi lui-même son arsenal d'idées morales. Dans la personne morale de l'homme moyen, la part contributive de la société est plus grande en France, la part d'acquisition personnelle plus grande en Angleterre. Le Français cherche ce qui est admis, l'Anglais consulte sa conscience. « La moralité en France est un dérivé de l'instinct social. Grâce au développement de cet instinct, la moralité y est plutôt une force sociale, et son essence même se révèle dans la substitution de l'honneur au devoir comme ressort d'action et régulateur de conduite [2]. »

Le feu évangélique allumé par Wesley en 1738 et qui longtemps couva dans les couches profondes a gagné de proche en proche les régions supérieures : de là sont nés la renaissance libérale du commencement du XIXe siècle, l'élan de philanthropie active qui inspire les mœurs et les lois, et cette grande controverse théologique d'où l'Église anglicane sort retrempée, sérieuse et ardente au bien. La morale individualiste semblait devoir mener, par l'étroitesse

---

1. J. Sterling, *Essays by a barrister*, p. 64. London, 1862. — Ce besoin de prendre parti même dans les luttes du passé aboli, Taine (*Hist. de la litt. angl.*, t. V, p. 161) l'a noté chez Macaulay historien du procès de Strafford, de la révolution de Cromwell, des persécutions de Laud; il apparaît dans les auditoires d'aujourd'hui qui à un cours d'histoire s'échauffent pour ou contre Strafford, Laud ou Cromwell, comme ils feraient pour ou contre Gladstone ou Salisbury. — Voir *l'Éd. des clas. moy. et dirig. en Angl.*, un cours de l'Extension universitaire à Buckingham, p. 308.

2. W. C. Brownell, *French Traits*. New-York, 1889.

d'esprit, à la sécheresse de cœur : sous l'influence des apôtres du devoir social — Carlyle, Ruskin, Arnold, Kingsley — elle est devenue plus large et plus douce : « un vent de pitié s'est mis à souffler [1]. »

« Votre richesse est enchantée, s'écrie Carlyle : vous croyez la tenir et elle vous échappe. » Ruskin condamne l'économie politique officielle : « Vous pouvez avoir de gros bénéfices, de larges débouchés, des salaires élevés, tous les signes de la prospérité nationale, et malgré tout vous êtes pauvres : votre richesse peut être pourrie, vos beaux atours mangés aux vers, votre or et votre argent rongés par la rouille, et leur rouille sera un témoignage contre vous. » La vraie prospérité d'une nation se mesure à son humanité, non pas à sa richesse : « celui-là seul avance dans la vie dont le cœur devient plus doux, le sang plus chaud, le cerveau plus vif, et dont l'esprit entre dans la paix vivante [2]. »

L'esprit de sacrifice, qui est dans sa forme la plus humaine le sens du devoir social, est né de l'esprit de solidarité : on ne rencontre nulle part au même degré et en dehors de tout mobile religieux, ce besoin insatiable de se dévouer à la communauté ou à quelques-uns : des jeunes filles de la bourgeoisie s'enrôlent comme gardes-malades dans les hôpitaux, si nombreuses qu'elles suffisent à la tâche ; les missionnaires laïques des universités, conférenciers itinérants, portent au peuple de ville en ville le pain de la science ; de jeunes gradués d'Oxford ou de

1. Cockburn, cité par Chevrillon, p. 389.
2. Marshall Mather, *Life of Ruskin*, p. 136-138 et 155-157.

Cambridge oublient toute carrière personnelle pour dépenser plusieurs années de leur vie au service des déshérités dans les cloîtres laïques de Toynbee Hall, Oxford House, University Hall.

Le peuple anglais n'est plus autant le peuple sanguin, violent, épais, concentré que Taine et ses prédécesseurs ont vu. Il est plus civilisé, ses impulsions sont moins fortes : il est moins grossier, moins vorace, moins sujet aux excès de table et de boisson, plus loin de la barbarie primitive, mais moins rudement energique. Malgré tout, il conserve encore une bonne part de « cet élément barbare » qui est « le principe des grandes choses ». Son idéal est l'honnêteté morale unie à la bravoure pratique [1].

Dans son champ d'action universel, quand on le voit à l'œuvre, on reconnaît l'effet de cette éducation qui conserve à l'homme « le besoin sincère de vérités palpables et puissantes, l'honnêteté fondamentale, comprise et voulue, la disposition vitale à se suffire à lui-même et à utiliser plus qu'à économiser les choses »; qui lui confère « une aptitude radicale à se bien servir de lui-même » et à « se rendre facilement maître des moyens de toute entreprise »; formant ainsi et préservant cette « splendide nature si maîtresse de la civilisation et si peu atteinte par elle [2]. »

1. Ém. Montégut, *Écriv. mod. de l'Angl.*, p. 147 et 158.
2. Abbé de Tourville, *la Science sociale*, décembre 1893. Mouv. soc., p. 155.

*
* *

2. — Morale sociale.

Le principe d'activité domine la morale sociale comme l'individuelle. La règle fondamentale est : fais ce que dois à la communauté; ce sens du devoir appliqué à la vie sociale est le mobile par excellence. Le concours de toutes les bonnes volontés fait une discipline très forte dans cette société, d'ailleurs très respectueuse de l'indépendance individuelle. L'oligarchie d'autrefois travaillait et faisait travailler pour elle. Aujourd'hui chacun doit travailler pour l'ensemble. En France, le but commun fut alternativement la gloire et le repos, à travers des périodes de surexcitation et d'affaissement. En Angleterre, l'effort commun ne s'est jamais lassé : toutes les énergies sociales sont tendues à la poursuite du bonheur. La notion du bonheur s'épurant, la crainte de la misère devenant moins pressante, on a cherché à satisfaire des instincts plus nobles. Mais au bout du chemin, c'est toujours une réalité sensible qui se dresse, non un rêve.

Toute la société a évolué sous l'universelle règle intérieure du *self-help* : le père dans la famille, la *vestry* dans la paroisse, les *magistrates* dans les comtés, les conseils directeurs dans les innombrables associations, les patrons dans leurs usines [1], les

1. « Le secrétaire de la *Royal commission of labour* reproche aux syndicats mixtes de ne pas faire l'éducation de l'ouvrier : « Ils ne paraissent pas lui fournir, dit-il, cette école gratuite

commerçants dans leurs affaires [1], les ministres devant le parlement et le pays. Les racines sociales plongent au plus profond de l'énergie humaine qui à chaque génération renait toujours.

L'aristocratie toute-puissante longtemps donna l'exemple : elle payait ainsi la rançon de ses privilèges. Puis, à mesure qu'un plus grand nombre de citoyens arrivaient à la lumière intellectuelle et à la vie politique indépendante, le sentiment de justice et de charité qui guida la main attendrie de Dickens, la plume ardente de George Eliot, inspire de même la philosophie et la politique; et l'Angle-

d'apprentissage du gouvernement de soi-même, qui est aux yeux d'un Anglais la plus haute utilité de l'association. » J'ai rapporté les termes de ce jugement parce qu'il est bien caractéristique de la différence du patronage exercé généralement en France et en Angleterre par les gens dévoués à l'amélioration du sort des classes ouvrières. Chez nous, on estime que le meilleur moyen d'arriver au but est d'établir entre les patrons et les ouvriers des liens affectueux qui rendent facile l'entente mutuelle et préviennent l'esprit de révolte; en Angleterre, on s'attache particulièrement à hausser la condition ouvrière en élevant les individus qui y sont soumis, en les rendant autant que possible capables d'en sortir. Nos vues sont surtout conciliatrices, celles des Anglais sont surtout émancipatrices. » — Nous tendons au repos, non à l'action. (Paul de Rousiers, dans *la Science sociale* de janvier 1894, p. 17.)

1. La morale commerciale est fondée en France sur une certaine conception de l'honneur; en Angleterre, sur le principe d'activité : d'où des conséquences absolument contraires. En France, la faillite, même sans faute grave, c'est le déshonneur; en Angleterre, César Birotteau serait incompréhensible : la faillite est un incident de la vie commerciale, ce n'est pas la catastrophe terrible et finale; le plus souvent les créanciers du failli sont disposés à lui « donner une chance », à l'aider à remonter sur l'eau; ils partent de ce principe qu'il ne faut pas condamner un homme hardi sur une première tentative malheureuse.

terre, ayant la première souffert des excès de l'industrialisme, sait découvrir la cause de sa souffrance : trente ou quarante ans avant tous les autres, elle applique le remède approprié; ayant d'abord érigé en dogme l'individualisme économique, elle reconnaît son erreur; au nom de la justice et de la charité, écartant les vieux principes libéraux impuissants, courageusement elle inaugure la législation sentimentale.

Sous forme d'initiative collective, le sens du devoir social a produit des merveilles; les sacrifices de temps, d'énergie, d'argent pour une cause humaine, nationale ou seulement municipale ne se comptent plus : en 1855, une souscription pour les familles des soldats de Crimée produit trente-cinq millions de francs [1]; en 1870, la Société des Amis, après une souscription pour le peuple de France et d'Alsace, distribue deux millions de francs et 80 000 vêtements [2]; pendant l'affreuse famine de 1891-92, le peuple d'Angleterre envoie des cargaisons de blé au peuple de Russie [3]. En 1887, un vaste monument en l'honneur du jubilé de la reine-impératrice et à la gloire de l'empire, l'Imperial Institute, fut entrepris : au mois de mai 1893, on avait reçu de tous les points

---

1. Montalembert, en rapportant ce chiffre, fait remarquer qu'en France une souscription analogue n'a pas dépassé un million. Et cependant les blessés et les malades étaient nombreux parmi les nôtres en Crimée. Mais on comptait, on se déchargeait sur l'État.

2. Lettre au *Times*, 12 janvier 1894.

3. Une souscription ouverte par la presse française pour « nos amis » a produit péniblement quelques milliers de francs.

de l'empire, par cotisations individuelles surtout, dix millions et demi de francs. Les Charity-Commissioners, chargés d'administrer les dons et legs faits dans un intérêt public, gèrent une fortune de quatre cents millions de francs [1]. Ainsi employée la richesse devient un moyen ; elle n'a pas sa fin en elle-même ; elle est une source nouvelle d'activité désintéressée.

Charles Booth, riche armateur, a fait sa fortune dans les affaires. Son bureau dans la Cité lui prend une moitié de son temps ; l'autre moitié et une grande partie de sa fortune, il les dépense à une immense enquête sur la misère à Londres, rue par rue, maison par maison. Pour dresser la carte de Londres misérable, malsain et criminel [2], il a partagé la vie des malheureux, il a couché pendant des mois dans les *common lodgings* à quatre sous par nuit : et cela, poussé par une force irrésistible, par une sorte d'instinct social, par le besoin de se dévouer à la communauté. Et ni lui, ni les jeunes intellectuels qui donnent plusieurs années de leur vie aux pauvres ouvriers de l'East-End, n'acceptent l'idée de sacrifice : c'est un simple devoir qu'ils remplissent, avec une joie contenue.

1. 13 668 441 liv. st., d'après leur rapport de 1891.
2. De cette enquête est sorti un livre célèbre, *Labour and Life of the people*. London, 1890-1891.

§ 4. — La religion.

Après les controverses théologiques, les guerres religieuses et les pieux assassinats, après le déchaînement des passions exterminatrices, il vient fatalement un jour où toutes les fibres se détendent. Au xviiie siècle, l'Angleterre devient sceptique : les classes dirigeantes subissent l'influence des philosophes négateurs ou dissolvants, Hobbes, Bolingbroke, Hume. Les dernières espérances des Stuarts s'évanouissent; la dynastie hanovrienne s'assoit et se consolide : toutes les confessions religieuses l'acceptent. Protestants et catholiques ne se disputent plus la couronne et le pouvoir. « La raison d'État n'a donc plus de motif pour recommander l'intolérance. La philosophie du bon sens, la sentimentalité humanitaire pressent du dehors sur le Parlement et lui arrachent l'atténuation des rigueurs légales [1]. » C'est l'apaisement définitif qui commence.

Le fond de la nation ne reste pas moins attaché à ses croyances : les classes moyennes demeurent fidèles à

1. E. Boutmy, L'État et l'individu en Angleterre (*Annales de l'École des sc. pol.*, oct. 1887, p. 520).

leur étroit puritanisme, et l'ouvrier misérable se jette dans les bras de Wesley. Sous cette haute société brillante, incroyante et dissolue, sous un gouvernement qui détend ses rigueurs, le courant religieux continue de couler, ardent quoique ignoré.

La Révolution française tire tout à coup les classes dirigeantes de leur scepticisme insouciant et le gouvernement de sa confiante indifférence. La peur d'un péril social et d'un danger extérieur ramène à la vie sérieuse; la religion est replacée au rang des armes défensives nécessaires. Toutes les forces sociales sont mobilisées. L'Église établie recouvre son pouvoir. Durant un demi-siècle les tories feront régner les vieux principes en politique et en religion : tout citoyen doit être religieux, parce que la religion est « l'obéissance morale à la volonté de Dieu ». Elle est la base de la morale sociale : « élever un doute sur la croyance établie par le consentement général, c'est porter directement préjudice au bien général. » « L'Église est considérée comme faisant partie intégrante de la constitution et le Prayer-Book est respecté à l'égal d'un Acte du Parlement » [1]. Il est permis d'être dissident, parce que le dissident a une foi et fait partie d'une Église; il n'est pas permis d'être athée : l'athée est tenu pour un ennemi de la société.

La crise passée, les rigueurs s'adoucissent, mais il en reste, vers 1820, une conception particulière de la religion. L'Église était alors considérée comme une entreprise d'assainissement moral : « Nos leçons spi-

---

1. Froude, *Short studies on great subjects*, t. V, p. 237-239 et 254.

rituelles, raconte Froude [1], n'allaient pas plus loin que le catéchisme. On nous enseignait que la grande affaire dans la vie était de se mettre à la besogne et de conquérir une situation honorable... On ne nous parlait pas de mystères; on ne nous apprenait pas à faire de la religion un objet particulier de nos pensées, mais à nous en servir comme d'une lumière pour nous éclairer le long de la route du devoir... Les gens allaient à l'église, parce qu'ils aimaient cela, parce qu'ils savaient qu'ils y devaient aller, et parce que c'était l'habitude. » De même, pour Sydney Smith, la religion était « la règle de conduite dans l'existence [2]. »

L'anglicanisme, en liant étroitement la vie spirituelle à la vie pratique et l'individu à l'État, est un organe essentiel de la vie nationale. Il enseigne aux individus que la fidélité à la religion, même pour nos affaires mondaines, est le meilleur calcul; suivant le mot de Sydney Smith, il « fonde la piété sur l'intérêt » [3]. Si l'Angleterre est prospère, c'est parce qu'elle est chrétienne. L'anglicanisme, comme doctrine, est la religion des gens heureux dans leurs affaires; comme Église, il est l'allié des puissants de la terre, il fait partie intégrante du système aristocratique.

Mais pendant que la morale anglicane se desséchait et que l'Église faisait cause commune avec les heureux de ce monde, le nombre des misérables, écrasés par la machine industrielle, augmentait sans

1. Froude, *ibid.*, p. 242.
2. A. Chevrillon, *Sydney Smith*, p. 191, note.
3. Chevrillon, p. 195.

cesse : loin d'eux tout espoir et toute rémission; à peine gagnent-ils de quoi soutenir leur corps, et leur âme languit sans lumière. Le vieil instinct puritain sommeille au fond; c'est lui que Wesley va réveiller. Le méthodisme vient à point pour l'âme populaire altérée non point de vérité dogmatique, mais d'espérances spirituelles. Wesley ne cherche pas à convaincre la raison, mais à frapper le cœur et les nerfs. Il exalte la douleur et la misère; il maudit la richesse et les joies du monde : toute jouissance matérielle nous sépare de Dieu; plus nous sommes dénués et plus près nous sommes de Lui. « Les deux grands promoteurs de la nouvelle agitation sont des acteurs et des poètes de génie, d'une intensité d'imagination incomparable... Ils *magnétisent* leurs auditeurs, les fascinent par leurs gestes et leurs exclamations autoritaires; ils leur *suggèrent* des sensations, des sentiments et des volontés [1]. » En trente ans Whitefield prononce dix-huit mille sermons, presque tous en plein air; Wesley parcourt en cinquante ans plus de cent mille lieues et prêche quarante mille fois. Il laisse en mourant trois cents prédicateurs ambulants.

Wesley s'est emparé de l'imagination populaire; le mouvement agite d'abord les couches profondes et, dans l'ivresse mystique, fait trouver l'oubli des misères endurées. Mais ce mouvement se propagera bien au delà des simples, des faibles et des pauvres : c'est la source chaude qui montera jusqu'au cœur et à la raison des puissants, des riches et des intellec-

1. Chevrillon, p. 128, 129.

tuels et, les baignant d'un flot de sympathie, transformera la littérature, l'art, la philosophie et jusqu'à la loi.

Après la grande crise européenne, lorsque, Napoléon vaincu, l'Angleterre respira, la philosophie du xviiie siècle eut un renouveau d'influence. Il se forma un parti libéral très remuant qui réclamait des réformes. Les radicaux d'alors ressemblaient un peu aux hommes de la révolution française. Singulièrement idéologues pour des Anglais, ils « croyaient aux droits de l'homme, au progrès de l'espèce et à l'émancipation intellectuelle [1] ». Au nom de leurs principes philosophiques, ils demandaient une extension du droit de suffrage et la liberté de conscience : ils rêvaient le règne de la justice dans un État sécularisé.

Cependant quelques nobles esprits, religieux ceux-là, touchés de sympathie pour le peuple, cherchent à soulager ses misères, mais ils s'effraient pour lui de l'esprit d'indépendance séculier. Pour Newman et ses amis d'Oxford, le salut n'est point dans les conquêtes éphémères de l'égalité politique ou de la raison satisfaite, mais dans une renaissance du sentiment religieux. Contre l'individualisme des intellectuels, l'égoïsme des puissants et la froideur du culte, il prêche le retour à la simplicité des premiers âges, aux usages et aux doctrines de la primitive Église. Et il est entraîné à renier ou à maudire la Réforme, car, en proclamant le droit pour tout homme de penser et d'agir à sa guise, elle a enfanté, pense-

1. Froude, *Short stud.*, t. V, p. 246.

t-il, le radicalisme contempteur des traditions. Pour dépouiller l'Église anglicane des éléments impurs introduits par la Réforme, il se déclare catholique, tout court.

Il ne compte ni révolutionner l'État ou l'Église à son profit, ni fonder un parti ou une secte dont il sera le chef. Il ne veut rien être de plus qu' « un fils loyal de la vieille Église, maintenant tirée de sa léthargie [1] ». C'est le moment [2] où toutes les âmes généreuses veulent contribuer au bonheur moral du peuple. John Stuart Mill dispute le peuple aux doctrines égoïstes de la morale utilitaire et demande à l'art d'initier ces âmes incultes à toutes les sympathies et à toutes les admirations. « Exerçant chacun à s'éprendre de quelque chose de différent de soi et de meilleur que soi, l'art est une douce école de renoncement [3]. » Pour élargir et humaniser la morale étroite et dure des puritains, l'art élève l'âme au-dessus de l'accomplissement ponctuel et égoïste du devoir quotidien : fortifié par lui, le travailleur reprend avec plus d'ardeur et de force sa tâche interrompue. Ce sont les enseignements que Ruskin développe dans tous les sens avec une ardeur et une richesse de moyens incomparables ; les fruits qu'en attendait Mill sont venus : la vie des

---

1. G.-C. Brodrick, *History of the University of Oxford*, p. 210. London, 1885.

2. Le mouvement religieux se produit en même temps que commence une nouvelle ère politique : c'est en 1833 que Keble prononce son fameux sermon *on National Apostasy* ; c'est aussi en 1833 que se réunit le premier parlement élu sous le nouveau régime électoral.

3. R. Thamin, *Éducation et Positivisme*, p. 167. Paris, 1892.

mineurs de Newcastle a été adoucie et embellie par la lecture des tragédies grecques, les filateurs d'Oldham ont goûté l'histoire de Florence, et les pauvres ouvriers de Londres ont pu contempler les toiles de Watts et de Burne-Jones à Toynbee-Hall.

Mais la renaissance néo-catholique n'a point eu sur la masse cette prise morale et cette action pratique dont a joui le méthodisme. Newman, qui avait rêvé d'abord d'évangéliser le peuple, est bien vite entraîné et pris par la controverse théologique : il ne quitte pas le milieu intellectuel et c'est là qu'il lutte pour son idée et pour sa foi. Tout compte fait, le mouvement d'Oxford n'a guère eu d'influence que sur une élite, mais, par elle, a laissé sa marque dans la littérature, l'art, la philosophie et surtout la théologie.

Après le retour de Newman au catholicisme de Rome, le mouvement, ravalé à des questions d'étiquette, de costume et d'architecture, gagne en surface, mais perd en profondeur. L'Église anglicane se divise en deux camps. L'un, celui des ritualistes ou de la haute Église, par l'attention donnée à tout ce qui peut embellir le lieu du culte et rehausser la pompe du service divin, se rapproche du catholicisme romain : c'est le culte élégant, superficiellement esthétique, qu'affectionnent les clergymen de la jeune école, plus soucieux de plaire aux yeux que de gouverner les âmes ; la société riche, aristocratique les entoure et les choie. L'autre camp, celui de la *low Church*, se rapproche du méthodisme par l'austérité des cérémonies, par la préoccupation d'agir sur les masses et de rallumer en elles la vieille flamme puritaine. Mais la

clientèle du nombre est déjà prise; et dans les conseils de l'Église, parmi les prélats qui gouvernent,
domine l'esprit aristocratique. La *low Church* essaie
en vain, pour abattre ses rivaux ritualistes, de
réveiller les colères par le cri traditionnel : *No
popery!* Un jugement solennel de l'archevêque de
Cantorbéry la condamne [1]. Les classes moyennes,
fidèles à leurs instincts séculaires, se tournent vers
la religion qui leur rappelle le plus l'Église des
Cranmer et des Latimer : le méthodisme, d'abord le
refuge des misérables, devient aussi l'asile préféré de
la partie la plus solidement assise et conservatrice
de la nation.

Aujourd'hui la liberté de conscience et de culte
complète est garantie par la loi; mais les mœurs sont
quelquefois en retard sur la loi. De temps en temps
le vieux fonds d'intolérance agressive remonte à la
surface, et les fanatiques visent une victime de choix.
La lutte acharnée du cléricalisme contre la science
s'est poursuivie en Angleterre comme ailleurs. Les
démêlés de Huxley avez les Révérends X..., Y... et Z...
sont célèbres. Le Révérend Jowett fut pendant
quelque temps chassé de la chaire de grec d'Oxford :
le cléricalisme intransigeant reprochait à l'auteur
de l'*Interprétation de l'Écriture* sa « remarquable
indifférence à l'égard de toute doctrine ». Robertson
Smith, le célèbre sémitisant, fut expulsé de la chaire
d'hébreu et d'exégèse de l'Ancien Testament au Free
Church College d'Aberdeen. Rappellerai-je enfin tout
le beau tapage que l'on fit en 1892 dans la Cité pour

1. Bishop of Lincoln's case.

empêcher qu'un catholique fût élu lord-maire [1]; le
bill présenté à la Chambre des lords par l'évêque
de Salisbury pour rendre à l'Église établie la prédo-
minance dans l'école ; et les luttes acharnées des
partisans et des ennemis de la liberté de conscience
dans le Conseil scolaire de Londres?

Mais ce ne sont là que les dernières étincelles d'un
brasier qui s'éteint. La paix religieuse, à moins
d'un cataclysme, est assurée. Aucune des œuvres
mauvaises des fanatiques n'est restée sans répara-
tion. Jowett est mort paisiblement dans la plus
haute dignité collégiale d'Oxford; Robertson Smith
a trouvé un asile à Oxford dans la chaire d'arabe;
M. Stuart-Knill a été élu lord-maire; et ni l'évêque
de Salisbury ni les fanatiques du conseil scolaire de
Londres ne paraissent devoir réussir.

La science et l'art combattent et réduisent l'intolérance et le puritanisme. Les dissidents affrontent
la lumière et recherchent la culture : ils ont transporté l'un de leurs principaux collèges à Oxford [2].
Dans toutes les écoles secondaires sur lesquelles la
Charity Commission a juridiction, l'État supprime
les distinctions confessionnelles et les monopoles au
profit d'une Église. Le public s'éloigne de plus en
plus des écoles fermées : les écoles secondaires confessionnelles végètent [3]. Dans l'enseignement pri-

1. L'un des membres du Conseil des Aldermen voyait déjà
« le bûcher rallumé dans Smithfield, et le gril et tous les instruments de torture remis en place pour la plus grande joie
des bandes de jésuites qui allaient envahir Mansion-House ».
2. Toute sa vie, Matthew Arnold, dans ses écrits, leur avait
reproché leur absence de culture intellectuelle.
3. Voir *l'Éduc. des classes moy. et dir. en Angl.*, chap. viii.

maire aussi, la clause de conscience a produit l'apaisement; la libre concurrence entre les écoles engendre la tolérance religieuse. De même à Oxford : un ecclésiastique de l'Église établie constate que, depuis que les charges et les grades de l'Université sont ouverts à toutes les confessions, l'agnosticisme et les opinions antireligieuses assez fréquents il y a vingt ans ont disparu : le coup porté à l'Église établie a été au contraire un bienfait pour elle [1]. Lorsque en février 1892, à quelques jours d'intervalle, Manning et Spurgeon disparaissent, la nation tout entière, sans distinction de sectes ni de partis, confond dans son admiration et ses regrets le grand cardinal romain et le grand prêcheur baptiste : et ce n'est pas que l'indifférence religieuse ait amolli les cœurs ; mais l'apaisement s'est fait, parce que le fanatisme a cessé d'aveugler les masses. Manning, représentant du pape de Rome, fut une force sociale, et ce peuple qui, il y a trente ou quarante ans, l'aurait accablé d'injures, sut s'honorer en l'honorant comme un saint. Spurgeon, l'orateur populaire sans culture qui se fit lui-même à la lecture des Apôtres, entraîna derrière son cercueil une foule immense, humbles et grands de la terre, savants et ignorants, qui admiraient en lui l'orateur inspiré, sachant aller par une force irrésistible jusqu'au cœur même de ceux qui l'écoutaient.

Si, à travers toutes les crises politiques, sociales et religieuses, l'Anglais a conservé le respect des choses

1. Communication du Rév. J.-H. Maude, de Hertford College, Oxford, au congrès ecclésiastique de Rhyl, le 8 octobre 1891.

sacrées et le besoin d'écouter l'homme de Dieu, c'est que « la liberté de conscience n'a pas été établie aux dépens du sentiment religieux ». On a su fonder la tolérance sans porter atteinte à la foi [1]. D'ailleurs l'Église et la religion n'ont pas fait cause commune : la situation de l'Église établie étant menacée, l'avenir de la religion n'est pas compromis. L'Église, enfermée dans son cadre traditionnel, liée au sort de la *gentry*, ne parviendra sans doute point à s'adapter aux nécessités nouvelles d'un État démocratique. Mais les Églises passent et les religions durent.

L'Anglais a préservé le sentiment religieux, comme une source d'activité qui ne s'épuise pas, un point d'appui qui ne manque pas. Il conserve une place à cette force qui le soutient, l'anime et le pousse. Dans les pays anglais d'activité jeune et exubérante, comme l'Australie, où la vie large devant la nature vierge doit être affranchie des préjugés du vieux monde, les libres penseurs continuent de faire partie d'une Église et d'assister aux offices [2]. Et ils n'agissent pas par hypocrisie : tel gentleman anglais, athée depuis son enfance, fréquentait assidûment le culte et lisait les prières en famille [3], comme un libre penseur français se marie à l'église ou ne demande pas qu'on l'enterre civilement. Ce sont là tacites hommages à une force sociale que tous respectent comme salutaire et nécessaire.

De même qu'en art et en littérature, l'Anglais

1. E. Boutmy, *Ann. de l'Éc. des sc. pol.*, octobre 1887, p. 521.
2. Sir Ch. W. Dilke, *Problems of Greater Britain*, 4ᵉ éd. London, 1890, p. 596.
3. Hamerton, *Français et Anglais*, vol. 1, p. 191.

apporte dans les choses spirituelles le besoin d'allier l'utilité à la beauté : « L'idéal de la vie consiste pour lui dans la plus grande somme possible d'esprit chrétien unie à la plus grande somme possible d'activité pratique [1]. » C'est là qu'aboutit la vie intérieure de l'homme d'action et de foi; c'est là aussi qu'arriva par un autre chemin un homme de pensée qui fit l'expérience personnelle d'une éducation sans Dieu : « Dans la religion de nos pères, disait John Stuart Mill, faisons un triage, de façon à garder ce qu'elle contenait d'excellent et de savoureux, le sentiment religieux lui-même. Soyons sceptiques, mais des sceptiques pieux [2]. » Dans l'âme anglaise, selon le mot de Taine, l'esprit religieux et l'esprit positif vivent côte à côte : qui travaille prie.

Une morale utilitaire, en admettant même qu'on l'ait haussée jusqu'à l'idée du bien public et au culte de l'humanité, finit toujours par se dessécher et s'épuiser : munie de ce seul viatique, l'Angleterre se serait bientôt trouvée paralysée; c'est parce qu'elle a gardé intact le sentiment religieux qu'elle a conservé aussi la volonté et le pouvoir d'agir.

---

1. Ém. Montégut, *Écriv. mod. de l'Angl.*, p. 229 (en parlant de Ch. Kingsley).

2. R. Thamin, *Éducation et Positivisme*, p. 156.

ÉPILOGUE

L'Angleterre d'aujourd'hui, si différente de celle d'il y a deux siècles, en est sortie par une double évolution, matérielle et morale.

Tant que le peuple anglais est exclusivement agricole, la population est lente à multiplier; elle s'accroît très rapidement au contraire, dès que l'activité nationale se tourne vers la grande industrie et le commerce maritime. L'industrie cause d'abord des maux terribles aux classes ouvrières, mais, par des mesures méthodiques et efficaces, on adoucit les conditions du travail et l'on améliore l'hygiène de l'atelier et de l'habitation. La vie devient plus large : l'ouvrier gagne plus pour une journée moins longue; il est mieux nourri, mieux logé, il a plus de loisir. La fortune totale augmentée est répartie sur un plus grand nombre de têtes.

En même temps, l'Angleterre jadis casanière se tourne vers le dehors : elle crée une marine marchande, ouvre des débouchés, fonde des colonies. Il naît à cette mère féconde des fils vigoureux qui, lui restant attachés par l'affection et l'intérêt, grandissent et prospèrent sous toutes les latitudes.

Ces transformations ne se sont pas accomplies sous l'action d'une cause extérieure et fortuite, comme la découverte de l'Amérique. Mais, par l'effet prolongé de l'éducation morale et physique, l'Angleterre s'est trouvée, au moment opportun, pourvue d'hommes d'action : elle s'est développée au dedans et s'est étendue au dehors, parce que ses enfants avaient l'amour du travail et l'énergie morale, le goût des entreprises hardies et la vigueur physique.

Les mœurs et les idées se sont transformées non moins complètement que la société économique. Au début du siècle la *gentry* tient l'État et l'administration locale. Aujourd'hui le peuple dispose par ses votes de l'un et de l'autre; des réformes successives ont préparé et consommé l'avènement de la démocratie. Mais le peuple avait fait graduellement son éducation politique : il était majeur, quand on lui a remis le gouvernement de soi-même.

Dans le domaine du savoir, l'œuvre a été accomplie par des procédés comparables : la science a été construite sans appui officiel, sans soutiens extérieurs, par les efforts courageux de quelques hommes de génie. Le savant et l'écrivain sont restés dans le courant de la vie, en contact avec la nation agissante : et vis-à-vis d'elle, ils se sentent responsables de leurs pensées et de leurs écrits comme d'actes véritables. En même temps, sous l'influence d'artistes et de poètes, animés d'un zèle ardent pour l'éducation nationale, une révolution s'est accomplie dans le goût.

Enfin, la morale anglaise est le code de l'action utile; elle enseigne qu'il faut être fort au physique et au moral, afin de pouvoir agir; et qu'il faut agir pour avoir une raison de vivre.

De la fin du siècle dernier au milieu de celui-ci, le scepticisme des classes dirigeantes et l'atonie des classes dirigées ont fait place à une intense vie intérieure. A la parole ardente de Wesley le feu qui couvait toujours dans l'âme populaire a jailli. Le mouvement d'Oxford a vivifié l'anglicanisme qui s'était desséché au service des riches et des puissants. Les lois et les mœurs ont été dépouillées de leur fanatisme, sans que le sentiment religieux ait souffert.

Toute l'œuvre du peuple anglais, développement interne, expansion au dehors, conquêtes intellectuelles, évolutions morale et religieuse, est une œuvre d'éducation raisonnée, c'est-à-dire de volonté. Ce peuple est grand parce qu'il a voulu être grand, et que, ayant conçu les vraies conditions de la grandeur, il a su les réaliser.

*
* *

Le peuple anglais gouverne les choses; il attache un grand prix au bien-être. Il est convaincu que désormais, pour rester à la tête de la civilisation et pour durer, il faut mettre la force matérielle au service de la force intellectuelle, en les équilibrant par la santé morale.

En effet une nation ne vit pas de gloire seulement : il ne suffit pas qu'elle soit brillante et généreuse, il faut qu'elle règne par le nombre et sur l'étendue ; pour être vraiment grande, il lui faut unir la grandeur par l'esprit et la grandeur par l'action.

L'œuvre du peuple anglais défie la durée, puisqu'elle s'étend sur l'Amérique, l'Australasie, l'Afrique australe, et qu'un huitième du genre humain parle anglais. L'Angleterre vînt-elle à disparaître demain de la surface du globe, elle se survivrait dans ses enfants. S'il était vrai que l'Europe s'épuise et que le vieux monde meurt de vieillesse, deux peuples au moins seraient assurés de lui survivre : le Russe par son empire d'Asie et ses forces illimitées, l'Anglais par ses rejetons en pleine sève. Composée d'hommes « capables de supporter, soutenir et promouvoir toute civilisation [1] », la race anglaise vit pour l'avenir; elle le prépare, et le conquiert. La France jouit du présent et vit sur son passé : elle n'a pas encore, ou elle n'a plus, un superflu d'énergie à dépenser dans ces hardies entreprises d'où sortent les évolutions nécessaires. Mais l'exemple de l'Angleterre, se transformant en moins de deux siècles, doit stimuler son désir de rivaliser et son espoir de réussir.

Au dedans le peuple anglais nous offre le modèle de la solidarité sociale. Nous Français, nous avons compris et pratiqué avant tous les autres la solidarité humaine : de là, dans les crises de révolutions et d'enthousiasme, notre immense influence morale. Mais le monde est entré dans une période de vie paisible et de mise en valeur. Les temps héroïques sont passés : il nous faut avant tout des vertus domestiques. Si nous voulons que l'édifice national s'élargisse et s'élève, si seulement nous voulons qu'il dure, il faut le consolider à la base : il faut d'abord que l'autorité soit restaurée dans la famille et que l'esprit d'indépendance y naisse du viril apprentissage de la vie.

1. H. de Tourville, *loc. cit.*

TABLE DES MATIÈRES

PREMIÈRE PARTIE

LES PROFESSIONS ET LES HOMMES

DEUXIÈME PARTIE

A. — LA VIE ÉCONOMIQUE

B. — LES MŒURS ET LES IDÉES

Coulommiers. — Imp. Paul BRODARD. — 433-91.

TABLE DES MATIÈRES

Suite de la Table des Matières de l'Éducation des classes moyennes et dirigeantes en Angleterre.

Coulommiers. — Imp. Paul Brodard.